U0889527

制度经济学的行为分析

[美] 凡勃伦______著　　斯凯恩______译

The Theory of the Leisure Class

地震出版社
Seismological Press

图书在版编目（CIP）数据

制度经济学的行为分析 /（美）凡勃伦 (Thorstein Veblen) 著；
斯凯恩译 . -- 北京 : 地震出版社 , 2021
ISBN 978-7-5028-5233-7

Ⅰ . ①制… Ⅱ . ①凡… ②斯… Ⅲ . ①制度经济学—
行为分析 Ⅳ . ① F019.8

中国版本图书馆 CIP 数据核字 (2021) 第 212453 号

地震版 XM4642/F（6170）

制度经济学的行为分析
［美］凡勃伦（Thorstein Veblen） 著
斯凯恩 译
责任编辑：李肖寅
责任校对：凌 樱

出版发行：地 震 出 版 社
北京市海淀区民族大学南路 9 号　邮编：100081
发行部：68423031　68467991　传真：68467991
总编室：68462709　68423029
证券图书事业部：68426052
http：//seismologicalpress. com
E-mail：zqbj68426052@ 163. com
经销：全国各地新华书店
印刷：固安县保利达印务有限公司

版（印）次：2021 年 12 月第一版　2021 年 12 月第一次印刷
开本：710 × 960　1/16
字数：285 千字
印张：20
书号：ISBN 978-7-5028-5233-7
定价：80.00 元

译者序

任何思想和著作都不是凭空产生的，总会被打上时代的烙印。本书原名《有闲阶级论》，它的诞生有其特殊的历史背景。1776年，亚当·斯密的《国富论》问世，其后的125年中，古典经济学思想在美国大行其道，自由放任的经济思想为美国大工业家、大金融家所推崇，成为他们的信条；美国大众也普遍认为政府对于经济给予多少自由，经济就会发展到什么程度。然而，过度的自由放任使政府无法对大企业起到约束作用，财富迅速转移到少数人手中，托拉斯等垄断组织迅速壮大，财产的分配不均到了令人发指的地步，中小企业主和农场主的生存状况岌岌可危。

1857年出生的凡勃伦刚好见证了这个癫狂的时代。1874年，他进入卡尔顿学院开始阅读斯宾塞的著作，在卡尔顿学院图书馆馆长、政治经济学教授约翰·贝茨·克拉克的引导下迈进了经济学之门。1898年，他在美国《经济学季刊》补发表论文《为什么经济学不是一门演化科学》，以此为标志，美国的制度学派诞生了。在这篇论文中，他批判了正统经济学关于人性的假设，反对把人性视为被动的、无生命的、永恒的，认为人性是随着社会制度、文化环境的发展而不断发生变化并演进的，是一种在演变的活动中寻求实现和表达习性和习惯的连贯结构。因为制度学派反对当时主流的古典经济学，所以自诞生之日起便不断遭到批判，但贫富差距拉大、阶级矛盾尖锐的社会现实也使新古典经济学在理论上显得苍白无力，在实践中对经济现象的解释也束手无策。1929年，美国爆发了史上最严重的大萧条，在此之后，制度经济学逐渐走上经济学前台。“一战”和“二战“期间，凡勃伦开创的制度经济学派成为美国经济理论中的热门学派，该学派中还有很多人参与了罗斯福新政并发挥了不小的影响。

本书一问世就引起了不小的轰动，成为当时知识分子人手一册的风行之作。凡勃伦以睿智的辩驳、严密的逻辑思维、对遵循传统的反叛态度、敏感而灵动的思想对制度进行了解释，这种特色构成了本书的主调，其对富人阶层的辛辣揭穿、对“生产主义”占主导的社会规范的突破，是其学说中最引人注目的亮点。在结构上，他用整体主义原则分析制度演变，用二分法解析制度结构，用制度分析工具剖析有闲阶级特征；在内容上，他以社会心理和制度演进视角探讨了有闲阶级的掠夺性和歧视性本质以及这种阶级属性所产生的经济和社会问题。

（一）在结构上

1. 坚持整体主义的原则。首先，凡勃伦以社会群体为制度分析的起点和单位，他认为，社会制度只能产生于社会关系中，社会关系又只能出现在社会群体活动中。他始终把有闲阶级作为一个整体与劳动阶级进行对比分析，即使在还没有出现有闲阶级制度的未开化时代，他也把男性群体与女性群体区别开来分析问题。因为有闲阶级与劳动阶级间的区别而产生的初期分化，就是发生于未开化时代较低阶段的男女之间的分工；同样，所有权的最初形态就是女子被男子所占有。其次，凡勃伦从社会进化角度分析制度变迁，将人类社会历史划分为四个阶段：野蛮时代、未开化时代的较低阶段、未开化时代的较高阶段（即掠夺文化阶段）、金钱文化时代。他强调人的社会属性，强调社会制度对个人的影响，将社会秩序的形成归因于受思想和习惯影响的制度变迁的结果。

2. 用二分法解析制度结构。有关制度结构，凡勃伦认为，制度源自人的二元经济本能——改进工艺技术的本能和渴求获取利益的本能。经济制度的二元表现形态为营利制度和生产制度，生产制度以人的“工艺本能”为基础，营利制度以人的“获取本能”为基础。而在资本主义社会中，生产制度表现为“机器利用”，营利制度则表现为“企业经营”；“机器利用”和“企业经营”是对立的两极，由此形成了二元对立的制度表现形态。“机器利用”的人一般是工程师、技术员和科学家，他们组成技术人员阶层；“企业经营”的人一般是老板、经理、商业推销员，他们构成企业家阶层。由此推导出一系列二元对立的制度体系。

3. 用制度分析工具剖析有闲阶级特征。凡勃伦认为，有闲阶级是伴随着财产和所有权的出现而出现的，并将有闲阶级的起源与财产权、私有制的发端结合起来进行分析。人们之所以渴望占有财物，变成有闲阶级，其真正动机在于获得荣誉，实现社会成员之间的歧视性对比。有闲阶级基于歧视性对比摒弃生产劳动，主要从事非生产性的上层阶级义务，而与之对立的劳役阶级则主要从事生产性工作。有闲阶级为了炫耀自身财富与地位，不仅参加大量的非生产性休闲活动，而且还进行浪费、奢侈的炫耀性消费，由此出现了“摒弃劳动”“代理有闲”“代理消费”等一系列现象。

（二）在内容上

1. 凡勃伦将人类社会的演进过程归纳为蒙昧、野蛮文化、准和谐及和谐共处四个时期。有闲阶级产生于野蛮文化时期的较低阶段，他们的特征是从事功勋类的事务，与之相对的下层阶级则从事劳役性事务。功勋和劳役之间的区分是一种歧视性区分，为了获得功勋并赢得荣誉，人们展开了攀比。

2. 随着有闲阶级的出现，所有制产生了。所有制最初表现为对女性的占有和种群间的掠夺性活动。后来，掠夺性活动逐渐减少并被劳役性活动取代，积累金钱便比掠夺战利品更能体现一个人的优势和成就。而在攀比的过程中，人们永远把比自己高一级的阶层作为竞争目标，因此，财富竞争的步伐永远不会停止。

3. 有闲阶级通过炫耀性消费和炫耀性休闲来证明其金钱优势。炫耀性消费无疑是免于劳役、博取声望的公认指标，而炫耀性休闲则通过严格的礼仪规范来实现，二者都具备“浪费”这一共同要素，前者浪费物品和金钱，后者则浪费时间和精力。

4. 炫耀性消费已经成为现代社会的礼仪标准，这种标准很难量化，因为它是社会地位、财富、权力都处于最上层的阶级来定义的，他们决定了哪种生活方式才是得体的、荣耀的，并通过示范去影响其他阶级。

总之，凡勃伦深刻地分析了有闲阶级生活方式和精神世界的社会心理渊源，揭示和批判了有闲阶级的掠夺性、攀比性和虚荣性本质，然而直到凡勃伦去世百年之后，他在学术贡献上的价值才得到承认。无论是本书还是凡勃伦开创的制度经济学，都为经济史的发展做出了巨大的贡献。制度经济学弥补了古典经济学对制度因素的忽视，创造性地把达尔文的进化原理移植到了分析社会经济现象中，为演化经济学的发展奠定了基础。正如凡勃伦所说：对于所有经济系统而言，理性和制度都不能被视为唾手可得的免费午餐，它们是人类历史上有代价的产物，忘记历史的经济学既不能解释理性和制度的产生，也不能解释它们的性质和边界所在。

原序

本书旨在讨论作为现代生活中一个经济因素的有闲阶级的地位和价值，但要把讨论精准地限定在这一范围内是不现实的。所以，关于制度的起源和演进一般情况下不列入经济学研究范围中的社会生活特征，本书也给予了必要的关注。

本书所涉及的部分讨论以经济学理论或人种学通则为基础，这也许在某种程度上会使读者产生陌生感，为避免理解上的障碍，这类理论前提的性质将在本书绪言中进行阐释，相关的理论观点笔者曾在《美国社会学杂志》第四卷发表的《工作本能与劳动厌恶》《所有权的起源》及《妇女的未开化身份》等一系列论文中有所阐述，也许对读者来说这些推论缺乏依据，但笔者认为它们作为经济理论的分支是有一定价值的。

为了阅读方便，也为了使读者不产生误解，本书使用的论据大多浅显易懂且取材于日常生活，很少采用艰深晦涩的理论分析。书中所列举的大多是日常生活中平平常常、家喻户晓的事例，间或讨论一些在日常生活中习以为常、从没作为经济研究对象的现象，希望笔者的做法不会触犯任何读者对文艺或科学的喜爱之情。

笔者论述的某些理论前提或例证来源久远，有些是从人种学借用来的理论，即便如此，本书尽可能选择读者比较熟悉且容易考查的内容，学识渊博的人对此是不难寻根究底的，所以书中没有按照惯例列出所引资料的来源和出处。同样，书中偶尔使用的一些引文主要是为了举例说明需要——无须添加注释便一目了然。

目　录

CONTENTS

第一章

绪　言

在未开化文化的较成熟期，有闲阶级制度得到了充分的发展，封建时期的欧洲大陆或日本就是最好的例证。在那样的社会中，人们严格遵守阶级划分，不同阶级所从事的工作泾渭分明，这也是阶级差别中最具有经济意义的特征。按照惯例，上层阶级是不从事生产性工作的，他们被排除在辛苦的生产活动之外，从事一些具有荣誉性的工作。

无论在哪种封建社会中，战争都是最主要的荣誉性工作，而在西方社会，教士在荣耀程度上通常次于战争中的骑士。如果某个未开化的社会并不好战，那么教士的荣耀程度也许会跃居首位，军官居于其次。军官也好，教士也好，上层阶级始终置身于生产性工作之外，这是他们的优势地位在经济上的体现——除少数特例外，这个规则基本不会发生变化。关于上层阶级免于生产性工作的情况，印度的婆罗门教[1]就是一个典型的例证。

在那些处于未开化文化较高阶段的社会中，有闲阶级的范围内部又可以划分出许多不同的分支阶级，所属的分支阶级不同，从事的工作也有明显的差别。有闲阶级包括贵族阶级和教士阶级以及这两个阶级的众多从属阶级，各有闲阶级从事的工作虽然不同，但都具有一个共同的特点，即在性质上都是非生产性的。这些上层阶级从事的非生产性工作归纳起来大致包括政治、战争、宗教信仰和运动竞赛这四项。

在较早但不是最早的未开化时期，有闲阶级在形式上还没有那么多种多样，不论是有闲阶级内部还是各有闲阶级之间，差别都没有那么精细和复

1　婆罗门教是印度古代宗教之一，源于更古老的吠陀教，约形成于公元前七世纪，信仰多神，遵守种姓制度。——译者注

杂。波利尼西亚岛民的生活清楚地体现了这个发展阶段，只有一点例外，由于那里缺少凶猛的野兽，因此狩猎在他们的生活方式中并没有占据应有的荣誉地位。中世纪时期的冰岛部落也是如此。

在那样的部落中，各阶级及其从事的工作之间的区分十分严格。不管是体力劳动还是生产工作，只要是与谋生直接相关的日常事务，都是下层阶级所独有的。这里的下层阶级包括奴隶和其他从属者，通常还包括所有妇女。如果贵族中存在若干高低不同的等级，那么较高等级的贵族妇女通常免于从事生产工作，至少不用从事重体力劳动。至于上层阶级的男性，他们不但免于从事一切生产工作，而且按照传统惯例，他们是不容许参与这类工作的。

他们所从事的工作范围有着严格的规定。正如上文已经提到的，不外乎是政治、战争、宗教信仰和运动竞赛。这四个方面的活动成了上层阶级的主要生活方式，对于这个阶级中的最高等级——国王或酋长来说，这些活动是仅有的被社会习俗和常识允许的活动。事实上，在生活方式充分发展的情况下，对最高等级的成员来说，即使是运动竞赛，其是否可以被算作适当的活动也是有疑问的。

对于有闲阶级中几个等级较低的阶级来说，某些工作是开放的，但这些只是属于上述阶级或有闲阶级的典型工作。例如武器、战船以及其他军用装备的制造和管理，马匹、鹰犬的驯养，祭祀用品的准备，等等。下层阶级是不能染指这类次一等的光荣工作的，除非它们明显属于生产性工作，并且和典型的有闲阶级工作没有太大关系。

这一阶段属于典型的未开化文化阶段，如果我们后退一步，回到未开化文化的较低阶段，将无法找到充分发展的有闲阶级。然而，未开化文化的较低阶段表明了有闲阶级早期的成长轨迹，显示了有闲阶级制度得以产生的风俗、习惯、动机和环境。现在遍布世界各地的游牧、狩猎部落，仍具有这种比较原始的分化形态——北美洲的任何一个狩猎部落都是很好的例证。很难说在这类部落中存在明显的有闲阶级，部落内部只存在职能上的分工，以及基于职能分工所产生的阶级区别。但是，就上层阶级免于从事生产工作而

美国西部野外狩猎图。一个猎人射杀一头水牛，两个当地人拿着长矛并肩骑行。

言，还没有发展到使“有闲阶级”这个词得以明确成立的地步。处于这一经济发展水平的部落，其经济上的分化已经达到了这样的程度：男女之间的工作有了明显差异，但这种分工是带有歧视性的。几乎在所有部落里，依据传统习俗，妇女所从事的工作，就是在下一个发展阶段中所形成的纯生产性工作的根源。男人不需要从事这些粗鄙的工作，他们主要从事战争、狩猎、运动竞赛和宗教供奉等。在这些方面，通常存在着非常严格的区别。

在未开化时代的较高阶段，劳动阶级与有闲阶级出现了明显的区别，这一区别与上述劳动方面的划分相一致。随着工作的日益多样化和专门化，由此形成的分界线逐渐把生产性工作与非生产工作区分开来。男子在未开化时代初期所从事的工作，并不是任何后期生产工作的主要来源。男子的初期工作残存到了后期发展中，但这些初期工作只包括非生产性的活动——战争、政治活动、运动竞赛、学术研究和宗教事务等。只有渔业和部分无法确定其是否为生产工作的精细工作属于例外，如武器、生产工具和运动用品的制造。事实上，所有生产工作都是从原始的未开化社会的妇女从事的那类工作演化而来的。

在较低阶段的未开化时代，男子的工作对于维持团体生活来说是必不可少的，其重要程度不亚于女子所承担的工作，甚至对团体中食物及其他必需消费品的供应，男子的工作具有同样程度的贡献。男子工作的“生产性”特征，实际上非常显著，因此在一般的经济著作里，往往把猎人的工作看作原始生产工作的典型。但在未开化群体自己看来却并非如此。在一个猎人看来，他既不属于劳动者，又不允许别人把他与妇女视归一类。的确，他的劳动与妇女们所做的苦工不同，是不能作为同一种生产工作与妇女们的劳作混为一谈的。在所有未开化的社会中，男子的工作与女子的工作都是泾渭分明的。男子的工作可能有助于群体生活的维持，但男人会将这一成就的原因归于他们的才智优越，若是把他们的工作同妇女们的平凡劳动相提并论，未免贬低了他们的身价。

如果在文化的标准上再后退一步，就会看到野蛮群体中的情况。他们在工作上的划分更加模糊，各阶级、各工作之间的歧视不一致，也不严格。很难在原始的野蛮文化中找到这方面的例子。那些被称为“野蛮人”的部族或群体，几乎都带有从较为进步的文化阶段退化而来的痕迹。但有些群体在一定程度上十分真实地表现出原始野蛮时代的特征，其中一部分特征显然不是退化的结果。与未开化社会的文化不同，这些群体中不存在有闲阶级，在很大程度上也不存在有闲阶级制度所依存的意志或精神。这种没有经济等级体系的原始野蛮部落，在整个人类中只占一个很小的、不显眼的部分。关于这一文化形态，安达曼群岛的各个部族以及尼尔吉里丘陵[1]的托达斯部族都提

1 尼尔吉里丘陵，位于印度德干半岛西南部，泰米尔纳德邦西北端与喀拉拉邦交界处。——译者注

供了不少适当的例子。在最初与欧洲人接触时，这些群体中并不存在有闲阶级，就这一点来说，他们的生活方式是独特的。虾夷岛[1]的阿伊努族人或许可以作为另一个例证，布西曼人[2]和爱斯基摩人的某些部族也可以作为例证，尽管以此作为例证是否恰当，还存有疑问。至于某些普韦布洛[3]部族是否能归入这类例证，就更加难以确定了。这里所列举的一些部族，即使不是全部，大部分也可能是从较高的文化阶段退化而来的，他们现有的文化水平也许并不是他们历史上的最高水平。如果确实如此的话，在这里把他们作为例证便有些勉强，尽管如此，只要把他们看作真正的"原始"部族，还是可以达到例证的效果。

这些部落在社会结构和生活方式的某些特征方面彼此之间也有类似的地方。它们都是些小型群体，组织结构比较简单、古老；他们通常是平和的，且定居于某一地点；他们都很穷；个人所有权并不是他们经济制度的主要特征。但这不足以说明他们就是现存部落中最小的，也不能说明他们的社会结构在各个方面的分化程度是最低的。他们不能代表没有明确的个人所有制的所有原始社会。不过应当指出的是，这种部落似乎是人类原始部落中最为平和的，至少是最偏向于平和的。在遭到暴力或凌辱时，这类部落成员会表现出既温厚又软弱无能的秉性，这种秉性是其共有的、最为显著的特征。

从处于较低发展阶段部落的风俗习惯和文化特征可以得知，有闲阶级制度是从原始的野蛮状态到未开化阶段的变迁过程中逐渐出现的；更确切地说，是从喜好和平的生活习惯到好战的生活习惯的转变过程中逐渐形成的。有闲阶级制度要具有明确、稳定的形态，显然有其必要的条件：第一，这个部落必须具备以掠夺为目的的生活习惯，必须发动战争或进行大规模的狩猎活动，或者同时从事这两种活动。也就是说，在这种情况下，构成初期有闲

1 虾夷岛，日本北海道岛的古称，那里曾居住着阿伊努族人。——译者注

2 布西曼人是生活在南非卡拉哈里沙漠地区的一个游牧部落。——译者注

3 普韦布洛又称普埃布罗，是一个传统的美洲原住民社群，他们的居住地位于今美国西南部，以亚利桑那州及新墨西哥州的沙漠地区为主。——译者注

岩画。洞穴的赭石墙上画着原始人骑着战马进行部落战争的画面。

阶级的男人，必须习惯运用武力或使用策略来进行伤害行为。第二，获得生活资料的过程必须相当容易，从而有条件使大部分的部落成员免于从事经常性的辛苦劳作。有闲阶级制度是各种性质的工作在初期分化的自然结果，根据这种分化，一些工作是受到尊敬的，另一些工作则不然。根据这种古老的分化，凡是受到尊敬的工作，都可以被归到侵占行为那一类；而那些必要的日常工作则不受尊敬，因为在这类工作中，并不包含明显的侵占成分。

这种区别在现代工业社会中几乎没有明显的重要意义，因此经济学家很少关注这一点。按照现代经济常识，这种区别似乎只是形式上的，而没有触及实质性的东西，现代经济研究就是在这样的指导观念下进行的。然而这种对工作的区别，事实上依旧作为一种先入为主的偏见，极其顽强地存在于现代生活当中，例如我们对于仆役习惯性的轻视和厌恶。因为这是一种个人性质的区别，是个人身份尊卑贵贱的区别。在文化的早期阶段，人们认为个人力量可以直接影响事态的发展，因此侵占活动在日常生活中占有重要地位。

利害关系在很大程度上集中于这一点，因而，在这样的基础上形成的区别，在那个时代似乎比现代更有必要，也更为明确。所以，作为演化过程中的一个事实，这一区别毋庸置疑是实质上的，是具有令人信服依据的。

人们对某些事态的习惯看法往往是由利害关系决定的，当利害关系发生变化时，构成这些习惯看法的依据也会发生变化。如果当时的利害关系有助于说明某些事态，那么这些事态的特征会显得生动而真实。假如有人惯于用不同的观点来理解这类事态，并为了其他目的给予评价，那么他用于区别这类事态的任何依据，看起来都是不真实的。对各种活动的目的、方向进行区别、分类，这一习惯无论在哪里都不可避免。要得出一种行动理论或实现一种生活方式，这一习惯是必不可少的。在对各种事态进行分类时，究竟该采取哪种观点，该选择哪些既定的特征作为明确的标准，取决于判断事态时所依据的利害关系。因此，区别事态的依据以及对事态进行分类的标准，是随着文化的发展逐渐转变的。理解生活事态的目的一旦改变，观点也会随之改变。由此可见，以后，在任何文化阶段对事态进行分类时，无论是人们在某一文化阶段所公认的活动，还是某一社会阶级具有的显著特征，都未必具有同等程度的重要意义。

但是，各种标准和观点上的变化只是渐进的，一旦某一观点被人们认可，就很少会立刻消失或被完全推翻。现在，人们依旧习惯性地对生产性工作和非生产性工作进行区分，这种现代的区分方式，是未开化时代区别侵占与劳役的变形。根据一般人的理解，从事战争、政治、宗教供奉、公共娱乐等活动和为供应生活所需的物质资料而从事的相关劳动，在本质上是不同的。在今天，虽然这方面的分界线与早期未开化时代有所差异，但就以广义上的区分而言，早期的痕迹依然残留至今。

如今被默认的、常识性的区别是这样的：只有最终目的在于利用“非人类的”事物的那种努力才称得上是生产性的。人对人的强制利用不能算作生产性活动，但利用非人类的周围环境来提升人类生活质量的所有努力，都可以被视为生产性活动。按照一贯秉承古典派传统的那些经济学家的观点，人类“征服自然的力量”是工业生产力的主要特征。一般认为，这种征服自然的生产力，包括人类征服野兽及一切自然力的力量。这就在人类与自然界的动物之间划出了一条清晰的界线。

但是，在其他时代，在持有不同观念的人们看来，这条界线与我们今天所划定的界限并不完全一样。在野蛮的、未开化的人类生活方式中，这条界线在不同场合以另一种方式存在着。对于未开化的人类自身与他们的食物这两大类现象之间的广泛对立，所有未开化文化阶段的社会都存在一种普遍的清醒意识。他们感觉，经济现象与非经济现象之间也是对立的。但这种看法与现代的思考方式不同，他们认为，对立并不存在于人类与自然界的动物之间，而存在于“有生气的”事物与“无生气的”事物之间。

需要说明的是，这里用“有生气的”这个词来表达未开化人类的概念。“有生气的”和“有生命的”不同，“有生气的”不包括一切生物，但包括了许多其他的事物。风暴、疫病、瀑布等惊人的自然现象，都可以看作是“有生气的”。而树上的果实，地上的草木，甚至鼠、蝇、蛆等不起眼的动物，除非作为一个整体来看，否则都不能被视为是“有生气的”。在这里使用这个词时，并不一定含有灵魂或精灵的存在的意义。野蛮或未开化的人类是万物有灵论的忠实信徒。他们认为，某些事物具有一种真实的或假想的先发行动的特性，因此心中产生恐惧，上述概念所包含的就是这类事物。这一范畴含义很广，包含了数量众多的自然现象和事物。直到现在，有生气者与无生气者之间的区别，在一些不做深刻思考的人们的思想习惯中依然存在。对于有关人类生活与自然进程的流行理论，这种区别依然有着深远的影响。不过，这种区别在现代日常生活中的渗透程度和实际影响，远不如在早期文化与早期信仰阶段那样深远。

在未开化民族的眼里，加工并利用无生气的、自然界提供的事物和应付有生气的事物和力量的活动，完全不是同一层次的活动。二者之间的分界线也许含糊不清且变化不定，但总体来说，这种区别是充分有力的，它足以影响未开化群体的生活方式。在未开化群体的想象中，凡是有生气的事物，都

东南亚柬埔寨吴哥城中的巴戎寺的古老石像彰显着传统、文化和宗教的力量。

可以进行某种具有目的性的活动。正是目的性的活动力的发挥，使得某些物体或现象“具有生气”。天真质朴的野蛮人或未开化群体在面对强制性活动时，会用他们唯一的、仅有的说法来进行解读，这种说法是从他们对自己行动的感知中直接产生的。在此基础上，这种活动力与人类的活动同化了，有生气的事物也在这个意义上与人类行为者同化了。对于这类性质的现象，尤其是一些令人畏惧或费解的现象，不能采取与应付无生气事物时相同的态度，而要在另一种精神下采取不同的态度来处理。成功地处理这类现象，是一种侵占性的而不是生产性的工作。这里强调的是威武神勇，而不是吃苦耐劳。

在这种把事物划分为有生气和无生气两类的天真观念的指导下，原始社会群体中的活动逐渐分化为两大类，用现代词语可以称之为侵占活动和生产活动。生产活动指制作者将自己的素质和技艺，施于被动的材料（“死物”），从而创造出新事物并使之具有新用途的一种努力；而侵占活动，就其结果对行为者有利来说，是把原来由另一活动者导向另一目的的能力转变成适合其自己的目的的努力。这里使用“死物”这个词，仍然是从未开化者的观点出发的，含有未开化者理解中的深远意义。

所谓侵占活动与辛苦劳役之间的差异，恰好同男女两性之间的差异相一致。两性之间的差异不仅表现在身材和体力上，更显著的或许是气质上的不同，这些差异无疑是很早就形成相应分工的原因。男性比较果敢镇定、强壮魁梧，更有能力应对突然而剧烈的变故，更加自主、自决，倾向于竞争和攻击，因此一般由男性来从事侵占一类的活动。在原始社会的群体中，两性在体格、生理特征和气质上的差异可能并不显著，就前面已提到的古老部族之一——安达曼部族——来说，上述两性各方面的差别实际上是很细微的、无关紧要的。但是，当按照体格与意志上的差别进行演进，形成职能上的分化时，两性间固有的差别将会扩大。特别是当群体成员所处的环境，所接触的生物种类，需要他们大量运用刚毅、果敢这类品质时，一个针对新的工作分配的累积性淘汰适应过程就开始了。如果一个群体需要经常追逐、猎取凶猛的野兽，就意味着更加需要坚定、敏捷、奋勇等偏男性的品质，其结果势必会加快男女两性间的职能分化。一旦这个群体与其他部落进行敌对性接触，这种职能上的分化将更加显著，侵占性工作与生产性工作的区分将更加明显。

在这种以掠夺为目的的狩猎群体中，战争和打猎逐渐成为专属于健壮男子的职能。妇女则从事其他必要的工作，那些不适宜从事掠夺工作的男性成员则与妇女归为一类。狩猎与作战的特性相同，它们都是掠夺性的。作战者和狩猎者实际上是不劳而获的，因为他们强占了别人的东西。他们凭借武力和机敏从事的侵略活动，与妇女们辛苦而平淡的劳作，在性质上显然不同；实质上，他们通过强力掠夺来获取财物，不能算作生产性活动。这就是未开化社会中男子的工作，经过充分的发展后，与女子的工作完全分离开来。对男子来说，这个时候不涉及武力的任何活动都是不值得去做的。这样的传统习惯逐渐巩固后，通过社会常识而成为行为准则。于是，在这一文化阶段，

部落勇士战舞。

对于一个有自尊心的男子来说，除了基于武力——暴力或狡诈——的活动之外，任何工作从道义上来说都是不许染指的。这种掠夺的生活习惯在群体中确立下来，进行杀戮是一个健壮男子在社会经济结构中责无旁贷的任务——消灭在生存竞争中企图抗拒或逃避的竞争者，战胜那些顽强坚持的异己并使他们屈服。许多狩猎部落都严格而认真地遵守着侵占与劳役这两种活动之间的区别，虽然这种区别只是理论上的。因此，当男子捕获了猎物后，猎物必须由妻子搬回家，他本人是不应该做这样低贱的工作的。

上文已经指出，侵占活动与辛勤劳役之间的区别是工作上的一种歧视性区别。可以列入侵占性质的工作是可敬的、光荣的、高贵的，而那些不含侵占成分的活动，特别是那些带有奴性或屈服意味的工作，是不值得受到尊敬的，是低贱的、不体面的。关于尊严、价值或荣誉的概念，不论应用于个人还是行为，都对阶级和阶级划分的发展具有头等重要的意义。因此，关于这些概念的起源和意义必须加以解释，其心理依据可以大致说明如下。

作为淘汰的必然后果，男子是行为的主动者。在他看来，他自己是展开冲动活动（“目的论的”活动）的中心。由于他是一个行为的主动者，因此他在每一次行动中总是希望能实现某种具体的、客观的、非个人性质的目的。既然他是一个行为的主动者，就有了一种爱好——爱好有效的工作而厌恶徒劳无益的努力。他崇尚事物的适用性和有效性，鄙视徒劳无功、挥霍浪费和软弱无能。这种秉性或习性可以称之为工作本能。不管在什么地方，当生活环境或生活传统引发了人与人之间在效能上的对比时，工作本能就会将这种对比变成个人之间的竞争性或歧视性对比。对比结果发挥影响的程度，大部分取决于民族的性格。在任何社会中，一旦习惯于进行这种歧视性对比，显著的成功就成为人们追求的目标，这个成就自身的效用就是获得尊敬的根据。要想赢得尊敬，避免受人指责，就必须摆出个人的效能作为证据。结果，工作本能最终表现为力量的竞相炫耀。

在社会发展的原始阶段，当群体还是惯于过着和平的或许是定居的生活，发达的个体所有制还没有出现时，若要显示个人的成就，从事某种有利于促进群体生活的工作或许是最适合的方式。如果群体各成员之间存在经济性竞争，那么这种竞争的重点在于生产工作的适用性。但这个时候的竞赛刺激不够强，范围也不够大。

当社会群体的生活方式，由和平的野蛮生活变为掠夺性的生活时，竞争条件就发生了改变。竞争的机会和诱因，在范围和迫切程度等方面，都大大增加了。男人的活动越来越呈现出“侵占”的色彩，狩猎者和作战者之间的区别越来越不明显。战利品是表现自己的威力最形象、具体的证明，它在人们的思想习惯中占据着重要的位置，逐渐成为日常生活不可或缺的一部分。在战场和猎场上收获颇丰，会受到认可和称赞，是功绩卓越的表现。侵略成为公认的行为方式，而战利品就是战争胜利的确凿证据。在这个文化阶段，人们公认战斗是获得自主的最可敬的方式，而劫夺的物品或强迫的劳务，正是战斗胜利的常规证据。因此，与上面的情形相反，以掠夺以外的方式获取的任何战利品，一个有身份的男子对此是不屑一顾的。基于同样的理由，生产工作或个人服务方面的劳务，也受到了同样的嫌恶。于是，一方是侵占或掠夺方式下的战利品，另一方是辛劳的生产工作，两者之间也出现了歧视性区别。劳动因其所受到的蔑视，有了令人厌恶的性质。

对于原始的未开化群体，所谓“光荣”——当这个词语本身的简单概念，还没有被它自己的衍生物以及随后形成的同类概念所混淆时的含义，似乎只是对优势力量的肯定。所谓“光荣的”，其意义就是“可怕的”；所谓“有价值的”，其意义就是“占优势的”。而光荣的行为，归根结底，不过是一种人们普遍认同的成功的侵略行为；当侵略指的是人与人或人与野兽之间的斗争时，被普遍认为荣耀的事业就是对强大力量的肯定。此外，人们往往从“个人品性”或“意志力”方面对各种力量的表现进行渲染，这在古老而朴素的习俗下格外加强了对强大力量的重视。同文化上较为进步的民族一样，在未开化部落中，表示尊敬意义的一些词语，大都带有这种“光荣”所体现的朴素意义的特征。当人们在称呼首领，或有求于国王、上帝时，所使用的尊称足以表明他们对祈求者具有强大的威力和不可抗的摧毁性力量。就算在当今比较文明的社会里，在某种程度上也依然如此。一些纹章的图案设计往往体现出人们对凶禽猛兽的偏爱，这也可以用来支持上述观点。

根据未开化者对于价值或荣誉的一贯理解，夺取生命，即杀害顽强的竞争者（不管是人还是兽）是具有无上光荣的事情。杀戮这一“高贵”行为是屠杀者占有优势力量的直接体现，因此一切屠杀，甚至在这类行动中所使用的一切工具及其附属物，都蒙上了一层迷人的荣誉色彩。武力是高尚的，就算是在田野间夺取最低等动物的生命，武力的使用也是一种可敬的活动，而生产工作则被认为是可鄙的、丑恶的。人们普遍认为，运用生产工具和器械有损健壮男人的尊严，于是劳动变成了受人蔑视、厌恶的活动。

假定在文化演进的过程中，在原始人类从和平的时代进化到下一阶段后，战斗才成为群体中公认的、特有的工作。但是，这并不意味着其间曾发生过一个突然的转变，从持续的和平、友善的生活阶段一下子转变到一个较高的阶段，在那个阶段首次出现战斗。这也不意味着，在向掠夺的文化阶段过渡的过程中，一切和平的生产工作都消失了。可以肯定的是，在任何社会发展的初期阶段，都免不了要进行一些战斗。例如，为了争夺女性，会或多或少地发生战斗。已知的原始部落的一些生活习惯，以及类人猿的生活习惯，都可以表明这一点。人性中存在的广为人知的激励因素，也使这一点格外可信。

也许有人会提出异议：上述和平生活的初期文化阶段事实上并不存在，在文化的演进过程中，并不存在前一阶段不曾发生战斗而后一阶段突然发生战斗这一转折点。问题的焦点不在于是否发生过战斗，也不在于战斗的发生是偶然的、间断的，还是经常性、习惯性的，而在于是否形成了一种习惯性的好战心态，即一种惯于从战争的观点来评判事物的普遍习惯。当掠夺的态度成为群体成员习惯性的、公认的精神状态，当战争成为当时生活理论上的基调，当群体成员的所有判断都惯于从战斗的立场来着眼时，才意味着人类进入了掠夺的文化阶段。

由此可见，在文化发展的过程中，和平阶段与掠夺阶段之间的区别是本质性的，是精神上的而非机械上的。精神状态的改变是群体生活中物质条件发生变化的自然结果，掠夺的文化阶段是在有利于掠夺态度形成的物质条件出现后逐渐产生的。掠夺文化的最低限度是生产上的限度。除非生产方式在效率上超过了维持生活的最低限度，并且还留有值得争夺的财富，否则掠夺无法成为任何群体或阶级的惯常手段。因此，由和平到掠夺的变化，是由技术知识的发展和工具的运用来决定的。此外，在武器没有发展到使人类成为可怕的动物以前，掠夺文化在早期同样是不可能实现的。当然，武器和工具的初期发展，只是从两个不同的侧面来看待的同一个事实。

某个部落已经对诉诸武力的情况习以为常，但只要战斗还未在人们的日常思想中占主导地位，还没有成为人类生活的主要特征，我们就可以认为这个部落的生活状态是和平的。一个部落在掠夺上的态度，可能只在某个程度上表现得比较明显，那么其生活方式和行为准则，也就在这个程度上为掠夺

战争场景。

意志所支配。由此可以推断，掠夺的文化阶段是通过掠夺的倾向、掠夺的习惯和掠夺传统的积累而逐渐形成的。之所以会有这种发展趋势，是因为部落生活的环境发生了改变，在这一变化过程中，那些有利于掠夺生活而非和平生活的人类特性和行为传统、准则被助长并保留下来。

原始文化时代曾有过一个和平的阶段，这一假设的证据大部分源于心理学而非人种学，这里不对其推断过程进行详细阐述。在下一章探讨现代文化下人类性格中的古老特征的遗存问题时，还将对这一点做部分说明。

第二章

金钱竞赛

在文化演进的过程中，有闲阶级的出现与所有制的形成是同时发生的，这是毋庸置疑的。因为这两种制度是同一套经济力量的产物。在发展的最初阶段，它们只不过是社会结构中一个事实的两个不同方面。

这里把有闲阶级和所有权这两种制度作为社会结构的因素，即惯常的事实来进行讨论。不重视生产工作这一事实并不会形成有闲阶级。同样，使用和消费也不构成所有权。因此，此项研究与人类懒惰习性的起源无关，也与占有个人消费品的起源无关。这里要研究的关键问题，一方面是传统有闲阶级的起源和本质，另一方面是作为传统权利或公平要求的个人所有权的发端。

有闲阶级与劳动阶级间的区别产生于发展初期的分化和未开化时代较低阶段发生的男女之间的分工。同样，所有权的最初形态是群体中健壮的男人对女人的所有权，说得更简单一些，就是女人为男人所占有。这样说也许更切合未开化者的生活理论。

毋庸置疑，在占有女人的习俗还没有出现之前，群体中就存在着由个人占有某些用品的情况。现存的某些古老部落并没有占有女人的习俗，这就是一个很好的例子。这类部落中的成员，不论男女，都有许多供个人使用的物品，但占有并使用这些物品的人，并不认为这些物品归他们所有。他们习惯性地对某些物品进行占有和消费，并没有引起所有权的问题。也就是说，外在物品并没有引起传统的公平权利问题。

在较低的未开化阶段，对女性的所有权显然始于对女性俘虏的掠夺。人们之所以会对妇女进行掠夺和占有，似乎是因为妇女作为战利品具有某种实用性。这种从敌对方掠夺妇女作为战利品的做法，逐渐形成“占有制婚姻”的形式，以男性为首的家庭制度由此产生。随着奴役范围的逐步扩大，掠夺的对象除妇女外还包括俘虏和其他处于劣势地位的人，占有制婚姻的对象也从敌方妇女逐渐扩展到其他妇女。因此，在掠夺的生活环境下进行竞赛，一方面形成了一种以强制为基础的婚姻形式，另一方面形成了所有权这一习俗。这两种制度在发展的最初阶段是很难进行区分的，它们都源于成功男性的一种欲望，即尽量久地展示他们侵占行为的成果，以此来证明他们的威力。这两种制度也助长了一切掠夺性部落中普遍存在的征服欲和统治欲。所有权的概念逐渐扩大，从对妇女的占有扩展到对劳动成果的占有，对所有人和一切事物的所有权由此产生。

一种明确的财产所有权制度在这种情况下建立起来。在文化发展的最近阶段，适用性已经成为消费品价值的关键因素，但财富仍然是所有者优越处境的最有力证明，这种功用到现在也没有丧失。

一个地方只要建立了私有财产制度，即使是在欠发达的形态下，其经济体系中也会出现人与人之间争夺物品所有权的特性。在经济理论中，总有人认为对财富的竞争是一种为生存而进行的竞争，那些毫不动摇地坚持古典经济学说的经济学家尤其这样认为。当生产还处于发展初期或效率较低的阶段时，毋庸置疑，其性质在很大程度上确实如此。当物资匮乏，社会的生活资料紧缺，人们为了生存进行顽强不懈的努力而仍然不甚富裕时，其性质也是如此。但是在一切进步的社会中，技术的发展早已超越了初期阶段，生产效率也达到了一定高度，人们参与生产过程所得到的远远超出了维持生活所需的限度。在经济理论上，通常把在新的生产基础上对财富的进一步竞争看作是提高生活享受的竞争，也就是为了提高由商品消费所带来的物质享受而进行的竞争。

一般认为，获得并积累物品的目的在于消费。不管消费者是商品所有者自己，还是他的家人，就我们的研究目的来说，前者与后者可以视为是一体的。消费物品，人们至少认为这是取得物品在经济上的合理目的，理论上

奴隶拍卖会。19世纪50年代，美国的奴隶贸易十分猖獗，富有的奴隶贩子把奴隶运到密西西比河以西新开辟的土地上。

需要考虑的也只有这一点。可以说这种消费是消费者为了满足物质上的需要——物质上的享受而进行的，也可以说是为了满足所谓的更高层次的需要——精神、审美、文化等方面的需要而进行的。后一类需要通过消费商品来间接获得满足，其方式是任何经济学研究者都熟悉的。

然而，只有撇开上述简单的意义，从相差甚远的另一种意义上来分析，才能说明为什么对商品的消费必然会引起对商品的累积。为什么要占有物品，为什么会产生所有权制度，其中真正的动机是竞赛。在所有权制度引起的社会制度的进一步发展中，在与所有权制度相关的社会结构的所有特征的演变中，竞赛这一动机依然存在且十分活跃。占有财富意味着赢得荣誉，这是一个带有歧视性意义的特征。对物品的消费与获取，特别是对财富的累积来说，没有比这个更具有说服力的动机。

当然也不应忽视这种情形：在一个几乎所有物品都是私有财产的社会里，对于比较贫穷的社会成员来说，谋求生计始终是一个强有力的动机。有些社会成员经常从事体力劳动，处于朝不保夕的境地，很少拥有财物和积蓄。对于这些人来说，维持最低生活和增进物质享受的需求，也许是取得物质财富的主要动机。但从以下分析来看，即使是对贫困阶级而言，物质需要也不是其获得财富的主要动机，这一点与我们所设想的不同。从另一方面来看，有些社会成员和阶级主要关注财富的累积。维持生计或增进物质享受，从未成为这些人取得财富的主要动机。所有权之所以能兴起并发展成人类的一种制度，是因为其主要动机从一开始就是那些与财富结合在一起的带有歧视意义的区别，而与维持最低生活无关。在后来的发展过程中，除特殊情况外，这一动机始终处于首要地位，没有被其他动机所动摇。

财产一开始只是一些成功掠夺来的战利品。一个部落，只要它与敌对部落有联系，就会凭借拥有的人力、物力，在占有者与受劫掠的敌人之间形成歧视性的对比关系。至于将个人与个人所属团体之间的利益区别开来的习俗，显然是后来才形成的。胜利者在获得战利品的同时，与同一部落中成就较差的人之间形成对比，这种歧视性的对比无疑是战利品的价值之一且早已存在——尽管这不是战利品最初的主要价值。起初，一个男人的威力就是一个部落的威力，战利品的占有者认为他代表的是所属部落的光荣，而不仅仅是他个人的光荣。这种从团体的角度来评价侵占行为的态度，在之后的社会发展阶段仍然可以见到，涉及战争荣誉时尤为明显。

但是，一旦个体所有权的习俗逐渐巩固，在进行以私有财产为基础的歧视性对比时，人们所持的观点就会发生变化。实际上，前者的变化不过是后者变化的反映。这时所有制的最初阶段，即通过直接地掠夺与强占来获取物品的那个阶段，将开始转变到以私有财产（奴隶）为基础的生产初期组织阶段，游牧部落将逐渐发展为自给自足的产业社会。财产之所以具有价值，不再是因为它可以作为战斗胜利的证明，而是因为财产所有者可以借此证明其相对于同一社会里的其他成员的优势地位。此时，歧视性对比已经变成财产所有者与社会中其他成员之间的对比。这个时候财产依然带有战利品的性质，但是随着文化的发展，在游牧生活的准和平方式下进行的有关所有权的竞赛中，财产越来越成为部落成员获得胜利时的战利品。

在社会的日常生活和人们的思想习惯中，掠夺活动逐渐成为过去，生产活动进一步代替了掠夺活动，于是累积起来的财产逐渐代替了侵占活动带来的战利品，成为优势与成功的象征。因此，随着生产事业的不断发展，将占有财富作为赢得声誉和尊敬的基础，这一行为越来越有用，也越来越有效。然而这并不意味着显示威力的其他的、更直接的证明不再能赢得尊敬，也不是说成功的攻击或辉煌的战绩不再能获得民众的赞扬和钦佩，不再能激起成就较差的竞争者的羡慕和嫉妒，而是说，通过直接表现优势力量的方式来博取荣誉，这一机会的范围越来越窄，次数越来越少。而在生产上发起进攻的机会，以及在游牧经济下通过准和平的方式累积财产的机会，不论是在范围还是在有效程度方面，都在不断地扩大和提高。更重要的是，财产不同于英勇的战绩或卓越的功业，它此时已经成为衡量可敬程度时最容易识别的证据，因此它成了赢得尊敬的习惯性依据。如果要在社会上获得地位，就必须拥有一定的财产。如果要在社会上获得声望，就必须获取并累积财产。一旦累积的财物在这种情况下成为拥有能力的公认标志，拥有财富就必然成为赢得尊敬的基础。拥有的财产，不论是通过自己的努力而主动取得的，还是由于别人的遗赠而被动取得的，都已经成为赢得荣誉的习惯性基础。拥有财富，起初只被看作是能力的证明，如今人们认为其本身就是一件值得赞扬的事情。财富本身已经具有内在的荣誉性，而且能赋予其拥有者荣誉。经过进一步发展，人们甚至认为先辈或前人遗留的财富比通过自己的努力获得的财富更具荣誉性，不过这一区别产生于金钱文化演变的后期阶段，下面将会谈到这一点。

虽然拥有财富已经成为获得一般声望和高尚的社会地位的重要途径，但威力和侵占或许仍是获得一般民众最高敬意的有力方式。有些民族长期受到掠夺文化的熏陶，其掠夺本能以及对掠夺能力的赞赏，已经在他们的思想习惯中根深蒂固。按照一般的判断，那些通过在战争中发挥卓越的掠夺能力而获得的荣誉，或是在治理国家中发挥掠夺能力而获得的荣誉，迄今为止仍是人们力所能及的最高荣誉。但是，要在社会上拥有体面的地位，上述赢得声誉的途径已被取得与累积财富的手段所取代。在社会上要博得好评，就必须在财富上达到某个并不明确的、传统的标准。这种情况和早期的掠夺阶段相同。那时，一个未开化者必须在体力、智力和使用武器的技能方面，达到部落中的某一标准，达不到这一标准是要受到蔑视的。得到荣誉和地位的必要条件，在上述前一种情况下是财富，后一情况下是威力，如果能在这两个方面超过一般标准，就能够出类拔萃，赢得人们的赞誉。

如果某位社会成员在威力或财产方面不能达到一定的标准，那么他就会受到同胞们的蔑视，其自尊心也会受到伤害，因为自尊心产生的基础就是同胞们对他的尊重。只有性格反常的人才能长期受人蔑视且持续保持自尊。这一例外自然是存在的，尤其在那些具有强烈宗教信仰的人们中间。但这类明显的例外很难说是真正的例外，因为这类人往往有别的精神寄托。他们相信的是某种超自然的力量对他们的功德做出的想象中的赞许。

因此，占有财产一旦成为获取荣誉的依据，也就成为满足人们自尊心的

躲在路易斯安那州沼泽里的奴隶。一些非洲裔美国人逃到荒野或印第安领地，以避免种植园的艰苦工作和白人社会的敌意。

必要手段。在任何社会，只要财产是由人们分别掌握的，那么一个人为了寻求心理上的慰藉，他所拥有的财物，就不得少于他习惯于把自己归为同类的那些人所拥有的财物。如果他拥有的财物比其他人多，他会感到非常欣喜。可一旦有了新的收获，他已经习惯了新的财富标准，那么因新标准高于原标准而带来的满足感就不再那么强烈。总之，人们总是以现有的金钱标准作为进一步争取财富的出发点，这个倾向是永远不会改变的；这一点又反过来引起了满足心理的新标准，以自己的财力与同胞的财力进行比较，又会引起金钱上新的等级划分。就这里所涉及的问题而言，累积财富的目的，在于与其他社会成员进行对比时处于财力上的优势地位。一个普通的正常人，如果在这样的对比下显然处于劣势地位，那么他会整日忧虑不安，不能满足于当前的处境。如果他达到了社会的普遍标准，或达到了属于他那个阶级的金钱标准，另一种心情就会代替他原来的长期不满情绪。那时令他惴惴不安的将是如何扩大自己与平均金钱标准之间的差距。但个人之间这种歧视性对比的演化是无止境的，在这种对比下的个人肯定不会处于那样的有利地位，以致在金钱地位的竞赛中，与他的竞争者相比，竟不想再提高一层。

这是必然的事情，对于任何个人来说，其追求财富的欲望都是永远不会得到满足，对财富的平均或一般的满足是根本不存在的。随着社会财富的普遍增长，无论进行怎样普遍、平均或“公道”的分配，都不会使这方面的欲望获得比较近似的满足，因为每个人都希望在累积财富这一点上超过其他人。即使像有些人想象的那样，积累财富是出于生活或物质享受上的需要，那么不难想象，随着生产效率的提高，社会的总经济需求可以在提高到某一点时得到充分的满足。但是，由于财富的争夺实际上是以歧视对比为基础的谋求声誉的竞赛，因此想要有一个确定的目标并接近它是不可能的。

上文指出，获取和累积财富的动机是在金钱地位上力争上游、超越别人，从而赢得荣誉，赢得社会其他成员的尊敬和羡慕，但这并不意味着取得和累积财富再无其他动机。在近代工业社会财富累积过程的每个阶段，人类增进物质享受以及免于贫困、增加保障这类愿望，总是作为一种动机而存在。尽管这方面的满足标准在很大程度上受金钱竞赛习惯的影响。日常生活中如何使用钱财、如何选择商品、如何进行个人享受，在很大程度上受这种金钱竞赛的影响。

除此之外，财富可以带来地位和权力，这是进行财富累积的动机之一。在原始的部落文化中，生活的主要特征是个人与其所属群体之间的紧密联系、不分彼此。在这样的社会里，男子作为行为的主动者，具有从事有目的活动的倾向性，并且厌恶不切实际的劳动。当人类脱离了这种质朴的文化阶段以后，这一性格依然存在。当人类进入掠夺文化阶段后，比较狭义的利己主义成为社会基调，上述的倾向性仍然与之相随，并且成为决定生活方式时的普遍特征。这时构成经济的基本动机仍然是对成就的追逐和对徒劳的厌

坦桑尼亚地区某部落的铁匠。

恶。那种倾向性的改变，只是在其表现的形态方面，在于人类活动所指向的直接目标上。在个人所有权制度下，明确地达到一种目的最有效的方法，是由财物的取得和累积所提供的。当人与人之间利己性的对立进一步成为自觉意识时，追求有所成就的倾向，即工作的本能，就逐步发展为争取在金钱和成就上超越别人的努力。此时个人的相对成就，通过彼此之间歧视性的金钱对比而得到检验，成为行动的传统目标。

在普遍的意识中，努力的正当目标就是与别人比较时可以占据优势地位，因此对不切实际的劳动持厌恶的态度在很大程度上与竞赛的动机联系在一起。这就更加促进了对金钱地位的竞赛，以致对足以影响竞赛结果的一切缺点以及一切缺点的痕迹都感到深恶痛绝。所谓有目的的努力，指的是使财富累积获得更可靠表现的那种努力。因此，不论从范围上还是强度上来看，人类积累财富的首要动机仍然是金钱竞赛。

或许在此没有必要进行说明，当使用“歧视性”这个词语时，对于用这个词所描述的任何现象，都没有加以抑扬、褒贬的含义，既不想有所夸大，也并无惋惜之意。这个词是在学术意义上使用的，是用来描述人与人之间的对比的，这种对比的目的是按照人们在审美或道德观念上的相对价值来划分等级，从而界定他们自己所设想的或其他人所设想的他们心理上相对的自得程度。歧视性对比是与人们的价值有关的一种评价方式。

第三章

明显有闲

上文中概括叙述了关于金钱竞赛的情况，这种金钱竞赛如果不受经济力量或其他因素的干扰，其直接结果将促使人们趋于勤劳节俭。我们知道，下层阶级获得财物的一般手段是生产劳动，就这些阶级来说，金钱竞赛在某种程度上确实产生了那样的结果。在一个处于农业生产阶段、过着定居生活的社会里，财产的划分非常细致，法律与习惯使劳动阶级可以在其生产成果中获得一个相当确定的份额。对处于这样一个社会里的劳动阶级来说，上述情况就更为确凿。这些下层阶级无论如何都不能免于劳动，因此劳动至少在其阶级内部看来，并不会使其降低身份。不仅如此，由于劳动是他们既定的、普遍的生活方式，当他们在工作上有所成就而获得名声时，还会存在几分赢得竞赛的自豪感，因为劳动是他们参与竞赛的唯一途径。有些人只有在生产效率与俭约方面，才有可能获取财物和展开竞赛，那么对这些人来说，只有进一步克勤克俭，才能在某种程度上参加金钱地位的竞争。但必须指出，以下还会提到，不论在金钱上处于劣势还是优势的阶级，竞赛过程中的某些从属性特征都会对他们的行为产生很大的限制或抑制作用。

下面讨论的在金钱上处于优势的阶级，其情况与上述的有所不同。就这个阶级来说，不乏存在勤奋与俭约这两个动机，但其行为很大程度上受到了金钱竞赛中某些附属要求的限制，以致实际上在这个方面的任何倾向都受到抑制，任何关于勤劳方面的诱因都不能发挥作用。这些竞赛的从属要求中最有力、最广泛的一个，就是必须回避生产工作。在未开化文化阶段，这一情况更加明显。在掠夺文化时期，在人们的思想习惯中，劳动和懦弱、服从联系在一起。劳动因此成为地位卑微的标志，为一个有地位、有身份的人所不屑。由于这种传统观念的影响，人们认为劳动是会降低品格的，这种观念延续至今，从未消失。与此相反，随着社会文化的演进，这一观念已成为古老的、不容置疑的成规，具有某种公理性的力量。

要获得别人的尊敬并保持下去，仅拥有财富或权力是不够的。这种财富或权力还要得到证明，因为只能通过这样的证明才能获得人们的尊敬。财富的证明不但可以使人深刻地认识到这位财富所有者的重要地位，使人一直保持这个深刻的印象而不磨灭，而且可以使这位财富所有者建立、保持一种自鸣得意的满足感。除了最低的文化阶段以外，在一切文化阶段里，如果一个普通的正常人能有一个“体面的环境”，免于“躬亲贱役”，那么他就会在自尊心上感到安慰和鼓励。不论在他生活的物质环境方面，还是他日常生活的精神方面，如果他被迫脱离了那个习以为常的体面标准，这时不管他的伙伴们对他的遭遇表示同情还是非难，他都会感觉这是对他尊严的侮辱。

时至今日，人类生活方式中尊卑贵贱的古老的理论区别依然保持着很大的影响力。因此，对于粗鄙形式的劳动，上流社会无不怀有本能的厌恶感；对于我们思想习惯中与苦工贱役相关联的那类工作，我们尤其有一种真切的感觉，认为这类工作在表面上是不雅的。所有高尚风雅的人都认为，某些传统上必须由仆役来做的工作，在精神上也是污秽的。他们毫不犹豫地指责鄙俗的环境、简陋的（即廉价的）住宅以及粗笨的生产工作，并尽量避开这些东西。这些都是与高层次的精神生活——“高尚的思想”——不相容的。从希腊哲人的时代到今天，那些思想丰富的人一直认为，享有相当的余闲，避免与那些直接服务于人类日常生活需要而进行的生产工作相接触，是享受有价值的、美好的，甚至是还算过得去的人类生活的先决条件。在一切有教养的人眼里，有闲生活，就其本身来说，就其所产生的后果来说，都是美妙的、高贵的。

有闲和财富的其他证明，这种直接、主观的价值无疑大部分是从属性的、派生性的。这种价值，部分是有闲作为获得他人尊重的一种手段的功用性反映，部分是借此在精神上获得调节的结果。而劳动已经习惯性地被认为

反映贵族奢靡生活的油画。

是地位低下的证明，因此从心理上讲，劳动在本质上也被认为是卑贱的。

在掠夺阶段，尤其是在此之后生产处于准和平方式下的最初阶段，有闲生活成为金钱力量和优势地位最简捷、最确凿的证明。当然，这里始终假定，这些有闲者除了“有闲”以外，还过着很安逸、舒适的生活。在这个阶段，财富的成分主要是奴隶以及由于拥有财富和权力而产生的利益，其主要表现形式是个人的劳役和个人劳役的直接成果。因此，明显摆脱劳动成为金钱上具有优越地位的传统标志，成为声望所归的习惯性标准；与此相反，既然从事生产劳动是贫困与服从的标志，那么它自然和社会上的崇高地位水火不容。结果是，在流行的金钱竞赛下，勤劳与俭约的习惯并没有得到推广；恰恰相反，这种金钱的竞赛对人们参与生产劳动起到了间接的消极作用。从早期的文化阶段开始，劳动就一直受到蔑视，即使没有这种传统的沿袭，劳动也已经成为贫困的证明，从事劳动将不可避免地成为不光彩的事情。按照掠夺文化的古老传统，生产工作是不值得一个健壮男子去做的，男子是应当回避的。在掠夺的生活方式转变到准和平的生活方式之后，这一传统并没有被抛弃，反而得到了进一步加强。

由于附加在生产工作上的低人一等的观念，有闲阶级制度虽然没有和个体所有制的初次出现同时登场，但始终是所有制最初产生的后果之一。从理论上来说，虽然有闲阶级在掠夺文化开始时就已经出现，但是随着掠夺阶段向下一个金钱文化阶段转变，这种制度有了新的、更加充实的含义。从这时开始，作为一个“有闲阶级”，其不但在理论上存在，而且在事实上存在。与此同时，有闲阶级制度以完整的形态出现了。

在掠夺阶段，有闲阶级与劳动阶级之间的区别，在某种程度上只是形式上的。那时，体格强健的男子审慎地置身于他们认为低贱的劳役之外，但他们的活动实际上对群体的食物供应有很大贡献。在后来的准和平的生产阶段，其主要特点一般是出现了确定的动产，动产主要包括奴隶、牛群和牧人，这时生产取得了进一步发展，社会无须依靠打猎及其他侵占活动来维持生计。从这时起，明显不用从事所有实用性的工作是有闲阶级生活的典型特征。

当有闲阶级的生活处于成熟阶段时，其正常的、典型的工作同它早期所从事的工作在形式上大致一样，包括政务、战事、运动竞赛和宗教供奉。有些过度钻研理论的人也许要说，这类工作也附带地、间接地具有“生产性”，但是要知道，这里具有决定意义的问题是，有闲阶级从事的这类工作，其通常的、表面的动机肯定不是通过生产劳动来增加财富。这个阶段和其他文化阶段一样，从事政治活动或参加战争，在一定程度上是为了从中获得金钱上的利益，但这种利益是通过掠夺和强占等光荣方式获得的。这类工作是掠夺性的，不是生产性的。狩猎活动具有类似的性质，但也有所不同。当社会脱离纯狩猎的时代后，打猎逐渐分化为两种不同的工作。一方面，狩猎是一种行业，进行这项活动主要是为了获利，在这一点上，侵占成分实际上是不存在的，至少不是充分存在的，因此不足以消除其作为一种营利活动的性质。另一方面，狩猎也是一种娱乐活动，是掠夺冲动的一种表现，因此它没有任何显著的金钱上的动机，却多少包含一些明显的侵占成分。狩猎在这方面是值得称道的，是应当列入成熟的有闲阶级的生活方式的，因为它在这方面的发展过程中清除了所有的手工艺成分。

脱离劳动不仅是体面的、值得称道的，而且是在礼俗上维持身份的一个必要条件。在财富累积的初始阶段，以财产作为获取荣誉的依据，这一观念还十分幼稚和模糊。这时脱离劳动是拥有财富的传统证明，也是社会地位的习惯性象征。因此，财富具有价值这一不可改变的观念，引起了对有闲更加牢不可破的坚持。事物被觉察到的特点就是其自身的特点。结果，按照人类性格的既定规律，旧有的习惯立即牢牢抓住了财富这种惯常的证明方式，把财富是极端高贵、可敬的这种观念灌输到人们的思想习惯中，与此同时，在同样的演变过程中，生产劳动在本质上成为毫无价值的活动。在世俗的眼光中，这种习惯性观念终于使劳动变得不仅是不光彩的，而且是一个高贵的、生而自由的人在道义上所不允许的行为，是同高贵的生活不相容的。

这种厌恶劳动的倾向对各阶级在生产活动上的分化有着更为深刻的影响。当人口密度增大、以掠夺为目的的部落逐渐发展为定居的产业社会时，支配着所有制的管理机构和社会习俗也在范围和程度上逐渐扩大和提升。这时要用直接的掠夺方式来累积财富已经不大可能，而出于合理性的逻辑，要通过生产的方式来获取财富，这对于心高气傲的人和两手空空的人来说同样是做不到的。可供他们选择的只有两条路，不是沦为乞丐，就是在贫困中度日。因此无论什么场合，明显有闲的准则，如果可以不受阻挠地按照其自身的方向发展，就必然会出现一种附属性的、某种意义上虚假的有闲阶级：这种人一贫如洗，生活上朝不保夕，但在道义上坚持不屈，认为不能为了谋生而降低自己的身份。有些人有过富庶的生活，后来却贫困不堪，这种情况现在也很常见。这种人对于非常轻微的体力劳动也深恶痛绝，对于这种根深蒂固的观念，任何文化发达的民族或在金钱文化上落后的民族都十分熟悉。有些人十分娇气，长时间以来习惯了温文尔雅的作风，对体力劳动十分厌恶，以至于在危急关头连自卫本能都完全丧失了。有这样的例子，据说波利尼西亚地区的某些酋长为了保持尊严，宁可饿着也不肯用自己的手将食物送进嘴里。当然，这可能是因为——至少是部分原因——酋长身上有某些过分圣洁或必须回避的宗教禁忌。这种禁忌通过他双手的触摸会扩展到其他东西身上，因此他接触过的所有东西都不宜供人类食用。但是要知道，产生这种禁忌的原因就是对劳动的蔑视，或者认为劳动是与道义不相容的，因此，即使从宗教意义上来解释，波利尼西亚酋长们的行为也比表面上看起来更符合"有闲是光荣的"这个准则。还有一个更好的、避免引起误解的证明：据说有一位法国国王为了遵守礼节、不失尊严体统而拘泥过甚，竟因此丢掉了性命。当时这位国王在烤火，火势越来越旺，而负责为他移动座位的仆人恰好不在国王身边，他就坚忍地在炉边坐着，动也不动，最终被烧到无法挽救的地步。虽然他最终牺牲了，却保全了身体的圣洁，这位最高贵的基督教国王没有被低贱的劳动所玷污。

丧失了人生的意义而苟全性命，
这才是人生最大的不幸。

上文已经提到，这里使用"有闲"这个词语，指的并不是懒惰或清静无为，而是指非生产性地消磨时间。之所以要在不生产的情况下消磨时间，是因为：第一，人们认为生产工作是不值得去做的，对生产劳动持轻视的态度；第二，借此表明自己的金钱力量可以使自己生活安逸，衣食无忧。这种受人尊敬的闲暇是一位有闲阶级成员的生活中理想的组成部分，也是使旁观者获得对其印象的一部分。但他的有闲生活不是全在旁观者的关注下度过的，也有一部分是不为公众所知的。为了维护荣誉，必须显示这个不能为人所见的部分，使人信服他的生活确实是有闲的。他要想办法做到这一点，但

猎人们和猎犬在山区停下了脚步，一位猎人正在休息，另一位猎人吹响了他的号角。

这一点只能间接地显示出来，通过他从闲暇中得到的一些具体的、持久的成绩显示出来。这和他雇佣的工匠、仆役们的情形一样，他们也惯于显示工作中一些具体的、持久的成果。

生产劳动的持久的证据是劳动所得的物质产品，这通常是一些消费品。对于侵占活动来说，要获得些持久性成绩并把它们显示出来同样是可能的，而且通常也是这样做的。在后来的演进阶段，通常用一些徽章或勋章作为习惯的、公认的侵占标志来证明功绩，这些标志还可以表明其象征的功绩的数量或等级。后来，随着人口密度的增加，人事关系日益复杂，一切生活细节都经过了精心的安排和仔细的选择。在这一精心安排的过程中，纪念品或战利品的使用发展成身份、头衔、等级、勋位等制度，那些五花八门的纹章、奖牌以及荣誉装饰，就是这种制度的典型产物。

从经济的观点来看，如果“有闲”是一种工作，那么这种工作在性质上同侵占生活密切相关，有闲生活所特有的、一直是其礼仪准则的那些成就，与侵占活动的战利品有许多相似之处。但是狭义的“有闲”与“侵占”是不同的，也不同于对无实际用途的事物进行的任何表面形式的加工，因为有闲通常不留下物质成果。因此，“有闲”的成就大多是“非物质”式的产品。这类非物质迹象的证据是一些准学术性的或准艺术性的成就，和一些并不直接有助于人类生活进步的处理方式和各种琐碎事物方面的知识。比如说，在我们这个时代里就有这样一些学术研究：古代语言和神秘学，文字拼法，文句构造法与诗歌韵律学，各种家庭音乐和家庭艺术，服饰、家具与设施的时尚，各种竞技与运动竞赛，狗、赛马之类不为实用而驯养的动物，等等。这些形形色色的研究有其最初的动机，相关知识也是在这个动机下开始取得并流行起来的，这个动机也许和人们要表明他们没有把时间花在生产工作上这一愿望无关，但是要知道，除非这类活动经研究可以证明人们没有参加生产，否则就不会继续存在，也不会保持其作为有闲阶级的传统成就的地位。

从某种意义上来说，这类成就或许可以归入一些学术分支。但除了学术研究外，还有一些更广泛的社会现象在发挥作用，使这类成就逐渐脱离学术领域，进入生活习惯与技巧的领域。这些社会现象就是所谓的仪态、礼貌、礼法等。这类现象都是可以直接、突出地显示出来的，因此被人们更加广泛和迫切地坚持，用来证明通过有闲而达到的尊荣程度。这里需要指出的是，在以明显有闲作为荣誉标志的风气最盛行的文化阶段，可以泛称为礼仪的上述种种惯例，在人们的心目中占有重要地位，其重要性超过了后来的文化发展阶段。在准和平的生产阶段，一位出身高贵的未开化者对礼仪是非常重视的，他在涉及礼仪的各个方面都能胜过后代的人，后世只有非常讲究仪容举止的人才勉强比得上。众所周知，至少普遍性的看法是，族长制时代过去之后，各种礼节越来越退化。许多老派的先生们看到现代工业社会的上层阶级举止粗鲁、缺乏教养，不免痛心疾首、感叹不已。至于在纯工业阶级中，那种礼貌规范的衰微，或者是所谓生活鄙俗化的现象，在多愁善感的人看来已成为现代文化的主要祸根之一。现代人事务纷繁，礼仪在这些人手中受到了损害，撇开上述的反对意见不谈，礼仪是有闲阶级的产物和象征，只有在身份制盛行时才有全面繁荣的机会。

关于礼仪的起源或由来，并不一定是那些举止优雅的人为了表明其曾在学习礼仪上做过长期努力，无疑还有其他方面的原因。在仪态举止上要求革新和精益求精的直接目的，在于使关于追求美感或表情方面的新方式更加有效。正如人类学家和社会学家惯于假定的那样，礼法的起源大部分是出于要获得对方的善意或对对方表示善意的愿望，在后期发展的任何阶段，那些举止优雅的人们的操行中，几乎总是具有这样的原始动机。所谓礼貌，部分是仪态举止的精益求精，部分是前人的动作象征化和习俗化的残留，体现了前人对下统治、对上服役，与同辈交往等人际关系上的动作。总之，礼貌很大程度上表达的是一种身份地位关系，一方面是统治的关系，另一方面是服从。在当代，凡是渗入了掠夺时期特征的心理习惯，都产生了统治与服从的精神态度。人们会极度重视行为上的礼节，刻意讲求品质、官衔和礼仪，这一点与准和平游牧文化下的未开化者树立的典范十分接近。一些欧洲大陆国家可以作为这类精神残留的很好范例。在那些社会中，人们认为礼仪具有内在的价值，对礼仪的重视程度简直类似古老的典范。

礼节最初是一种象征、一种姿态，只在作为所象征的事实与特征的代表物时才有实用性，但后来发生了改变，一般情况下它不再是人类交往中的象征事实。后来，根据这种理解，礼貌本身就具有一种实际效用，具有神秘的特性，在很大程度上与它原来所象征的事实无关。这时背离礼仪规范已成为人们厌恶的行为，而在一般理解中，有教养、懂礼貌不仅是品质优良的外化标志，而且是心灵高洁的主要特征。很少有事物能和破坏礼仪一样激起人们本能的反感；此时遵守礼节具有很高的内在价值，一旦有人违反礼节，就会被人们认为是粗俗卑劣的，能把违礼行为和对违礼者本人的看法分开来看的

18世纪威尼斯贵族在房间里嬉戏的场景。

人是绝无仅有的，违背信义或许还可以得到宽恕，但破坏礼法则是绝对不可赦免的，正如谚语所说“有礼方能成人。”

虽然礼仪具有这样的实际效用，但执行者和旁观者都认为，礼仪具有天然的正确性，这种观念只是礼仪盛行的一个近因。其深层的经济原因还是和有闲的荣誉性以及用非生产活动消耗时间、精力的荣誉性有关。如果没有这些荣誉性因素，人们就不会在礼貌上有很高的修养。要懂得礼节、养成良好习惯，必须通过长期的锻炼。高雅的风度、举止和生活习惯是出身名门望族的有效证明，因为好的教养是需要时间、实践和成本的，那些把时间与精力用在劳动上的人是不可能拥有这些的。熟知礼仪是一种一望便知、无须解释的证据，它可以说明一位有教养、有礼貌的绅士的生活，虽然外人没有完全目睹，但这位绅士的时间确实消耗在了一些无利可图的成就上。归根结底，礼貌的价值在于它是有闲生活的最佳证明。反过来说，既然有闲是显示金钱荣誉的传统手段，那么凡是希望得到体面的经济地位的人，都会在精通礼节上下些功夫。

由此可见，因为高尚的有闲生活不能全部为外人所见，所以为了获取荣誉，就要留下这种生活的具体可见的成绩，作为证据供人衡量，并与同一阶级中渴望获取荣誉的竞争者所展示的成绩进行比较。但是单纯地摒弃劳动，没有把获取声誉这类事放在心上，甚至没有特意去效仿那种安富尊荣的气派，在这种情况下也会养成有闲的风度。更可能出现的情况是，这样的有闲生活经过若干代的坚持以后，将在个人的仪态举止上留下显著的、持久不变的痕迹。这类人经过了世代有闲生活的熏陶，对于礼仪的熟练运用已经习惯成自然；如果对如何取得光荣的有闲标志进行刻苦钻研，那么在这方面还可以获得进一步提高，然后在热烈的、有系统的锻炼中，把脱离劳动这类外在标志显示出来。很明显，通过勤奋努力和巨额开销，可以大大提高有闲阶级在礼仪方面的精通程度。反过来说，在礼仪上的精通程度越高，对于那些不营利且不实用的礼仪规范，其熟练程度的证据越明显和充分，在此项成就中付出的时间、物力上的代价越大，获得的荣誉也就越大。于是，在竞相争取精通礼节的情况下，必须煞费苦心才能养成守礼的习惯。种种礼仪的细节也因此发展为内容全面的准则，凡是要保持较高荣誉的人，都要信守礼仪方面的各种准则。从另一方面来说，礼仪是明显有闲的派生物，这种明显有闲也逐渐发展为态度、作风方面的艰苦训练，发展为审美情趣和鉴赏能力方面的教育，例如哪些消费品是适宜的，怎样消费才是适宜的，这些都有一定的标准。

在这方面值得关注的是，刻意的模仿与系统的训练可能使体格和举止方面发生病态变化或形成某些特异风格，人们利用这一点来谨慎地塑造一个有文化的阶级，往往能收到很好的效果。在这种情况下，通过所谓的附庸风雅的过程，许多家族和宗族迅速演变为豪门望族。这种迅速演变为豪门望族的结果，就其作为一个有闲阶级因素的适用性来说，其适用程度实际上并不低于另一类人，这类人在金钱属性方面也许受过为期更久的但没那么认真的艰苦训练。

还有一点，关于如何消费的一些方式方法与时下礼仪细节的相符程度，是存在可以衡量的种种尺度的。这些细节方面的理想标准，每个人符合的程度不同，其之间的差异可以互相比较，并且可以按照礼仪方面的递进尺度，准确而有效地将他们分成不同的等级。在对应给予的荣誉做出判定时，一般以对有关事物的公认审美准则的符合程度为依据，做出公正无私的判定，并不刻意考虑对方的经济地位和有闲程度。但做出判定时所依据的审美准则一直处于明显有闲法则的监督之下，事实上这类准则在不断进行变化和修改，以便更符合有闲法则的要求。因此做出鉴定时的直接依据，这一次和上一次会有所不同，但真实、显著的时间消耗永远是辨别良好教养程度的普遍原则和不变标准。在这一原则的范围内，可能有很多细节上的变化，但这些变化只是形式上的，而非本质上的。

当然，我们日常交际中的那些礼节，大多数是敬意或善意的直接表示，如果要找到这种现象存在的理由，或寻求受到赞许的原因，大都没有必要去追究关于荣誉的任何依据，但是关于礼法，情形就不是这样了。礼法是身份、地位的象征，这对任何一个留意这些的人来说都是十分明显的。我们对待仆役或其他在经济上处于依附地位的下级的态度，是在身份关系上居于上级地位者的态度，尽管与原来粗暴统治下的表现相比，态度已经有了很大改善，温和了许多。同样，我们对待上级，以及在许多场合对待同辈的态度，则多少带有几分谦卑。那些自命不凡的先生们和太太们的傲慢神情，显示了他们在经济地位上的独立和优越性，他们定义的高雅和正当影响着我们的观念。正是这种没有人可以和他们相提并论的最高的有闲阶级，使礼节得到了最高度、最成熟的表现，也正是这一最高阶级使礼节系统化，成为下面各阶级的行为准则。也正是在这里最明确地表明了，礼仪准则是有关身份、地位关系的一套规定，是与一切粗鄙的生产工作不相容的。一种超然的自负和居

《德文郡公爵夫人》——乔治亚娜·卡文迪许的肖像。在英国，她是人们谈论最多的一位女性。她创作的那本描写一帮朋友性放荡与冷淡的小说《窈窕淑女》已被多次再版印刷，而她本人也成为著名戏剧家理查德·谢里丹《造谣学校》中起绒夫人的原型。这位活泼的德文郡夫人是“时尚”的镜子和模范，俨然成了英国18世纪的时尚品位标准。其故事被改编为电影《公爵夫人》。

高临下的态度，一种惯于要求别人服从和对未来一切都漫不经心的态度，是一位最得意的绅士与生俱来的权利和处世准则。在一般人看来还不止如此，这种行为态度会被认为是最高贵品质的本质属性，出身低微的平民对此是心悦诚服的。

前一章已经提到，我们有理由相信，所有权制度始于对人的占有，主要是对女人的占有。取得这种财产的动机明显是：第一，统治与以武力使人屈服的性格倾向；第二，利用这些人作为其所有者具有威力的证据；第三，利用这些人的劳役。

个人劳役在经济发展中占据特殊的地位。在准和平的生产时期，尤其是当生产活动还处于初期发展阶段时，利用他人的劳役在一般情况下是对人进行掠夺并将其据为己有的主要动机。奴仆的价值就在于他们能够提供劳役。但这一动机之所以占主要地位，并不是因为奴仆具有的上述前两个动机的绝对重要性降低了，而是因为生活环境的改变使奴仆所具有的最后一种动机格外明显。作为财富的象征或累积财富的途径，妇女和其他奴隶也具有很高的价值。如果一个部落以畜牧业为主，那么这种财富就跟牲畜一起，共同成为为获取利润而进行投资的一般形式。在准和平文化阶段，女性奴隶成为经济生活的重要特征，有的部落竟把妇女作为一种衡量价值的单位，在荷马时期就有这样的例子。毫无疑问，凡是出现这种情况的地方，其生产系统的基础必然是奴隶动产，而妇女一般都是奴隶。在这样的制度下，人与人之间主要的、普遍存在的关系必然是主人与奴隶之间的关系。这时财富的公认证明就是所拥有的妇女数量，还有为服务于主人、为主人生产财物的其他奴隶。

不久之后，分工出现了。有些奴隶专门负责在主人身边服务和侍应，那些全力从事生产工作的奴仆与主人的直接关系越来越疏远。另一方面，那些专门从事身边服务，包括家务劳动的奴仆，则逐渐脱离了为获利而进行的生产性工作。

这种逐渐脱离正常的生产工作的过程，往往始于主人的妻子或正妻。当社会发展到定居生活以后，从敌对部落掠夺妇女为妻的做法已经难以实行，不能再作为妻妾的习惯来源。文化发展到这一阶段，正妻往往出身高贵，这就加速了使她脱离粗俗工作的倾向。至于出身高贵这一概念的起源以及它在婚姻制度发展中所占的地位，这里不进行深入的探讨。就本文的研究目的来说，只需说明这一点：所谓的名门望族，是由于长期累积财富并与某些特权有联系从而受到尊崇的世家。在婚姻关系中，这种出身的女子是很受欢迎的，因为可以和她有权势的亲属结成联盟。而且人们普遍认为，那种与丰厚的财富和显赫的权势联结在一起的血统具有高贵的价值。然而，她仍然是她丈夫的动产，如同她被丈夫买入前是她父亲的动产一样。尽管如此，她还是具有其父亲的高贵血统，因此让她从事奴仆所做的贱役劳动，从道义上来说是不合适的。虽然她在事实上完全隶属于她的主人，在她所属的社会阶层中，她所处的地位相对于男性成员来说是低下的，但基于高贵门第可以传袭的原则，她的地位仍在普通奴隶之上。一旦这个原则获得了普遍认可，她在某种程度上就享有了有闲的特权，而有闲是名门望族的主要标志。在门第可以传袭这一原则的推动下，作为一个妻子，如果她主人的财力范围允许的话，她免于劳动的范围将逐渐扩大，直到免于从事一切卑贱的劳役和手工艺工作。此后随着生产的发展，财富逐渐集中到了少数人的手里，上层阶级财富的传统标准也有了提高。脱离手工艺工作，随后又免于从事低贱的家务劳动，这一点是从奴隶主的正妻开始的，这个趋势将逐渐演进，扩展到了其他妻妾（如果有的话），甚至扩展到其他贴身服侍主人的奴仆。一般的趋势是，一个奴仆，与主人的关系越疏远，免除劳役的时间就越迟。

如果主人的经济允许，对主人个人的服侍工作会变得日益重要，由此推动了随身侍从这一特殊阶级的发展。主人的身体是价值与荣耀的象征，是最重要的。由于他在社会上的声望和地位，也由于他的自尊，他应当有得力的、专职的仆役供其随时使唤，这些仆役的主要任务就是全力服侍主人，不能有任何其他的工作牵制精力，这是一份重要的任务。这些专业化仆役的作用不在于提供实际的服务，而在于表象上的炫耀。在后一种意义上，这类仆

19世纪中期，欧洲的贵族正在举行聚会。

役的存在不仅是为了装装样子，更是为了使主人得到满足。也就是说，主人可以充分表现他的“支配欲”。当然，随着家具设备的不断增加，可能需要更多人手来照看，但增加的设备大都是用来撑场面的，不是为了实际享受，因此这和我们的主要论点并无太大关系。高度专业化的仆从日益增加，更好地发挥了上述各种功用。于是出现了这样的结果：管理家务和随身服侍主人的仆从不断增加并分化，逐渐脱离了生产劳动。由于主人可以用这些仆从来证明其拥有的支付能力，因此他们的服务变得越来越空虚，越来越徒有其表。那些跟主人最亲近的、接触最频繁的仆从更是如此。因此这些人的功用大部分在于他们明显地脱离生产劳动，由此可以证明他们主人的财富和势力。

在这种为表现明显有闲而专门雇佣大量仆役的风气得到很大发展以后，就外表的壮观性来说，人们更喜欢用男仆而不是女仆。让那些潇洒健壮的男子来充当随身侍从或其他仆从，显然要比使用女仆壮观，费用当然也更高。男人比女人更适合做这项工作，因为由此可以表明主人在时间、人力上的较大消耗。于是，在有闲阶级经济中就发生了这样的变化：在族长制时代，终日忙碌的主妇周围的是一群辛勤劳作的婢女，而现在，跟随在尊贵的夫人身后的是一群健壮英俊的男仆。

在经济发展的任何阶段，就一切等级和阶层来说，夫人和仆从们的有闲，都不同于那些凭借自身权利的绅士们的有闲，因为前者的有闲是一种外表上看起来辛劳的职务。这种职务的表现形式大都是不辞辛苦地侍奉主人，或者是煞费苦心地布置屋内陈设，因此这里所说的有闲，只是这一阶级很少或从未参与生产性工作，而不是免于从事一切形式的劳动。主妇或家仆担任的职务往往是繁重的，而且他们所要达到的目的也常常被认为是维持整个家庭安逸所必需的。这些服务有助于主人或家庭成员的身体健康或物质享受，就这一点来说，似乎可以把它视为生产性工作，只有剔除这种有效工作后剩下的部分，才应当被视为有闲的表现。

可是，现代日常生活中许多被列入包括家务操作范围之内的劳务，以及维持主人安逸生活的许多“有用物品”，事实上都是属于礼仪性质的。因此，按照“有闲”在这种语境中的意义，这类劳务应当被看作是有闲的表现。为了使生活更加安逸舒适，这类劳务或许是迫切需要的；甚至出于个人享受，或许也是必不可少的；但尽管事实如此，这类劳务仍然可能是主要或全部属于礼仪性质的。此外，正是因为劳务的这种性质，它们才成为必要的，我们在习惯上已离不开这类劳务了，已经认定不这样做是违反礼仪规范的。没有这类劳务会使我们感到不快，这并不是因为缺少了它们会直接导致身体上的不适。有些人的爱好可能没有受过传统好恶之别的训练，他们不会因为缺少了这样的劳务而感到不快。既然情况是这样，那么在这类劳务上耗费的劳力就应当被视为有闲；当这样的有闲，由除了家庭中经济独立、当家作主的家长之外的其他人来表现时，即被视为代理性有闲。

在家务劳作的名义下，由主妇和仆役们来表现的这种代理性有闲，常常

《洗衣女工》。法国画家让·巴蒂斯·热鲁兹绘于1761年。

会发展为辛苦的劳作，尤其是在获取荣誉的竞赛进行得比较紧张激烈的时候。这是现代生活中常见的情形。在这种情况下，这类仆役承担的家务劳作，或许可以被称为劳力浪费而不是代理有闲。但后一名称有个优点，它能够表明这类职务的由来，并清晰地指出其实际功用的经济依据，因为这类工作可以用来显示主人或整个家庭的金钱荣誉，理由是在这方面主人显然虚耗了很多时间和劳力。

这样就形成了一种附属或派生的有闲阶级，其任务是为了主要的或正统的有闲阶级的声誉而进行的一种代理有闲。代理的有闲阶级与真正的有闲阶级的不同之处主要表现在，其习惯的生活方式的特征上。主人阶级的有闲，至少在表面上表现为一种任意免于劳动的倾向——他们认为这样可以提高自身的福利，丰富自己的生活。但是仆役阶级从免于从事生产劳动中得来的有闲，则是某种在强制下的表现，一般或根本不是为了满足他们自己的享受。一个仆役的有闲不是他自己的有闲。只要他是一个名副其实的仆人，而非真正有闲阶级中的次等成员，他的有闲就是服务于其主人的，为了使其主人的生活更加丰富多彩。这种从属关系的烙印，显然存在于仆人的行为和生活中。在漫长的经济时期，家庭主妇基本上处于奴役地位，男性仍然是家庭的主导，此时家庭主妇的情况也常常如此。为了满足有闲阶级生活方式的要求，一个仆人不仅要表现出一种谦卑逢迎的态度，还要表明他在这方面是训练有素、经验丰富的。仆人和主妇不仅要完成某些任务，显示出一种奴性，还要表现出十分娴熟的服务技能，自觉遵守那些有实效而明显带有奴性的准则。即使在今天，这种在形式上表现出服从关系的资质和技能，依然是构成那些高薪仆役功用的主要因素，仍然是那些高雅主妇的闪光点之一。

一个称职的仆人首先要明确自己的地位。仅仅知道如何机械地完成某些任务是不够的，他必须懂得如何以恰当的方式来完成这些任务。家庭服务是需要智力而不是机械的职务。于是关于仪容举止的精细化制度逐渐形成，它们对仆役阶级代理有闲的规格方式做了专门的规定。在任何情况下违背这类准则都是要受到责难的。而之所以会受到责难，不是因为这显示了机械效能上的欠缺，也不是因为他们缺少奴性态度或奴性气质，而是因为这显示了主人对其仆人的专门训练不到位。进行如何服侍主人的特种训练是耗时耗力的，如果在仆人身上显现出这种训练的良好效果，那就表明这个仆人不论现在还是过去都不惯于从事生产工作，而这一点长久以来就是代理有闲的明确证据。因此对侍应工作的娴熟是有其功用的，它不但满足了主人对良好服务和娴熟技能的本能喜爱，不但迎合了主人对以他为生的那些人具有的明显优越的性格倾向，而且还足以证明，和一个没有经过专门训练的人所表现出来的、单纯的明显有闲相比，他是耗费了更多的人力的。一位体面的绅士，如果他的厨师或马夫以不恰当的方式来服侍他用餐或出行，以致让人一看便知这位仆人曾经是种地的或牧羊的，那就糟糕了。这种笨拙的行为足以表明，主人没有能力雇佣受过专门训练的仆人来为他提供服务。换句话说，这意味着主人无力负担他的仆役进行专门训练，他无法承受在时间、精力上所要付出的代价，无力培养接受充分训练、能够在严格符合礼仪的标准下进行专业的服务工作的仆人。如果仆人的表现说明其主人缺乏财力，那就直接破坏了使用奴仆的实际目的，因为仆役的主要作用在于证明其主人的支付能力。

综上所述，一个缺乏训练的仆役之所以会引起不快，或许是因为这会使人直接联想到主人吝惜钱财或贪图实惠。实际情况当然不是这样，其间的相关性并没有那么直接。这里发生的情况和一般的情况是一样的。不论什么事物，只要最初在我们面前看起来很美好，不久就会引起我们的共鸣，让我们认为其本身就是一个可喜的事物，然后这种认识会在我们的思想习惯中逐渐固化，我们会认为这一认识在本质上就是正确的。但是，任何特定的行为准则想要维持下去，就必须不断得到构成其发展规范的那类习惯或性格倾向的支持，至少两者不能互相抵触。代理有闲的需要，或者对明显消耗的仆役服务的需要，是训养奴仆的主要动机。只要这一点不发生变化，就可以肯定地说，任何背离公认习俗，缩短仆役见习期的做法，都会使人难以忍受。这种对代价高昂的代理有闲的需要具有间接的淘汰作用，它会引导我们形成一种鉴别力，形成在这一类问题上的是非观念，结果是我们一旦遇到与自己见解

17世纪的荷兰，厨娘和仆人们正在厨房里忙碌，为一家人准备盛宴的场景。

相悖的做法，就会发生反感并予以清除。

随着公认财富标准的不断提高，利用仆役来炫富的手段也越来越高明。训养一批专门从事生产活动的奴隶是财富与威力的证明，然而训养一批不从事任何生产活动的仆役则可以证明其主人拥有更多的财富和更高的地位。这一原则催生了一个仆役阶级，其人数越多越好，其唯一的职责就是盲目地服侍主人，以此证明主人有财力不从事生产而能消费大量仆役们的劳动。于是在这些仆役或侍从中产生了分工，这些人的一生都耗费在保持一位有闲绅士的荣耀上。结果是一部分人为主人生产物品、创造财富；另一部分人，一般以主人的妻子或正妻为首，则以明显有闲的方式为主人进行消费，从而证明主人能够承受金钱上的巨大损耗而丝毫不影响他的富裕。

上面对于家庭劳役的发展和性质带些理想化的概括叙述，与这里被称为“准和平”生产阶段的文化阶段的情况最为相似。在这一阶段，个人劳役首次上升到一种经济制度的地位，也是在这一阶段，这种制度在社会生活方式中占据重要地位。在文化的演进中，准和平阶段出现在纯掠夺阶段之后，两者是未开化生活中相继出现的阶段。在形式上遵守和平与秩序是准和平阶段的特征，然而这一阶段的生活中仍然充满了压制与阶级对立，因此不能称为完全意义上的和平阶段。从经济以外的观点来看，在多重用意的情况下，这个阶段或许可以被称为身份制阶段。这个名称可以用来概括这一阶段人际关系的方式，以及处于这一文化阶段时人们的精神态度。但是用“准和平”这个词似乎可以更恰当地说明这个时期盛行的生产方式的特征，指出经济演进中这时的生产发展趋势。就属于西方文化的社会而言，这一经济发展的阶段大概已成历史；在社会中，只有数量很少而情况很显著的一部分是例外，那种未开化文化所特有的思想习惯发生的蜕变只是比较轻微的。

个人劳役现在仍然是一个具有重大经济意义的因素，特别是在商品的分配与消费方面，但即使在这个方面，其相对重要性也逊色于其曾经占有的地位。这种代理性有闲的最高度发展发生在过去而不是在现在，如今可以在上层有闲阶级中看到这种代理有闲的最高度表现。至于比较古老的文化阶段的传统、习俗和思想的保存，就其极度广泛地被人们接受并得到有力的发展来说，现代文化在很大程度上受到了有闲阶级的帮助。

在现代工业社会里，各种能带来享受与便利的机械设备得到了高度发展。除了坚持早期遗留下来的传统作为荣誉准则的人以外，实际上已经很少有人雇佣随身的侍者，甚至很少雇佣任何类型的家庭仆人。雇佣仆人来照顾体力衰弱者或精神病患者或许是唯一的例外。然而，这一类仆人应该被列入经过专门训练的护士一类，而不应被列入家庭仆役一类。因此雇佣他们只是表面上的例外，而不是真正的例外。

当今一般的小康之家雇佣仆役，（表面上的）原因是家庭成员不能完成一个现代家庭所需承担的工作。他们不能完成那些工作的理由是：第一，他

《倒牛奶的女佣人》，荷兰“黄金时代”绘画大师维米尔绘于1660年。

们“社交上的职责”太多；第二，他们需要完成的工作太繁重。这两个理由可以做如下申述：第一，按照某些强制性的礼法，这一类家庭成员，表面上必须把时间与精力完全消耗在表现明显有闲上，即消耗在走亲访友、外出、运动竞赛、俱乐部活动、妇女义缝团和各种慈善团体等诸如此类的活动上。将时间和精力耗费在这类事务上的人，往往对衣饰和其他明显的消费特别留意，他们都私下承认这十分令人厌恶但完全无法避免。第二，按照必须对财物进行明显消费的要求，住宅、家具、古董，关于服饰、饮食的各种装置，以及各种生活上的设备，已经发展得如此精细复杂，以致如果没有他人帮忙，就不能以合乎要求的方式来使用。主人付出代价雇佣仆役，是为了在他们的帮助下完成礼仪上所要求的日常工作，然而对主人来说，同这些仆人亲密接触常常是不愉快的。但是，为了让他们分担一部分家用器物的繁重消费，就不得不忍受他们的出现并支付报酬。由此可见，对主人来说，家庭仆役以及随身侍从这一特殊阶级的明显存在，是身体舒适对金钱礼仪在精神上的让步。

现代生活中，家庭职务是代理有闲最突出的表现。在由谁承担这些职责的问题上正在发生快速的变化。承担这些职务与其说是为了家庭主人的荣誉，不如说是为了作为一个共同单位的整个家庭的荣誉——在这个团体中，主妇表面上处于平等地位。上述职责是由家庭来执行的，一旦家庭脱离了占有制婚姻的古老基础，这些家庭职务自然也就不属于原来意义上的代理有闲的一类，除非这类职务是由受雇的仆人来执行的。也就是说，代理有闲只有在身份制或雇佣服务的基础上才有可能，那么不论身份制关系在人类生活的哪一部分消失了，那部分生活中的代理有闲也必将随之消失。除上面的补充说明以外，还应当再补充一点，只要家庭制度依然存在，即使家庭主人地位不再集于一身，这种为整个家庭的声誉而实施的非生产性劳动，依然应当被列入代理有闲的范围，尽管在意义上稍有变化。在这种意义上，有闲是由“准个人的”共有家庭执行的，而不是像以往那样由唯一的家庭主人执行的。

第四章

明显消费

上面探讨代理有闲阶级的演化及其从劳动阶级整体分化出来的过程时，曾讲到进一步的分工，也就是不同仆役阶级之间的分工。以从事代理有闲为职务的那些人，逐渐承担了一种新的、附属性的职责——对主人财务的代理消费，他们是仆役阶级的一个组成部分。这种消费的最显著方式是他们穿着特制的制服，住在宽敞的仆役宿舍中。另外一种同样显著而更加广泛盛行的代理消费的方式，就是家庭主妇和家庭其他成员在饮食、服装、住宅和家具方面的消费。

但是在经济发展过程中的某个阶段，远在主妇出现之前，作为财富力量的证明而对物品进行的专门消费，已经逐渐形成一种比较精细的制度。消费上的分化，甚至在任何可以适当地称之为金钱力量的事物出现之前，就已经开始了，这最早可以追溯到掠夺文化的初始阶段，有些人甚至认为，最初的消费分化出现在掠夺文化开始以前。这种最初的财物消费分化，与我们熟悉的后来发生的分化，相同之处在于前者也主要是礼仪性的，不同之处在于前者并非以财富累积的差别为基础。以消费作为财富的证明，应当视为一种派生的发展，这是经过淘汰过程而对人类特性中的一个新目标的适应，这种特性原本就在人们的思想习惯中存在并确立着。

在掠夺文化的初期阶段，由强壮的男人组成的高贵的上层阶级和由劳动妇女组成的低贱的下层阶级，两者之间的笼统差别是经济上的唯一分化。按照当时盛行的典型的生活方式，对女子所生产的物品进行消费是男子的任务。而妇女享有的消费，只是其工作的附属品，这种消费只是一个使她们得以继续劳动的手段，并不是为了她们生活上的舒适和充实。不参加生产而进行消费是光荣的。首先，这是威力的标志，是人类尊严的必要条件；其次，这种消费行为，特别是对昂贵物品的消费行为，本身就是光荣的。高级食品或比较珍贵的装饰品的消费，对妇女和儿童是绝对禁止的，如果男性中有下层阶级（奴隶阶级），这一禁令对他们同样适用。随着文化的进一步发展，这种禁令可能会演变为严格程度不等的单纯习俗，但无论支持这种区别的理论基础是什么，无论这种差别形成的原因是禁令还是比较普遍的习俗，传统消费方式的特征都是不容易改变的。当达到准和平的生产阶段后，拥有奴隶动产成为一项基本制度，这时在严格程度不等的情况下要遵守的一般原则是，卑贱的劳动阶级只能消费那些维持生计的必需品。当然，一切奢侈品和生活的享受品都是属于有闲阶级的。在禁令之下，某些食物，尤其是某些饮品，是严格规定给上层阶级享用的。

在酒和麻醉用品的使用上，可以明显看出饮食方面的礼仪差别。如果这类物品价钱昂贵，使用它就会被认为是高贵和光荣的。因此，除了可以用较低代价获得的地区以外，下层阶级，尤其是妇女，是被禁止使用这些物品的。从远古时代直到族长制盛行的时期，制作和供应这类奢侈品的任务都是由妇女承担的，而享受这类奢侈品却是出身高贵、有教养的男人的特权。因此，由于过度享用刺激品而陷入沉醉或其他病态反而是光荣的，这在饮食上成了放纵的人占有优势地位的象征。在有些民族看来，那种因过度放纵而造成的病态，是男子的特有属性。甚至还出现过这样的情况，那些由于过度放纵而引起的某些症状的名称，在日常谈话中成为“尊贵”或“文雅”的同义词。当然，只是在较早的文化阶段，这种由纵欲恶行导致的症状才被认为是优势地位的象征，并变成一种美德，得到社会的尊重。但是，附属于这些恶习的荣誉长期保持着很大的势力，以致大大减轻了富裕阶级或贵族阶级男子因生活放纵而受到的责难。正是由于这种歧视性差别的存在，一旦妇女、年轻人和下等人发生了这种放纵行为，就会受到十分严厉的指责。甚至在如今比较进步的民族中，这种传统的歧视性差别也没有丧失其影响。如果有闲阶级树立的典型对社会习俗的形成具有强制力量，人们就可以看到，在刺激品的享用上，妇女在很大程度上仍然遵守着传统的节制。

这里所说的关于上层阶级妇女在刺激品使用方面受到较大的节制一事，也许有过分渲染的嫌疑，显得有些不合常理。但是只要愿意了解，任何人都很容易看到以下事实：妇女之所以在刺激品使用方面受到较大的节制，某种程度上是因为强制性的习俗。一般来说，凡是族长制传统——以妇女为动产的传统——具有充分控制力的地方，这种强制性习俗会格外强大。根据族长制传统，妇女被认为是一种动产，她们只能消费生活必需品，除非她们的消费有利于主人的享受或声誉。这个传统虽然已经在范围和严格程度上受到了很大限制，但依然没有完全丧失它的意义。奢侈品消费的真正意义是为了消费者本人的享受而进行的消费，因此是主人身份的一个标志。主人以外的其他人只能在被默许的基础上进行这类消费。在那些思维习惯长期受族长制传统影响的社会中，经常可以找到禁用奢侈品律例的残余，至少在习惯上是不允许缺乏自由的阶级或从属阶级享用奢侈品的。某些奢侈品，如果由从属阶级来使用，显然会损害其主人的享受和愉快，或者根据其他理由还可以把它看成是不正当的。按照西欧数量庞大、保守的中产阶级的观点，从属阶级使用刺激品，即便不一定违背禁令，也应当受到责难。意义重大、不容忽视的一点是，在日耳曼文化统治下的中产阶级，具有很强的族长制礼法的思想残余，妇女在麻醉品和烟酒上受到了最大限度的禁止。一般通则是，妇女只能在为其主人谋取利益的情况下进行消费，这一通则一般被认为是正确且具有约束力的，不过这一通则已经受到了多方面的限制——随着族长制传统的日趋衰微，限制条件也越来越多。当然，也许会出现这样的反对观点：妇女在服装和家庭装饰上的消费是这个通则的明显例外。然而从效果上来看，这个例外只是表面上的，而非实质性的。

在经济发展的早期阶段，只有有闲阶级才能无拘无束地对物品进行消费，特别是一些高级的物品。也就是说，人们普遍认为，只有有闲阶级才能进行最低限度生活所需以外的消费。进入后期和平阶段后，财产私有制出现了，以工资劳动或小型家庭经济为基础的生产制度也出现了，这种限

19世纪，荷兰奥兰治公主参观某位画家的作品店。

制便逐渐消失了，至少在形式上趋于消失了。但是在准和平阶段的初期，许多受有闲阶级制度影响的传统习惯都在逐步形成并稳固下来，这些传统习惯对以后的经济生活产生了很大影响，在那时，上述习惯具有一种习惯性的力量。这些习惯被人们当作消费行为是必须遵从的规范，如果发生了任何严重背离这种规范的消费，就会被认为是一种反常现象，在后续的发展过程中被清除。

由此可见，处于准和平阶段的有闲绅士，消费的生活必需品不仅超出了维持生存和保持健康的最低限度，而且消费物品的品质也是特殊化了的。对于食物、饮料、麻醉品、住宅、劳务、服装、装饰品、武器设备、娱乐用品、护身符或神像等，有闲绅士都是随意消费并消费最好的。他所消费的物品之所以逐渐改进，主要动机和直接目的无非是使改进过的精美物品，更加有利于他个人的舒适和福利，但这并不是消费这些物品的唯一目的。这里还存在着荣誉准则，凡是符合准则的改进都会受到欢迎，这一物品也会被持续使用下去。既然消费这些更加精美的物品是富裕的证明，那么这种消费行为就具有光荣性。相反，如果不能按照适当的数量和适当的品质来进行消费，就意味着地位上的服从和低下。

在饮食等方面的质量上越来越仔细地进行辨别和挑选，不仅影响了有闲阶级绅士的生活方式，而且影响了他的锻炼和智力活动。现在，他已经不仅仅是一个成功的、敢于进取的男人，也不仅仅是一个有威力、有智谋、无所畏惧的人物了。为了不显得粗鄙，在爱好的培养上也不得不下些功夫。对那些消费品的判断，哪些是名贵的，哪些是粗陋的，应当能够十分正确地鉴别出来，这已经成了他的义务。对于有闲生活中的各种物品——有着不同优点的名贵食品、男用饮品、随身饰物、得体的服装、武器、竞技、舞蹈、麻醉品、各种建筑等——他应当成为一个鉴别的行家。培养审美能力是需要时间和精力的，在这方面对有闲绅士提出的要求，逐渐改变了他的有闲生活，他要下点功夫才能学会如何以适当的方式过表面上的有闲生活。这位绅士必须大方地消费适当的物品，与此密切相关的一点是，他必须知道如何以适当的方式来进行消费。他必须以恰当的方式来过他的有闲生活。这就涉及前一章的礼仪问题。高贵的礼仪风范和文雅的生活方式，在明显有闲与明显消费的规范中，是应当遵守的两个方面。

对有闲的绅士来说，对贵重物品的明显消费是获得荣誉的一种手段。但只靠努力消费手中的财富这种方式，是不能充分证明他的富有，于是为了求得朋友和同类竞争者的帮助，有闲绅士会馈赠珍贵的礼物、举行豪华的宴会。除了单纯的炫耀之外，馈赠礼物和举办宴会还有别的目的，但它们很早就实现了炫耀这一目的，这一性质一直保持到今天，因此它们在炫耀这方面的目的始终是这些习俗所依据的实际基础。奢华的集会，如宴会上分赠礼品以及舞会等，特别适合达到这一目的。通过这种方式，款待者希望能跟某位

贵族女子正在参加舞会衣袂纷飞的场景。

竞争者做一番比较，那位竞争者就是用来达到这一目的的手段。竞争者代他的东道主进行消费，目睹了他的东道主所无法独力进行的那些过剩的高贵物品的消费，也目睹了他的东道主精通礼仪的程度，他是个很好的目击证人。

举行豪华的宴会，当然还存在着在性质上比较友好的动机。节日集会的习俗可能起源于集体娱乐和宗教观念，在之后的演化中，这类动机也依然存在，不过已不再是单一的动机。后来有闲阶级举行宴会或者聚会，也许在较低程度上是为了适应宗教的需要，而在较高程度上是为了适应消遣与娱乐的需要，但同时也为了达到歧视性对比的目的，而且尽管在那些可公开的动机下存在着表面上的非歧视性的用意，但这类宴会仍然可以有效地达到歧视性的目的。因此，这些消遣娱乐和社交活动，不论是在物品的代理消费方面，还是在炫耀难以达成的、代价不菲的礼仪成就方面，其经济上的效果并没有减弱。

随着财富的不断累积，有闲阶级的职能和结构有了进一步的发展，于是阶级内部开始出现分化，形成了一个相当精密的等级制度。财富的继承和由此而来的门第的继承，进一步推动了这种分化。门第的继承产生了强制性有闲的继承。那些名门望族有足够的力量把有闲生活留传给后代，但他们留传下来的财富也许不足以使后代维持体面的有闲生活。后代继承的也许只有高贵的门第，却没有充分的遗产可供随意消费。另一种贫寒的有闲绅士由此产生，上文已经附带提过。这类继承了家族血统但没有足够遗产的有闲绅士，只能被列入等级制度中的一个分级。那些门第或财力上接近，或在这两个方面都接近于较高级或最高级富裕有闲阶级的人，其地位会高于在门第或财力上较差的人。那些较低级的绅士，特别是贫寒的或最低级的有闲绅士，往往会通过投靠或效忠的方式，依附于高级的绅士，这样可以使他们增加荣誉，并从保护人那里获得维持有闲生活的必要条件。于是，他们成了高等绅士的门客、扈从或仆人，他们由保护人豢养、获得保护人的协助，是保护人的寄生者和过剩财富的代理消费者。在这些处于从属地位的有闲绅士中，许多人拥有少量的独立资产，这些人完全不算代理消费者，或者只能在一定程度上算代理消费者。然而那些成为保护者门下的食客或随从的人，大部分都可以被无条件地归为代理消费者。除此之外，这些人当中的大部分以及其他一些较低等级的贵族，他们自己也拥有一批数量不等的代理消费者，比如他们的妻子、儿女、仆人、门客等。

整个代理有闲和代理消费的等级制度安排中有一个明确的规定，那就是完成这些任务必须以这样的方式或在这样的情况下进行：要能够清楚地向主人表明，这种有闲或消费是属于主人的，由此增进的荣誉也是有利于主人的。这些人的消费和有闲是其主人或保护人投资的体现，目的是增进主人或保护人的荣誉。至于举行盛大宴会和馈赠礼物，其效果是显而易见的，因为

拿破仑一世和他的随从。

这类活动是在大庭广众之下进行的，立刻就可以给东道主或保护人带来荣誉。如果有闲和消费是由仆役和扈从们代理完成的，荣誉也会归到主人身上，因为他们就在主人的左右，旁人一眼就能看出他们的有闲和消费从何而来。后来以这种方式获取荣誉的人日益增多，这就更需要用明显的手段显示出通过有闲的执行而取得的效果归何人享有，于是制服、徽章等逐渐盛行起来。制服意味着明显的依附关系，甚至可以说是实际或表面奴役的标志。穿制服的人大致可以分为两类——自由人和奴仆，或者说高贵者和低贱者。他们的服务同样有高贵和低贱之分。当然，这种区别在实际工作中的划分并不十分清楚，比较上等的低贱职务和比较下等的高贵职务，常常由同一个人来执行，这种情况并不罕见，但不能因此忽视其间的一般性区别。更令人迷惑的是，这种贵贱之间的基本差别，是以表面工作的性质为依据的，这种差别会被一种光荣与耻辱的派生区别所掩盖，后一种区别所依据的是其服务对象——任务是为这一对象完成的，制服是为他穿上的——所处的等级地位。有闲阶级的本职工作在性质上是高贵的，例如行政、战争、狩猎、武器设备的管理等，总之，所有表面上具有掠夺性的工作都属于这一类。另一方面，所有生产性的工作都是低贱的，例如手艺或其他生产劳动、仆役工作等。但是，如果服务对象的等级极高，即使是低贱的工作也会变成极其光荣的任务，例如皇室宫女，侍奉皇后的婢女，为国王驯马、养犬的官吏等。上面最后提到的两种职务，表明了一个具有一般性意义的准则。和上述情况相同，只要低贱的工作与作战、狩猎等首要的有闲工作直接相关，就很容易带上一种光荣的色彩。这就赋予原来在性质上属于低贱一类工作很大的光荣。

在和平生产的后期阶段，雇佣一队无所事事的武装扈从，这种风尚已经逐渐衰微。代理有闲的表现者原来是一群佩戴其保护人或主人的徽章的随从，后来这种有闲的表现者简化为穿着制服的仆人。因此，在更大程度上，制服成了服役的象征，或者更恰当地说，成了屈从的标志。以前武装扈从的制服总是带有光荣的色彩，现在制服却成了仆人的专有标志。那种荣誉已不复存在。几乎所有不得不穿制服的人都对它感到憎恶。我们脱离实际的奴役制度的时间还不长，对奴役的苦痛仍然十分敏感。有些企业组织为其雇员规定某种制服作为专用服装，这种情况很令人们反感。在美国，这种厌恶的心情甚至发展到羞耻的地步，以致损害了那些必须穿着制服的军事方面或民政方面的政府职务的荣誉，使他们产生一种有损体面的感觉，尽管这种感觉是比较轻微、模糊的。

随着奴役制的消亡，依附于某位绅士的代理消费者，其人数总的来说已经渐渐减少，至于依赖他生活、为他执行代理有闲的那些从属者，情形自然也是这样，或许更加明显。这两类人的情况虽然不是始终一致的，但大体上是重叠的。最初受托执行这类代理有闲任务的是妻子或正妻。由此可见，在这种制度的后期发展中，在依照惯例执行这类任务的人数逐渐减少后，最后剩下的就是妻子。在社会的较高等级中，大量需要代理有闲和代理消费这两类职务，居于主妇地位的人，在工作中当然还有一群数量不等的仆役协助。但是当我们自上而下对社会的不同等级进行考察时，就会看到这样一个等级，那里所有代理有闲和代理消费的任务，都由家庭主妇集中完成。在属于西方文化的各国里，这种情况现在可以在下层中产阶级中看到。

这里出现了一种奇妙的反常现象。人人都知道，在下层中产阶级中，一家之主已经没有佯装有闲的余地。由于环境的逼迫，他们已经摒弃了闲暇。但是中产阶级的家庭主妇，为了家庭和一家之主的荣誉，仍要继续从事代理有闲的工作。在任何现代工业社会自上而下的社会等级中，一家之主明显有闲这一主要事实的消失点比较高，也就是说，这一现象也存在于最低的社会等级中。中产阶级的一家之主迫于经济压力，不得不依靠自己的双手来谋生，他从事的工作往往在很大程度上带有生产性，今天一个普通商人的情况也是这样。但派生事实——主妇实行的代理有闲和代理消费，以及仆役们实行的辅助性代理有闲——仍然很流行，为了追求荣誉，这种习俗是不能忽视的。我们经常可以看到一个男子勤奋刻苦，努力工作，为了让他的妻子可以用适当的方式，为他执行那种当时普遍要求的代理有闲，这并不是罕见的现象。

在这种情况下，由妻子执行的代理有闲，当然不是简单地表现出舒适安逸和坐享其成。这时经常出现的情况是：家庭主妇总在这样或那样的借口下忙于从事这样或那样的工作，或是家庭事务，或是社交活动，但仔细分析就可以看出，这些事务除了被用来表明她没有且无须从事于任何营利的或有用的工作以外，很少有或根本没有其他目的。上文关于礼仪的论述中已经提过，那些消耗了中产阶级家庭主妇时间和精力的家庭例行事务，大多数属于这种性质。这并不是说家庭主妇照料家务时，其在美观与整洁方面的审美，不符合经过礼仪训练的、中产阶级男子的口味，而是说，美观与整洁的家庭布置所迎合的品位，是在礼仪准则的选择性引导下形成的，而这一准则所要求的正是这种精力耗费的证明。一些效果之所以使人感到愉快，主要是由于我们所受到的教育使我们认为这些效果是令人愉快的。在家庭事务中，人们对于形式与色彩的适当搭配，以及应当归入真正审美的其他布置投入了很多心思和精力。毋庸置疑，在这一过程中，有时确实产生了一些具有真正美学价值的效果。要着重说明的是，关于这类生活享受上的安排，家庭主妇的努力是在传统习惯的指导之下进行的，而塑造这个传统的是明显地浪费时间与物力。如果在布置上达到了美观或舒适的程度——如果确实是这样的话，那也是或多或少带有偶然性的情况——那么这些成就也是通过与浪费精力相符合的一些手段和方法来取得的。在中产阶级的家庭布置中，那些比较堂皇、“像模像样”的部分，一些是属于明显消费的物品，另一些是用来证明家庭主妇实行代理有闲的物品。

由家庭主妇进行代理消费的要求，甚至在钱财已经低于可容许代理有闲存在的那一点时，也依然存在。这时，在礼仪整洁等方面浪费精力的任何虚设行动，就算有也很少能看到，任何表明有闲的企图已不再存在，然而为了家庭和一家之主的声誉，传统礼俗仍然要求主妇明显地消费一些财物。因此，作为一个古老制度演化的后果，妻子最初不管在理论上还是事实上，都是丈夫的苦工和动产，是为丈夫生产、供他消费的，现在妻子成了礼仪上要求执行消费的人，消费丈夫生产的物品。但在理论上她仍然是丈夫的动产，因为经常执行代理有闲和代理消费永远是无自由仆役的标志。

这种由中产阶级和下层阶级的家庭执行的代理消费，不能看作是有闲阶级生活方式的直接体现，因为处于这类金钱等级的家庭已不在有闲阶级的范围之内。可以这样说，有闲阶级的生活方式在这里得到了次一级的体现。就荣誉这一点来说，有闲阶级在社会结构中是处于首位的，因此其生活方式和价值标准成了社会中获取荣誉的准则。遵循这些标准，力求在某种程度上接近这些标准，就成了所有等级较低的阶级的义务。在现代文明社会中，社会各阶级之间的分界线已经变得越来越模糊，越来越不确定，在这种情况下，上层阶级确立的荣誉标准毫无阻碍地扩大了它的强制性影响，通过整个社会结构贯穿到社会的最底层。结果，每个阶层的成员总是把他们上一层流行的生活方式作为其礼仪的典范，竭尽全力地想达到这个理想的标准。如果他们

《钢琴前的三个女孩》，法国印象派画家奥古斯特·雷诺阿绘于1888年。她们的母亲是著名的作曲家奥古斯塔·霍姆斯。

在这方面没能成功，他们的名声与自尊心就会受到损伤，因此他们必须尽力达到这个理想的标准，至少要在表面上做到这一点。

在任何高度组织起来的工业社会中，荣誉最终依据的基础总是金钱实力，而显示金钱力量、获得或保持荣誉的方法是有闲和对财物的明显消费。因此，自上而下来看，只要有可能，这两种手段在任何阶层中都是流行的。在较低的阶层中，任何程度的有闲，甚至是表面上的有闲，对妻子来说也是不现实的，而对财物进行消费的任务大部分是由家庭中的妻子和儿女来完成的。在这方面，在家庭中处于家长地位的男子应当有所表现，实际上他也是这样做的。但是如果再推到更低一级的阶层，当其家庭处于贫穷或者接近赤贫时，男人和他的子女事实上已不再能为保持体面而进行贵重物品的消费，女人成了这个家庭在金钱礼仪上唯一的代表者。社会上没有一个阶级——甚至极度贫困的阶级也不例外——会完全放弃常规的明显消费，除非在极度贫困的情况下，否则他们是不会放弃这最后一点属于消费范畴的开销的。除非万不得已，否则人们宁愿忍受巨大的痛苦与不安，也不肯放弃金钱礼仪上的最后一点门面和虚饰。世上没有一个阶级，也没有一个国家，会卑怯地在物质缺乏的压力之下屈服，心甘情愿地放弃这种较高层次的需求或精神上的满足。

根据上文对明显有闲与明显消费发展情况的观察看来，二者之所以同样具有获得荣誉这一效用，是因为二者都含有浪费这个要素。在前一种情况下浪费的是时间和精力，在后一种情况下浪费的是物品。二者都是用来表明拥有财富的手段，同时二者也习惯被认为是殊途同归的。在二者之间进行选择，只是在表现自我时哪个更方便、更有利的问题——除非在选择时受到了不同来源的其他礼仪标准的影响。在经济发展的不同阶段，为了方便与有利，人们可以选择不同的方法。关键是，在他们试图影响其他人的看法时，哪个方法更具有说服力。习惯会在不同的环境下用不同的方法来解答这个问题。

只要社会的范围还很小，彼此间的联系还很紧密，任何事情都家喻户晓，也就是说，只要个人在荣誉方面需要适应的社会环境，还没有超出他所熟悉的邻里闲谈的范围，那么这两个方法的效用就大致相同。因此在社会发展的初期阶段，两种方法的作用大致相同。但是在社会进一步分化，需要接触的社会环境逐步扩大后，消费就比有闲更适合作为礼仪表现的普遍手段。到了和平经济的后期，情况更是如此。交通的发达与人口的流动使个人的接触面扩大，也使他处于众人的观察之下，这时他所接触到的人们要推断他的声望和地位，除了以他在众人直接观察之下所能展示的财物（也许还有仪态和礼貌）为依据之外，没有其他方法。

现代工业制度还通过另一种方式在这方面发挥作用。由于现代工业制度下的生活节奏紧张忙碌，个人与个人或家族与家族的关系往往十分漠然，他们之间除了相遇以外，在其他意义上很少有接触的机会。更机械地说，我们经常接近的邻居，并不是社交意义上的邻居，甚至算不上是熟人，然而这些

《戴维斯·戴文波特夫人》，英国肖像画家乔治·罗姆奈绘于1784年。

人一时的好评仍然具有很高的效用。一个人，要使他日常生活中遇到的冷漠观察者对他的金钱力量印象深刻，唯一可行的办法就是不断地展示他的支付能力。在当今社会，人们有更多的机会参加更大的集会，比如在教堂、剧院、舞厅、旅舍、公园、商店等场所的集会。这时，在场的每个人对其中一个人的日常生活状况都是一无所知的。为了给这些临时聚集的观察者留下深刻的印象，为了在他们的观察下给自己带来一种心理上的自我满足，一个人必须明确地展示出自己在财富方面的实力，使别人瞬间就能对其经济状况一览无余。因此，现在的发展趋势已经十分清晰，与明显有闲相比，人们更重视消费的明显作用。

还有一点也是很明显的，在个人接触面最广、人口的流动性最大的社会中，以消费作为获得荣誉的一个手段时，它的适用性最大；坚持把这个手段作为礼仪中的一个因素时，它的要求也最坚决。明显消费的支出在城市人口收入中所占的比重，要高于在乡村人口收入中所占的比重，城市人口对这种消费的需求更加迫切。结果，为了保持体面而过前吃后空的日子，前者对此的习惯程度也高于后者。于是就出现了这样的情况，和一个同等收入的城市手艺人家庭相比，美国农民及其妻子、儿女在着装上明显没有前者时髦，仪态举止也没有前者斯文。但这并不意味着城里人生来就对那种源自明显消费的自我满足有着强烈的渴求，也不意味着乡下人不重视财富上的体面，只是因为这类现象在城市中引起的反应更大，一时的有效性更加明确。因此，城里人更愿意使用这种方法，明显消费的正常标准也在你追我赶的竞赛中不断提高，结果城里人为了展现一定程度上的金钱礼仪，会在这方面作较大的支出。他们必须适应这一较高的正常标准，这已经成了不能违背的要求。这种礼仪标准随阶级的提高而提高，达到礼仪外表上的要求是必须的，否则就会显得有失身份。

与乡村相比，明显消费在城市生活的标准中是更为突出的一个要素。在乡村居民中，家庭储蓄和享乐的作用在某种程度上代替了消费的作用，通过与邻居们闲聊来了解各自的情况，足以在一定程度上达到博取金钱荣誉的一般目的。这类家庭享乐以及从中享有的有闲——如果存在的话——当然大部分也应该归入明显消费的项目，储蓄的情况与此类似。城市中技工阶级的储蓄数额比较小，毫无疑问，部分是由于这一事实：这些人所处的环境不同于那些住在农场或小村子里以务农为生的人，以储蓄作为宣传手段在后一种环境下更有效。在后一种环境下，每个人的家庭事务，尤其是财产状况，其他人是很清楚的。城市里的技工和工人阶级的接触面较广，面对的诱惑也更多，单就这一点而言，这似乎不会因此大幅度降低他们的储蓄量，但就其对累积的作用而言，礼仪上支出标准的提高对储蓄倾向的抑制作用是非常明显的。

城市里的工人、手工业者、下层中产阶级中的一般居民，都喜欢在公共场所喝酒、吸烟，可以把这种风气看作是荣誉准则造成的。以印刷工人为例，上述的那种明显消费在这类人中十分流行，有时还会因此产生一些受人蔑视的明显后果。这类工人之所以会有这样的习俗，是因为人们大都认为他们存在某种道德上的缺陷，或是他们的职业以某种不确定的方式在道德上对从业者产生了有害的影响。在印刷厂里的从业者，他们的一般情况可以做如下概述：他们在某一印刷厂或某一城市中获得的技能，几乎在所有印刷厂或所有城市中都适用，也就是说，几乎不存在因专门训练而形成的惰性。而且，这种工作需要一般水平以上的智力和一些常识，当各地区对他们工作的需求有了微小的变化，他们通常比其他工人更容易利用这种机会，因此，他们身上源于乡土观念的惰性也是比较小的。同时，这个行业的工资相对较高，他们能够轻而易举地由一个地方迁移到其他地方，结果印刷工人的流动性增大，超过了其他范围明确、庞大的工人队伍。这些人经常会认识一些新伙伴，虽然他们之间的关系是暂时性的，可是他们仍然很重视一时的好评，喜欢炫耀的性格倾向，再加上友好的感情，难免使这些人在最适于满足这类需要的方面随意花费。这种情况同其他的情况一样，习惯不久就会成为一种风气，风气流行后就会成为规则，融入已有的礼仪标准，下一步会以这个礼仪标准出发，向同一方向开始新的活动，因为仅仅死守着同行业公认的消费标准而没有任何新发展，是没有可取之处的。

由此可见，这种挥霍的风气之所以在印刷工人中更加普遍，部分是因为行业内部的迁移更便利，与他人的接触交往更短暂，但归根结底，他们更迫切地需要进行消费，这无非是一种体现优势与金钱礼仪的性格倾向；法国小农的节俭与美国百万富翁建立大学、医院和博物馆等行为其实是出于同样的动机。但是人类本性中还存有与这方面性质不同的其他特征，假使消费准则没有被这类性格特征明显抵消，那么就城市技工和工人阶级所处的环境而言，不论他们的收入或工资有多高，要他们进行储蓄，在逻辑上是行不通的。

《玩纸牌者》，法国印象派画家塞尚绘于1892年。塞尚常常就一个题材创作系列画作，他曾画过5幅以打牌为题材的作品，该系列均描绘了法国农民玩牌的场景。

除了财富以及财富的展示之外，还存在其他的荣誉标准和或多或少带有强制性的其他行为准则，其中有些会加强或限制明显浪费这个广泛的、基本的准则。通过对自我表现有效性的简单考察可以看到，在进行金钱竞赛中，有闲与财物的明显消费，这两种手段最初是不相上下的，之后随着经济的日益发展和社会范围的不断扩大，有闲这种手段也许会逐渐被弃置不用，而财物的明显消费这种手段，其绝对或相对的重要性会日益增加，直到它吸收了除生活必需品以外的一切可以利用的产品，但是，实际的发展过程与这个典型模式之间存在差异。在准和平文化阶段，不论是作为财富的直接体现者还是作为礼仪标准中的一个要素，有闲在最初是居于第一位的，其地位远远超出财物的浪费性消费所占的地位。从那时以后，明显消费的地位逐渐上升，现在它无疑占据首要位置，不过仍然没有达到上述除最低生活所需之外的全部生产成果都被明显消费掉的情况。

以有闲作为获得荣誉的一个手段，其最初的优势地位起源于工作有贵贱之分的古老看法。有闲之所以高贵，之所以必要，部分是因为它表明了个人绝没有染指卑贱的劳动。对阶级贵贱进行划分的古老办法，依据的是工作贵贱不等的歧视性区别，在准和平阶段的初期，这种传统的差别演化为强制性的礼仪准则，这时以有闲作为财富的证明依旧有效，其有效程度不亚于消费，这就进一步助长了它的优势。事实上，在此阶段，个人所处的环境空间还比较狭小，情况还比较稳定，在轻视一切生产劳动这一古老观念的支持下，有闲的效用实际上非常明显，以致出现了一个庞大的贫困有闲阶级，在有闲观念的影响下，甚至出现了把社会的生产活动局限于满足最低生活需要的范围内的倾向。这种极端抑制生产事业的局面之所以能够避免，是因为奴隶在比获取荣誉更严格的要求下进行劳作，被迫生产出超过满足工人阶级最低生活需要的产品。明显有闲作为博取荣誉的基础，后来之所以相对衰落，部分是因为消费作为财富的证明，其有效性在不断增长，部分是因为另一种风气的出现，这种风气与明显浪费不同，在某种程度上甚至与之相对立。

这个相反的因素就是工作本能。如果没有其他方面的阻力的话，这一本能会使人重视生产活动的效能，重视有利于人类的所有事物。这一本能使人们反对物质的浪费或精力的虚耗。每个人都有工作本能，即使在极为不利的情况下，这一本能也仍然存在。因此，无论某一既定支出实际上多么具有浪费性，也总要寻找一些似是而非的借口，表明一种外在的目的。在特殊情况下，这种本能会转变为对侵占行为和阶级贵贱之间的歧视性区别的喜爱，这种情况在前一章里已经论述。当工作本能与明显浪费准则发生抵触时，工作本能的表现主要不是对实际效用的坚持，而是对那些显然无用的事物持久的鄙视和憎恶。它在性质上有一种本能的倾向性，因此其指导作用主要而直接地针对那些显然违背其要求的情况。然而工作本能只有在个人经过反思后才会发现，因此对那些实际违背其要求的情况，工作本能的反应比较迟钝，只具有一种比较薄弱的约束力。

只要一切辛苦的工作全部由奴隶们来完成，生产劳动的卑劣性就会持久地存在于人们心目中，这使工作本能无法在生产活动的实用性方面真正发挥作用。但是当（以奴隶与身份制为特征的）准和平阶段转变到（以工资劳动和现金支付为特征的）和平阶段时，这种本能就开始发挥作用了。在它的积极影响下，人们逐渐形成了对事物价值的认知，至少形成了关于自我满足的一个辅助性准则。撇开一切无关的考虑，有些成年人全无打算，不想在任何方面有所建树，或者对所有利于人类生活的事物全不介意，这种人毕竟是少数的。工作本能的倾向，也可能在很大程度上被向往荣耀的有闲和避免粗鄙的劳动这些具有直接约束力的动机所压制，因此只能以一种伪装的形式表现出来。例如表现为“社交义务”，半艺术性或半学术性的研究成果，住宅的陈设与装饰，妇女义务缝纫或服装改造等活动，讲究穿衣着配饰，玩纸牌、划船、打高尔夫球及其他各种运动技巧，等等。但是这种迫于社会环境压力而进行的无意义的活动，并不能说明工作本能已经不复存在，如同让母鸡伏在一窝瓷制的蛋上，它孵不出小鸡不能说明这只母鸡此时失去了孵蛋的本能。

现代有闲阶级尽力从事某种活动，往往在表面上具有目的性，同时它竭力避免与个人利益或集体利益相关的任何生产行为，这就是现代有闲阶级与准和平阶段的有闲阶级的不同之处。上文提到，在初期阶段，处于主导地位的奴隶制和身份制，除了以掠夺性为目的的努力以外，对任何其他方式的努力都加以排斥。那时候以武力侵略敌对部落和在本部落内对奴隶阶级进行压榨还有可能成为日常工作的内容，这样就转移了有闲阶级的精力，使他们不必从事任何实际上有用甚至只是表面上有用的工作。狩猎活动在某种程度上也起着相同的作用。当社会发展到和平的生产阶段后，土地得到更有效的利用，狩猎的机会大大减少，只剩下微不足道的残迹，要想消耗过剩的精力进行有目的的活动，就要在其他方面寻找出路。这时强制性劳动已不复存在，生产劳动的耻辱感已经没有以前那样强烈，于是工作本能逐渐复苏，有了进一步坚定而有力的表现。

哪条是最适合有闲阶级的路线，这一问题曾经发生过一些变化，以前有闲阶级发泄精力的活动以掠夺活动为主，如今部分转移到了表面上有用的活动。那种明显无目的、无意义的有闲已逐渐受到轻视，尤其在广大平民出身的有闲阶级，其出身与那种安闲惬意、悠然自得的传统作风格格不入。但是鄙视一切生产性工作的荣誉准则依然存在，除了偶尔的尝试以外，任何染指实用性或生产性工作的行为都是不被允许的。结果，有闲阶级执行的明显有闲发生了变化，但变化主要是形式上的而非实质上的。上述关于有闲的两种要求是相互矛盾的，它们通过一种掩饰和伪装的方式来进行调和。于是种种复杂的礼节和礼仪性的社交义务开始兴起，许多组织得以建立，就其华美的名称来看，均以某种改进或改良为目的。人们忙忙碌碌，来来往往，热烈交谈，他们可能根本意识不到，自己谈的内容到底有什么实际的经济价值。与这类煞有介事的活动相关联并密切交织在一起的，虽然不能肯定，但通常总有个一本正经的目的，人们用这一目的来作为这类活动明显的内容和努力方向。

在代理有闲这个较窄的范围内，也发生了类似的变化。到了和平阶段的后期，一个家庭主妇不能再像族长制鼎盛时代那样无所事事地打发时光，而

《厨房场景》，比利时画家约阿希姆·布克莱尔绘于1566年。布克莱专门描绘市场和厨房的场景，大多展示食物的精美和家用设备的高级。在他的画中，可以窥见中世纪欧洲贵族生活的奢侈面貌。

要忙于家务操作。关于家务方面演变的一些显著特征，上面已经论述。

在明显消费的整个演变过程中，不论在财物、劳务还是生活方面，都始终存在一个含义：为了有效增进消费者的荣誉，必须进行奢侈的、过量的物品消费。为了博取好名声，就不能免于浪费。仅仅进行生活必需品的消费是不会增加声誉的，除非是同那些缺乏最低生活用品的赤贫者相比。不过，这样的对比只包括一种极其无聊、乏味的礼仪水平，根本谈不上什么消费标准。就财富之外的生活标准来说，还有可能在道德、体质、智力、审美能力等其他方面进行歧视性对比。这方面的对比现在依然流行，它们往往和金钱的对比密切联系在一起，以致两者很难区分。当今对智力、审美力或美术的精通程度进行评定时更是如此，人们往往会把那种实质上只是金钱的差别理解为智力或审美力的差别。

从某方面来说，使用“浪费”这个词语是不大妥当的。日常话语中这个词语是含有贬义或带有轻视色彩的。这里之所以使用“浪费”一词，是因为它能够恰当地描述同一范围内的一些动机和现象，在这里并不含有对人力或物品的不合理消费表示憎恶或加以丑化的意义。从经济理论的观点来看，上述消费和其他消费在合理程度上不存在高下之分。这里之所以称作“浪费”，是因为从整体来说这种消费无益于人类生活或人类幸福，而不是因为从个体消费者的立场来说，这是精力或财力的浪费或误用。就个体消费者来说，如果他愿意进行这种消费，那么与那些不会因浪费而受非难的消费相比，他本人的效用问题就算得到满足。不论消费者选择哪一种消费形式，也不论他做出选择时追求什么目的，由于他的偏好，那种消费就对他具有了效用。从个体消费者的观点来看，纯经济理论范围内的浪费问题是不会发生的。因此“浪费”在这里作为一个术语使用，并不含有贬损消费者的意思，也没有对他在明显浪费准则下追求的目的加以责难的意思。

值得注意的是，根据其他理由，在日常生活语言中，“浪费”这个词语含有贬损具有浪费特征的行为之意。这一常识意义本身就是工作本能的一种显露。这种对浪费的普遍憎恶说明，一个普通人要求得自己内心的安宁，就必须能够从一切人类的努力和享受中看到整个人类生活与福利的提高。任何经济事实，要取得绝对的认可，都必须经得起考验，证明它具有非个人性质的效用，即从全人类的高度来看，它是有用的。一个人，通过与其他人的对比获得的相对利益或竞争利益，并不能满足其经济方面的道德感，竞争性消费是不会得到这种道德感的认可的。

更准确地说，除了因歧视性的金钱上的对比而进行的消费以外，其他消费都不应归入明显浪费的范围内。但是要将任何项目或因素归入这一范围，没有必要由执行消费的人亲口承认这是上述意义上的浪费。经常会发生这样的情况：生活标准中的某一因素最初是浪费性的，在消费者眼中却变成了必

《戴粉黑帽的少女》，法国印象派画家奥古斯特·雷诺阿绘于1891年。19世纪90年代，雷诺阿画了很多戴着奢华帽子的女性肖像。

要性的，这一必要性不逊于消费者习惯性消费中的任何其他项目。一些消费项目就属于这一类，因而可以用来作为这一原则适用情况的证明，比如地毯与挂毯、银质餐具、侍者的服务、大礼帽、硬衣领、各种贵重饰物和服装等。然而，这类事物的使用惯例一旦形成就具有了必要性，实际上这种必要性与是否把这些消费纳入浪费（依据这个词的学术意义）的范围并没有多大关系。某一消费要确定其是否属于这里所说的浪费范围，关键看它能否直接提高整个人类的生活水平，能否推进非个人性质的生活进程。因为这是在工作本能下作出判断的基础，而这个本能是任何有关经济真理或经济适当性问题的最高法则。这是由冷静的常识来作判断的一个问题。因此问题不在于在个人习惯与社会风俗的现有情况下，某一消费是否有助于某位消费者心理的满足和安宁，而在于除了习惯、已形成的爱好和传统礼仪的准则之外，消费的结果是否有利于生活的享受和充实。如果一种惯常的消费，它所依据的习惯起源于歧视性的、金钱上的对比，即如果没有金钱荣誉原则或相应经济成就的支持，这种消费就不会成为习惯性的或规定性的，那么这种消费就必须被列入浪费的范围。

这是很明显的，当我们把某一消费品归入明显浪费的范畴时，这一消费品并不一定是绝对浪费性的。同一物品，其性质可能既是有用性的也是浪费性的，对消费者产生的实际效用，可能是在实用与浪费两者多变的比例下组成的。在消费品，甚至生产品效用的构成中，这两方面的因素常常结合在一起；尽管一般来说，浪费成分总是在消费品中占优势地位，而供给生产用的物品，情况则与之相反。有些物品乍一看并无实用价值，仅仅为了炫耀，但总能在其中找到一些实用性目的，至少是表面上的实用性目的。另一方面，即使是为工业操作而制造的某些专门工具，或者是某些人在生产过程中使用的十分粗陋的工具，通过仔细观察，也可以找到某些明显浪费的痕迹。如果因某种商品或劳务的根本目的和主要成分都是明显的浪费，而断定其没有丝毫实用性，这是很危险的；同时，对于任何基本的实用物品，如果贸然断定浪费因素与它的价值毫无直接或间接的关系，也是危险的，只是危险性稍小一些而已。

第五章

金钱的生活水准

现代社会的大部分人，之所以要在消费上超出物质享受所需要的程度，其近因与其说是故意在明显消费上胜过他人，不如说是希望在所消费物品的数量和等级方面达到习惯的礼仪标准。这种愿望不是被一个严格不变的标准所主导的，不一定要达到某个一成不变的限度，也不是没有更进一步超越这个限度的动机。标准是可以具有弹性的，特别是当金钱力量有了增长之后，只要有足够的时间让人们适应这种增长，让人们在随增长而来的新的、更大规模的消费中获得便利，那么这一标准就可以无限制地被提高。“由俭入奢易，由奢入俭难”，要从已经达到的消费标准后退，比为了适应财富增加而改变已习惯的消费标准要困难得多。有许多经常性的消费项目，经分析证明基本上是纯浪费性的，也就是纯荣誉性的。这些消费项目一旦被纳入礼仪消费标准的衡量尺度，成为生活方式必要的组成部分，要中止这些消费，就会变得非常困难，其困难程度不亚于放弃那些直接有助于物质享受的消费，甚至不亚于放弃那些对生命和健康十分必要的消费。也就是说，那些满足精神福利的明显是浪费性质的荣誉性支出，和许多适应物质福利或仅仅维持生活的“低级”需要的支出相比，可能更具必要性。大家都知道，要从一个“高的”生活水平退下来，其困难程度丝毫不亚于从一个已经比较低的水准再降一级。前者涉及的困难是精神上的，后者涉及的困难是物质上的。

在明显消费方面降级是困难的，而有新的升级却相对容易，实际上新的升级几乎是自然而然出现的。偶然会发生这样的情况：在有条件增加明显消费的情况下，明显消费却并没有增加，这一点一般来说是反常的，是需要加以解释的，有这方面缺点的人，难免会被人指责为吝啬、寒酸。反之，对经济情况好转的刺激做出迅速反应，一般被认为是正常现象。这就表明，通常促使我们尽力达到的消费标准，并不是那个已经达到的、一般的消费标准，而是我们力所不及、需要进一步努力才能达到的理想消费标准。这里的动机是竞赛，即一种歧视性对比的刺激，它促使我们努力超过我们心目中认为与自己属于同一等级的人。实际上，在日常谈话中也有这样的说法：每个阶级所羡慕和效仿的总是刚好比自己高一级的那个阶级，而很少与低于自己或远居于自己之上的阶级进行比较，这里要阐述的实际上就是这一论点。换句话说，我们在消费上的体面标准，同其他目的的竞赛一样，是由在荣誉上高我们一等的人的习惯决定的。依此逐级上推，尤其是在阶级差别不是很清楚的社会里，所有荣誉和礼仪方面的准则，所有消费标准所依据的习俗和思想习惯，都可以通过含糊的分等分级，逐级向上追溯，一直追溯到社会地位最高、财力最雄厚的阶级——富裕的有闲阶级——的习俗和思想习惯。

在社会中，什么样的生活方式才是正派的、光荣的，大体由社会中的最高阶级决定。在最高级、最理想的形式下，社会改进方案是怎样的，通过教导和示范来说明这一点，这也是最高级阶级的主要职责。而较高等级的有闲阶级，只有在一定的物质限制下，才能行使这种准祭司式的职权。对于这些礼仪上的任何要求，有闲阶级不能随心所欲地对民众的思想习惯进行突然的变革或逆转，任何改变都要深入到民众中去，民众的思想习惯发生变化是需要时间的，要使社会上距离这个辐射体比较远的阶级的思想习惯发生改变，就需要更长的时间。社会的人口流动性越小，各阶级之间间隔越远，差异越明显，变化的进度也就越慢。但是长期来看，有闲阶级对于社会生活方式的形态和细节等问题，是具有很大的影响力的，不过对于和荣誉有关的重大原则，有闲阶级能实现的改变，只限于可容许的狭小的限度之内。这个阶级树立的榜样和发出的训诫对于其下面的一切阶级来说都是有威力的；当它制定一个规则，并将这一规则作为博取荣誉的方式方法，传给下层阶级，并使之成为各个阶级的风俗习惯和精神态度时，这种权威性规定一直是在明显浪费准则的指导下发挥作用的，同时又受到不同程度的工作本能的调节。在明显浪费和工作本能这两个规范之外，还有一个人类性格的重大要素——掠夺倾向。在普遍程度和心理内容方面，这种掠夺倾向介于上述两个规范之间。关于这一倾向如何影响公认的生活方式，将在随后进行讨论。

由此可见，荣誉准则要规定或限制某一阶级的生活方式，就必须同那个阶级的经济条件、传统习俗和精神上的成熟程度相适应。这里应特别注意的是，无论某一礼仪上的习俗最初具有多么高的权威性，也不论它多么切合荣誉准则的基本要求，如果随着时间的推移，或者是在其向较低的阶级扩散的过程中，人们发现它与文明礼仪上的根本依据，即在金钱的成就方面作歧视性对比的目的相背离，那它就绝不能持续存在。

很明显，这些消费准则对任何社会或任何阶级生活水准的决定都发挥着很大的影响。反过来，同样明显的是，任何时期或任何一个社会中通行的生活水准对荣誉消费将采取什么样的形式以及这一“更高一层的”需求支配人们的消费水平方面也有很大的作用。在这方面，固有的生活水准所发挥的主要是消极的控制作用：它的作用几乎只是在于，阻止已经成为习惯的明显消费标准向后倒退。

所谓的生活水准，其实质不过是一种习惯。它是对某些刺激做出反应时的一种习惯性的标准和方式。从一个已经习以为常的水准向后倒退，与打破一个已经形成的习惯一样困难。生活水准有所提高比较容易，这一点说明生活的过程是一个能动性展开的过程，不论何时何地，只要自我表现受到的阻力有所减退，能动性就会毫不犹豫地朝新的方向展开。但是沿着这一低阻力路线形成的表现习惯一旦确立，即使环境有了变化，外界的阻力有了明显增加，它仍会向惯常的路径寻求发泄的机会。当那种被称为习惯的、沿着某一方向展开的表现变得更为轻松时，它可以大大抵消客观环境带来的不断增长的阻力。各种不同的习惯、表现习惯的方式和习惯的方向是个人生活水准的构成要素，就逆势环境下的坚持不屈的程度，在某一方向下寻求发泄机会的迫切程度，它们彼此之间是有很大差别的。

用现代经济理论的语言来表达，人们不愿意削减任何方面的消费，但削减某些方面的消费比削减其他方面的消费更为困难，人们不愿意放弃任何习惯性的消费，对于放弃其中某些物品的消费是格外不情愿的，或是极其勉强的。消费者抓得最牢、最不愿意放弃的那种消费品或消费方式，一般是生活必需品或最低限度的生活资料。所谓最低限度的生活资料，当然不是指在质和量上都一成不变的、有严格限度的商品。为了方便讨论，这里不妨假设维持生活需要某种相对固定的消费总量，万一消费不得不逐步缩减，这个最低限度总是最后才被放弃的。也就是说，在一般情况下，支配个人生活的那类历史悠久的、根基深厚的习惯，即涉及他作为一个有机体生存的习惯，是最顽固持久、难以改变的。此外还有更高一层的需要，是个人或家族后来形成的习惯，这些习惯的形态并不规则，不是一成不变的。部分高层次需要，例如某些刺激品的习惯性使用、（来世）拯救灵魂的愿望、获取荣誉的渴望等，在某些情况下可能居于较低层次的或更加基本的需求之上。一般说来，某个习惯形成的时间越久，越难以被打破，这一习惯与以前生活中既有的习惯形态配合得越密切，持久性就越强。一种习惯，若它所涉及的人类性格上的特征和在活动中已经发挥作用的人类性格倾向，已经在生活过程中产生了广泛而深刻的影响，或者已经与民族的生活历史密切结合，那么这种习惯就更加牢固，更加有力。

不同的人会形成不同的习惯，养成这些习惯的难易程度不同，放弃它们的难易程度也同样存在差异，这表明某种特定习惯的养成并不仅仅是一个经过时间长短的问题。究竟哪一类习惯会主导个人的生活方式，决定因素不仅是养成习惯所需时间的长短，遗传的性格倾向和气质特征也同样重要。在一切社会里，遗传特征中普遍存在的、个人在其种族中占主导地位的性格类型，在很大程度上决定了社会日常生活过程的表达范围和表达方式。这种遗传的性格特征如何迅速、明确地影响个人习惯的构成，我们可以举例说明。

《蒙马特大街》，法国印象派画家卡米尔·皮萨罗绘于1897年。在这幅画中，街道上人群流动，车水马龙，楼房林立，一派现代都市繁忙热闹的景象。

某些情况下，一些人很容易养成非常严重的酗酒习惯，而某些人在宗教信仰方面天赋异禀，对他们来说，这两种习惯的养成都是极其容易、不可避免的。某些人极容易适应所谓的浪漫环境，这一点也具有与上述例子大致相同的原因。

人们的禀赋不同，因此每个人向某些方向开展生命活动力的难易程度也不同。有些习惯与人们特有的禀赋、相对强烈的性格特征、比较容易表现的方面息息相关，因而它们对人们的幸福有重大意义。某些决定生活水准的习惯是有很大韧性的，而上述遗传特性在决定这种韧性的方面发挥了重要作用，这一点可以解释人们为什么不愿意放弃有关明显消费方面的任何支出。这类习惯的依据是那些含有竞赛因素的性格特征或性格倾向，而这类竞赛性的、含有歧视性对比作用的倾向是自古以来就形成的，是人类性格的普遍特征。这种性格特征很容易以新的形态活跃起来，它一旦在新形态下找到了习惯性表现的机会，就会变得极其稳固。如果一个人已经养成了在某一类型的荣誉消费方面寻求表现的习惯，当某一类型或某一方向的活动在这些活跃的、影响深远的竞赛倾向的支配之下，而他已经习惯对某一类刺激作出习惯性反应，那么这时让他放弃这类习惯，他会极不情愿。另一方面，不论什么时候，如果财力的增长使个人能更大规模、更大范围地开展活动，那么那些历史悠久的民族性格倾向就会发挥作用，决定新生活应当向哪个方向展开。有些性格倾向已经在一些有关的表现形态的领域十分活跃，且得到了现在公认的生活方式所明确提供的、意向上的协助，而能够使之运行的物质基础和机会又随时存在，那么当个人的综合力量有了新的增长而急于表现时，这些性格倾向会在形成其表现的形态与方向上发挥十分重大的作用。具体地说，在任何社会里，如果明显消费成为生活方式的一个要素，那么个人支付能力的增长可能采取的形式，很可能属于某种公认的明显消费形式。

除了自卫本能之外，竞赛倾向也许是纯经济动机中最强烈的，也是最活跃、最持久的。在工业社会里，这种竞赛倾向表现在金钱的竞赛上，就现代西方文明社会来说，这实际上等于说它表现在某种明显浪费的形态上。因此，当现代社会的生产效能或商品产量，在提供了最基本的物质需要之后还有剩余时，明显浪费方面的需要是随时准备吸收这个剩余的。在现代条件下，这样的结果假使没有出现，那么造成这种矛盾的原因，通常在于个人财富以过快的速度增长，以致消费的习惯没能同时赶上，或者是这些人有意识地把明显消费方面的增长推迟一步。至于这样做的动机，一般是为了积蓄力量，以提高预期总支出的炫耀效果。当生产效能提高，相同的生活资料可以用较少的劳动取得时，那些勤劳的社会成员总是全力以赴，要获得明显消费方面的更高成效，而不是松懈下来采取较为缓慢的步调。当生产效率的提高使生产上的进展有条件缓解时（事实上并没有缓解下来，只是把生产的增量用来满足明显消费方面的需要），这种需要是可以无限扩大的，在经济理论上属于更高一层的或精神上的需要。约翰·斯图亚特·密尔[1]说："所有已做出的机械发明，是否已经减轻了人类的辛勤劳动，迄今为止还是个疑问。"他之所以这样说，主要是因为在生活水准中存在着这样一个因素——某个人的生活水准在很大程度上由他所隶属的社会或阶级的公认消费水准决定。之所以会这样，是因为他时刻着关注这个消费水准，习惯成自然，这个水准已经与他的生活方式融合在一起，在他印象中成为常识，他认为执行这个消费水准是正确的、有益的。其间接原因是，公众以非常坚决的态度遵守公认的消费水准，认为这是一个礼仪上的问题，如果不遵守这个水准就会受到轻视和排斥。接受并执行社会上通行的生活水准是一件既愉快又适宜的事，为了个人享受和生活舒畅，一般是非做到不可的。任何阶级的生活水准，就明显浪费这一因素来说，一般总要达到那个阶级收入力所能及的程度，不仅如此，还有不断提高的倾向。这种情况会对人们的活动产生影响，导致他们在单一的目的下，竭尽

1 约翰·斯图亚特·密尔（1806—1873年），英国哲学家、经济学家、政治学家。主要著作有《逻辑学体系》《政治经济学原理》《论自由》《代议制政府》《功利主义》《奥古斯都·孔德和实证主义》《论妇女的从属地位》《宗教三论》等。——译者注

17世纪的荷兰，女佣正在厨房里干活的场景。

全力从事尽可能多获取财富的活动，拒绝任何没有金钱收益的工作。这种情况也会对消费产生影响，使消费集中于那些最容易引起观察者注意的事物上，以博取观察者的好评，至于不涉及时间方面与物质方面的荣誉性消费的那类爱好和倾向，往往由于弃置不用而逐渐消失。

这种明显消费方面的偏重造成的结果是，大多数阶级成员的家庭内部生活简朴，而他们在大众面前展现的生活却比较奢华。由此产生的另一个结果是，人们往往把自己的私生活掩饰起来，不让外人看到。就他们可以私下进行而不至于受到指摘的那部分消费而言，他们的生活是与邻里们完全隔绝的。因此在大多数工业发达的社会里，人们的家庭生活是不对外公开的，从更为深远的渊源来看，也形成了公众对个人私生活讳莫如深的习惯，这一习惯已成为一切社会上层阶级礼仪规范的显著特征。那些对荣誉性消费的需求格外迫切的阶级，其人口出生率很低，这是因为他们以明显浪费作为生活水准的基础。孩子一旦出生，就要很体面地抚养孩子长大，由此带来的明显消费，也就是因此增加的开支是相当大的，这是生育方面的一个强大阻力。关于马尔萨斯限制人口的主张，以这一点证明也许是最有实效的。

上面谈到，生活水准中荣誉消费这一因素会产生两个方面的影响，一方面是紧缩用于物质生活与物质享受的那部分比较隐秘的支出，另一方面是节制生育，这两种情况在从事学术研究工作的那些阶级中表现得尤为突出。一般认为那类阶级的特点是具有优越的天赋与非凡的造诣，因此习惯于把他们列入更高一层的社会等级。在这种情况下，他们体面的消费水准就提到了与上述看法相应的高度，结果留给生活方面的支出十分有限。怎样才算是恰当的、符合身份的体面消费？社会在金钱方面对他们的期望如何？迫于环境压力，他们在这类问题上为自己制定了过高的标准。以他们的富裕程度和收入能力来衡量，他们的习惯意识和社会期望与名义上同他们社会地位相等的那些非学术阶级相比是过高的。现代社会已经不存在教士对学术研究的垄断，从事学术研究工作的人不可避免地要接触一些在财力方面高于他们的阶级。在财力上占优势的阶级通行的金钱标准较高，这种高度的金钱标准不断渗透到学者阶级，渗入后其严格程度几乎没有减轻。结果，在社会各层次的阶级中，学者阶级在明显浪费方面的支出最多，这一点是其他阶级比不上的。

第六章

金钱的爱好准则

上文曾反复说明，虽然消费的约束性规范大部分是出于明显浪费的要求，但决不能认为任何消费行为的动机都是毫无掩饰的单纯形态下的这一原则。在一般情况下，消费者的动机希望与已有的习俗相一致，避免遭人蔑视或引起指摘，在所消费物品的种类、数量、等级以及在时间与精力的使用方面，要符合公认的礼仪准则。通常情况下，在消费者的动机中存在力求符合规范习俗的意识，尤其是在众目睽睽之下进行消费时，这种意识具有直接的约束力。有些消费品是不会被外人注意到的，例如内衣、食品、厨房用具以及其他实用而非装饰性的家具等，但即使在这类消费中，也可以看到非常明显的浪费因素。如果对这类物品进行仔细考察，可以看到某些足以增加商品成本从而提高其商业价值的特征，这些特征并没有相应地提高商品的实用性，尽管在表面上是为了达到某种实用性目的。

在明显浪费原则的选择性监督之下，一种公认的消费准则形成了。它的作用是使消费者在消费物品上，在使用时间与精力上，能够保持高价与一定的浪费水准。这种传统习俗的发展对经济生活产生了直接影响，对于行为的其他方面也有间接的、细微的影响。关于生活表现方面的任何一个思想习惯，都会影响生活的其他方面，也会影响人们对是非善恶的习惯性看法。在构成个人意识生活内容的思想习惯的有机复合体中，经济利益绝不是孤立存在、与其他利益割裂开来的，例如上文已经提到过的经济利益与荣誉准则的关系。

在生活中，消费哪些物品是正派的、光荣的，明显浪费原则指导了这方面的思想习惯。在这个指导过程中，这一原则很可能与其他的行为规范发生抵触，而那些规范与金钱荣誉准则却没有什么关系，只是直接或附带地具有某种经济意义。因此，荣誉性浪费的准则对责任观念、审美观念、效用观念、科学真理观念以及宗教或仪式适应性方面的观念，会产生直接或间接的影响。

荣誉性消费准则往往与道德行为准则互不相容，不过这里的确没有必要对这方面的特点或特殊情况进行深入探讨。那些以维持风俗、监视道德为己任，一旦发现离经叛道的行为就要从旁劝告、指责的人，他们对这方面的问题已经给予了充分关注，并做了大量阐述。在现代社会中，如果社会生活在经济与法律上的特征主要是私有财产制度，那么道德规范的显著特征之一就是财产的神圣和不可侵犯。私有财产不可侵犯的习惯，实际上已经受到了另一个习惯的践踏，那就是以明显消费博取荣誉而追求财富的习惯，无须反复强调或说明就可以使人们认识到这一点。大多数对财产的侵犯都属于这一类，特别是那些大规模的侵犯行为。侵犯者会因侵犯行为而获得大量财产，单纯从道德角度来看，应当对他的这种侵犯行为进行严厉惩罚或谴责，但通常情况却并不是这样，这是一个众所周知的事实和笑柄。犯下这样的罪行并获得大量财富的窃贼或骗子，比小偷更有可能幸运地逃脱法律的严厉制裁，通过侵占行为获取了财富，再通过适当的方式消费这些财富，还可以增加一些好名声。当他雍容大度地消费掠夺来的财富时，很容易博得礼仪优雅、修养有素的谦谦君子的同情和钦佩，出于道德观点对他产生的鄙视感会大大减轻。值得注意的另外一点，也是与我们所讨论的问题有更直接的关系的一点是，倘若一个人对财产的侵犯行为是出于正当的动机，是为了给他的妻子和儿女提供“礼仪上过得去的”生活，就会很容易获得大家的宽恕，如果再加上妻子“从小就在奢侈的环境中长大”，其罪行就更容易掩饰过去。也就是说，如果侵犯行为的目的是荣誉性的，是为了使他的妻子能够代替他进行金钱礼仪标准所要求的、一定的时间与物质上的代理消费，人们就会倾向于原谅这种侵犯行为。就这一情况而言，人们对于一般程度明显浪费习惯的认可，冲淡了反对侵犯所有权的习惯。有时甚至会发展到这样的程度：难以判断某一侵犯财产的行为是对是错。当侵犯行为明显带有掠夺或抢劫成分时，情况更是如此。

关于这一论题，这里无须进行深究，但不妨再说明一点，所有围绕所有权不可侵犯这一概念的道德观念，其本身就是传统地歌颂财富现象在心理上的积淀。还要清楚地知道，这种被认为神圣不可侵犯的财富之所以得到重视，根本原因就是人们试图通过对财富的明显消费来取得荣誉。

关于金钱礼俗与科学精神或学术探索方面的关系，将在另一章进行比较详细的探讨。至于关系到金钱礼俗的宗教或正确教会仪式这些方面的观念，也会在另一章节里附带讨论，这里不再深究。然而，宗教事务怎样才算正确、有价值的，荣誉性消费的习惯对这方面的一般爱好的形成发挥了很大作用。因此，关于明显消费原则对一般宗教仪式的影响，这里仍有必要进行探讨。

很明显，大部分所谓宗教信仰上的消费，例如宗教建筑物、教士法衣及类似物品的消费，都可以用明显浪费这个准则加以说明。即使在近代，对于神的崇拜，也已经不太重形式而更重视精神上的虔诚，但教会的建筑物及其他用具仍经过了精心装饰，力求精美。其目的在于通过浪费性支出来博取良好的声誉。庄严华丽的教堂会使一个信徒得到精神上的升华和心灵上的滋润，稍做外表观察和内心反省——两者都适用——就可以体会到这一点。反过来讲，如果在宗教场所里看到了贫寒、简陋或龌龊的迹象，那么目睹者就会感到难堪和羞耻，就会加强上述的事实。任何宗教仪式的用品都应在金钱耗费上毫不吝惜，这一点无可指摘；这类用品在美感或适用性方面可以有所出入，但上述要求是绝对不能违背的。

值得注意的另外一点是，在任何社会，特别是在住宅方面的金钱礼仪标准还不高的地区，教堂比一般信徒住的屋子更加华丽，建筑和装饰的明显浪费程度要高出一筹。不论是不是基督教，某一宗教中几乎所有教派的情况都是如此，那些历史悠久、比较成熟的教派在这方面表现得更加突出。可是教堂的建造一般并不考虑信徒们的个人享受。确实，与一般信徒简陋的住宅相

位于意大利西西里巴勒莫的马托拉纳教堂，因贴金的马赛克壁画而著名。

对比，富丽堂皇的教堂并没有给对信徒们的物质生活带来多大贡献，但大家都有这样一种观点——按照正确而开明的真善美观念，教堂的一切支出，凡是可能有助于信徒们生活舒适的，都应当明确避免。在教堂的布置或陈设中，如果含有任何供人们享受的成分，也应当在至少庄严的外貌下，小心翼翼地加以掩蔽或伪装。一些近代颇负盛名的教堂建筑，力求宏伟壮观，费用多少在所不计，然而这些教室非常严格地贯彻外表庄严这一原则，甚至使那里的一些设备成了禁欲修行的工具，在外表上看来尤其如此。在宗教信仰的消费上，那些抱有高超见解的人，对庄严性的浪费造成的不适无不衷心赞许，无不认为这是真正尽善尽美的。宗教信仰方面的消费本质上是一种代理性消费。宗教上的消费以庄严为前提这一准则所依据的是由明显浪费而带来的金钱声誉，代理消费原则是这一准则的有力支撑——代理消费不应当明显有助于代理消费者的享受。

一切神圣之地都是为神建设的，包括教堂、庙宇等，但是有些教派的信徒设立圣堂时，并不认为圣堂里供奉的圣人或者神明实际上在场亲自享用那些为他而设的奢华器物。在这种情况下，这类圣所及其附属物就不免带有一些庄严的成分。不同的教派对圣堂中器具性质的看法有所不同，在圣徒们的想象中，神的生活习惯更加接近于尘世间族长制下的统治者的生活习惯，在这样的情况下，他们认为神是要亲自享用为他准备的消费品的，因此这些圣堂及其附属物的布置，在形式上比较接近于供养尘世中的主人在明显消费方面使用的物品。否则，如果把宗教圣物和设备看作只是在敬神仪式上使用的，也就是说，是由神的仆人代他进行代理消费的，那么这类圣物和设备就具有了专供代理消费使用的那类物品的性质。

在上述的后一种情况下，圣堂及其附属物的设置，其意义不在于增进代理消费者的享受或使其生活更加丰富，至少无论如何也不应造成这样一种印象——让人认为消费者消费这类设备的目的是增进享受。因为代理消费的目的并不在于要使消费者本人的生活更加丰富多彩，而在于为主人进行消费以提高他的金钱声誉。因此，我们都知道，教士们的法衣总是价格高昂、非常华丽的，但穿在身上却并不舒服。有些教派中，人们并不认为那些为神服役的人的身份是神的伙伴，这些人的服装总是追求庄严而丝毫没有舒适和便利可言，人们普遍认为这样做是十分正常的。

在建立宗教礼仪消费标准的过程中，浪费原则不仅侵入了有关教会仪式上的适用性准则的领域，而且影响到了宗教仪式的手段和方法，还牵涉到了代理消费和代理有闲。对于一个教士来说，其最高风度是有闲，他还要做到超然物外、淡泊名利、无欲无求。当然，不同教派对这些要求的宽严并不相同，但是在信从神人同形同性说的一切教派的教士或僧侣的生活中，时间上的代理消费这一特征总是显而易见的。

在宗教崇拜的外表细节上，也随处可见代理有闲这一准则，对所有旁观者来说，这一点都是一目了然的。一切教会仪式都具有逐渐成为一种程式化动作的明显倾向。在比较成熟的教派中，这种程式化的演进最为突出，同时其教士的生活和服装也表现得比较庄严、华贵和严肃，而在那些后起的教派中，其教士的生活、服装和教堂等方面的风格还没有那么严格，但是从它们举行礼拜的方式方法中也可以看到这种程式化的演变趋势。一个教派成立的时间越久，根基越稳固，在其礼拜仪式中那种照例行事的常规化程度也越高，但这种常规化的表演十分迎合正派信徒们的口味。这是有原因的，仪式演变既然成为例行公事，这就清楚地表明，举行仪式的主人并不需要他的仆人们的实际服役，他的需要高于世俗需要。他们都是无利可图的仆人，正是因为仆人不发挥任何作用，主人才有了光荣的含义。这是不言而喻的，就这一点来讲，一个教士的职务和一个跟班的职务是极其接近的。不管是教士还是跟班，在服务的显著常规化的表面下，他们只不过是在形式上履行职责，这一点使我们感到愉快。教士履行他的职务时，不应当表现出动作敏捷、操作灵巧，以免使人看上去好像他是非常善于完成工作的。

信徒们在传统的金钱荣誉准则下生活，因此人们认为神所具有的爱好、性格倾向和生活习惯，与信徒们的这种传统有明显的、不可分割的关系。由于这种观念渗透到了人们的思想习惯中，因此信徒们对神的观念以及人神关系的看法，明显带有浪费原则的色彩。当然，这种金钱美感的洋溢在比较稚嫩的教派中最为突出，但这类现象普遍出现在所有教派中。一切民族，不论处于哪个文化阶段或哪个文明程度，对于他们所崇拜的神的个性和习惯环境都感到明显缺乏可靠的信息，所以都不得不想方设法在这方面进行弥补。当他们借助想象来充实他们对神的仪表和生活方式的推测时，会不自主地把他们理想中高尚、伟大的人物所具备的特征归到神的身上。人们在祈求与神交流时所采取的方式方法，也尽可能同化于人们心中对神的想象。人们普遍认为，按照某种公认的方法，并且在一般人所能理解的与神的性格格外相投的物质环境下与神交流，会备受神的恩宠，进而获得最好的效果。当然，在与神交流的场合使用的仪态和器物具有普遍公认的理想标准，这一标准大部分

精美的宗教用品——圣杯和圣盘。

由以下因素构成：在人们的理解中，在一切隆重的社交场合，人的举止和环境所能达到的最大限度的尽善尽美。但是，在分析敬神的动作和态度时，如果把金钱荣誉准则下存在的一切迹象都直接归因于金钱竞赛的基本规范，那么这实际上是一种误解。此外，如果像一般人想象的那样，认为神非常密切地关注自己的金钱地位，认为神之所以要避开并谴责所有肮脏的环境，只是因为那样的环境与金钱标准不相符合，那么这同样是一种误解。

然而，尽管从各方面进行了考虑，还是难以否认，金钱荣誉这一准则确实直接或间接地影响了我们对神的属性的观点，也直接或间接地影响了我们对与神交流的适当方式和适当环境的见解。人们普遍认为，神必定会有一种分外宁静、悠闲的生活习惯。一个虔诚的说教者，不论什么时候，为了宣传教义或唤起信教热忱而以充满诗意的语言来形容神的住处时，必然会使听众心头浮现出一位笼罩在非常强烈的财力与权力气氛之中的主人，其四周围绕着许多随从。在对神的居所的写照中，这一群侍从的任务就是进行代理有闲，把大部分时间和精力消耗在非生产性的、对神的德性与功绩的颂扬上，居所的背景则充满了绚烂夺目的金银和非常珍贵的宝石。然而，只有在对宗教的想象比较粗陋的情况下，金钱准则的侵入才会达到这样极端的程度。美国南方黑人的宗教意向中存在一个极端的例子：南方黑人认为，只有黄金才能作为宗教画的背景，绝不能降低这一标准。他们深信被黄金充满的整个画幅是璀璨可爱的，但实际上使人看了眼花缭乱，爱好朴素的人更是难以接受。这固然是一个比较极端的例子，但金钱可贵这一观念确实深入人心。在金钱的支配下，人们怎样看待宗教器具才是合适的？人们在谈到宗教仪式的恰当性标准时总不免以“金钱可贵”的标准作为补充，这大概是所有教派都不能避免的。

与此相似，还存在着这样一种情绪：侍奉神的仆人不应当从事任何生产性工作，任何对人类有实际用途的工作都不应当在神灵面前或在圣堂范围内进行。人们在晋谒、朝拜神时，应当清除一切身体或衣服上的亵渎神灵的、带有产业特征的气味，穿上一些考究的、平时不常穿的盛装。在专门用来颂扬圣德或与神灵交流的休假日里，每个人都应当撇开一切对人类有用的俗务。即使是与神关系较为疏远的一般信徒，也应当每隔七天抽出一天来执行代理有闲。

人们究竟怎样看待宗教仪式和人与神的关系才是合适的，在这类自发观念的表现中，金钱荣誉准则的有效存在再明显不过——不论这类准则对人们有关宗教信仰事务见解的影响是直接的还是间接的。

金钱荣誉准则对消费品的美感与适用性方面也产生了类似的影响，而且影响更加深远，更具有决定性作用。金钱礼仪的要求在很大程度上影响了人们对实用品或美术品的审美观念和实用观念。有些物品之所以受人欢迎，令人们乐于使用，是因为其具有明显的浪费性。这些物品是浪费性的，就其表面用途来说是不适用的，正是由于这一点，才使人感到它们具有大致与这种不适用成比例的适用性。

有美术价值的物品，其效用在很大程度上由它代价的高低决定。举一个普通的例子就可以说明这种关系。一个手工制银汤匙的商业价值大约是十到二十元，它的适用性——按照这个词语的原意——一般不会大于一个同样材质的机器制汤匙，也不会大于以某种廉价金属如铝为原料的机器制汤匙，而后者的价格大约不过一到二角。手工银匙，就其表面用途而言，实际上往往不及机器制铝匙实用。当然，这里存在反对意见：这样看问题即使没有忽视前者的主要用途，也至少忽视了它的主要用途之一——手工制品能迎合我们的爱好，满足我们的审美，而以廉价金属为材料的机器制品，除了毫无情趣的实用性之外别无可取之处。这些当然都是毋庸置疑的，但仔细一想就会清楚，这种反对意见与其说是确凿无疑的，不如说是似是而非的。情形是这样的：①尽管制成两种汤匙的材料不同，这两种不同材料在使用目的上各有其美感与适用性，而手工艺品所用的材料在价值上高于廉价金属百倍以上，但银匙在材质与色彩的真正美感上并不见得大大超过后者，在机械的适用性上，银匙也没有明显优于铝匙；②假定某个被认为是手工制品的汤匙，实际上是一个十分精巧的仿制品，看起来和真的手工艺品非常相像，只有经过仔细观察才能辨别，这种情况一旦被发现，这件物品的效用，包括使用者把它当作一件美术品时得到的满足感，就会立即下降80%～90%，甚至更多；③假使这两种汤匙，对于一个相当细心的观察者来说，在外表上几乎完全相同，除了重量大小明显不同外没有什么别的差别，只要那件机器制汤匙本身不是一件新奇物品，只要它以很低的价钱就可以购得，它就不能因形式、色泽相同这一点而增加价值，也不能因此显著提高使用者对“美感”的满足程度。

上述汤匙的情况是一个典型例子。我们从使用和欣赏一件高价的而且被认为是优美的产品中得来的高度满足感，在一般情况下，大部分是对假托美感名义的奢侈感的满足：我们比较重视优美的物品，但通常重视的是它所具有的较大荣誉性，这一荣誉性超过了美感。在我们的爱好准则中，明显浪费要求一般并不是有意识地存在的。即使如此，明显浪费仍然作为一个有约束力的规范存在着，它选择性地塑造和改变着我们的审美观念，告诉我们什么才是美的；明显浪费支配着我们的鉴别力，告诉我们哪些可以正当承认是美的，哪些是不可以的。

在这方面，美感和荣誉感两者相交，混合起来，因此就某一个具体例子而言，要区别适用性和浪费这两个因素是非常困难的。往往会出现这种情况：某件物品，它被用来达到明显浪费的荣誉性目的，同时也是件优美的艺术品；本来是以明显浪费为目的进行制作的，该艺术品也达到了这一效用，

17世纪的一位荷兰贵族妇女。她拿着一根鸵鸟毛，带着奢华的珠宝首饰。

结果制作过程却同时赋予了这件物品形式和色彩上的美感，这是常有的事。使问题变得更复杂的是，有许多物品，例如用于装饰的宝石、金属及某些其他材料，之所以具有明显浪费的效用，是因为它们本来是美术品，本来就具有美术品的效用。比如黄金本来就具有高度的美感。有许多——即使不是大多数——非常宝贵的艺术品，虽然不能十全十美，但确实具有美术上的真正价值。某些衣服的材料、某些风景画及许多其他物品也是如此，只不过在显著程度上没有那么明显。这类物品如果不是具有美术上的真正价值，也不会引起人们的重视和强烈追求，占有者和使用者也不会洋洋得意、引以为豪。然而对占有者而言，这类物品的效用不在于它们所具有的内在美感，而在于占有或消费这类物品可以增加荣誉，或者可以消除寒酸、鄙陋的污名。

除了其他方面的适用性之外，这些物品本身就是美的，是具有这一点的效用的。把它们据为己有，对占有者说来是有价值的。它们因此成为珍贵的物品而受到重视、追捧，占有者可以通过欣赏来满足审美，通过独自享受来满足金钱上的优越感。但是这些物品之所以能引起独占欲望、具有商业价值，其具有的“美感”——就这个词语的本义而言——是一个引起独占欲望的动机。“一切珠宝玉石都具有强烈的感官美感，这些物品的稀缺和高价使它们显得更加名贵，如果价格低廉的话是绝不会如此的。”的确，除了作为明显浪费的对象而具有荣誉性以外，这些精美的物品通常不会引起人们的占有欲并加以使用。不管占有者是否持有相同的想法，这类物品中的大多数——除部分装饰品外——除可用来增加荣誉外，也有其他的用途。而且，对于个人装饰品的主要用途来说，在佩带者或占有者与无法获得这类装饰品的人进行比较时，佩戴者可以增添光彩，这也属于珍贵物品的其他用途。一种美术品在艺术上的适用性，是不会因为“占有”这一事实而大大提高或普遍提高的。

到目前为止，我们的讨论得到的一个通则是，一切贵重物品，要引起我们的美感，就必须同时满足美感和高价两种要求。但情形还不止如此。高价这一要求还对我们的爱好产生影响，使我们在欣赏美术作品时把高价和美感这两个特征完全融合在一起，并把由此形成的效果包含在单纯审美的名义之上。于是人们渐渐将贵重物品的高价特征认为是它的美感特征。某一物品因具有光荣的高价特征而令人感到愉快，由此形成的快感与其因形式的美丽而带来的快感融为一体，难以区分。因此，在我们说某一物品——比如一件服装上的饰品——“十分可爱”时，如果把这个物品的美术价值分析到最后，就会发觉，这件物品具有金钱上的荣誉性。

这种高价因素与美术因素的融合或许在服装和家具之类的物品中表现得最为突出。说到服装，荣誉性准则决定了衣服在式样、颜色、材料及一般效果方面，怎样做都算是时尚和适当的。如果背离了这个准则就与我们的爱好相抵触，就违反了审美的真理。我们对于时新服装的赞美，决不能仅仅看作是出于虚伪。我们总是一见那些正在流行的事物就觉得合意，并且多数情况下这种感觉是完全真诚的。以衣料为例，如果细致光洁且颜色素雅的料子正在流行，那么粗线条、色泽浓艳的料子就不会符合我们的品位。今年流行的

《沃克雷松花园》，法国纳比派画家爱德华·维亚尔绘于1920年。维亚尔的朋友露西和乔西刚刚购买了画中这所位于巴黎西郊的房子，乔西是著名艺术公司的合伙人和经销商，画中人则是露西的表妹。

一顶漂亮的女帽样式，毫无疑问，会比去年的样式更得我们的喜爱，如果二三十年之后，再回过头来评价这两种女帽究竟哪一种更美，应该是非常困难的。另外还要指出，绅士们的大礼帽和漆皮靴的表面都是光鲜亮丽的，但磨旧了的袖子可以说也具有这种光泽，仅就它们与人体外形的配合程度来说，前者不一定比后者更美，然而毋庸置疑，西方文明社会里任何有教养的人，都会本能地、真诚地认为前者是美的现象，后者则是不堪入目、大煞风景，他们会对后者避之唯恐不及。如果在审美观念之外别无其他理由，人们是否愿意戴上类似文明社会中的高礼帽那种东西，确实是一个值得思考的问题。

由于重视物品高价特征的习惯已经被进一步巩固，人们已经习惯于将美感与荣誉视为一体，这样的观念逐渐形成：凡是比较廉价的美术品，都不能被视为是美的。于是就出现了这样的现象，比如，美丽的花卉通常被人视为讨厌的莠草；有些比较容易栽培的花卉被买不起珍贵花卉的下层中产阶级接受和欣赏；有些人则认为这类品种俗不可耐、不值一提，这些人的财力通常比较好，买得起珍贵的花卉品种，他们经历过花卉方面高层次的金钱美感的训练；此外还有一些花草，其内在的美感并不一定高于上述各个品种，但培植的时候需付出很大的代价，因此得到了一些爱花成癖的人的激赏，而这些人的爱好也是在高雅环境的严格指导下成熟起来的。

人们的爱好因社会阶级的不同而有所差异，这种情况在许多物品的消费中都可以看到，如家具、住房、私人花园等。人们对于哪类物品是美的这一看法存在分歧，产生这种分歧的原因并不是单纯的美感形成的规范有所不同，也不是审美方面的禀赋存在差别，而是在荣誉准则方面存在差别，荣誉准则规定了哪些物品对应哪个阶级的荣誉消费的范围。这种分歧是礼仪传统上的分歧，这类传统给我们指明，哪些嗜好品和美术品可以消费而不致损及消费者的身份。除了某些特殊情况，这类传统是相当严格地由那个阶级的经济生活水准所决定的。

日常生活中有很多奇妙的例子可以说明，日常用品方面的金钱荣誉准则因阶级不同而不同，习惯的审美观念，在表现上跟没有受过金钱荣誉准则教养的那种观念是怎样的不同。例如，西方各民族十分喜爱浅草平铺的庭院或有着这类设备的公园。在长颅金发占显著优势地位的种族，上述庭院或公园格外适合这些种族中的富有阶级的情趣。作为一个视觉的对象来说，草地当然具有美感因素，毫无疑问它几乎可以迎合一切民族、一切阶级的口味。但与其他种族不同，在长颅金发型的人们眼中，草坪具有无可替代的美感。这种类型的人比其他类型的人更喜爱一片绿油油的草坪，这和他们在气质上的其他特征密切相关，这些特征表明，他们在过去一个漫长的时期里曾是一个游牧民族，居住在气候湿润的地带。如果一种民族的遗传倾向是看到一处保护完好的草原或牧场就会非常兴奋，那么在他们眼里，一片修剪得平平整整的草地肯定是非常美丽的，这是意料之中的。

由此可见，从审美的目的来说，草地应当是一个养牛的牧场。在现在的某些情况下，尽管在环境的安排上不惜代价，排斥任何节俭的可能，但能在草地或私人场地上拥有一头牛，依旧是长颅金发种族最向往的田园风光。在这样的情况下，在以牛为点缀品的场合中，所用牛的品种一般比较高贵。不过用牛来点缀，不免有些粗俗，这是这种动物在装饰用途上一直存在的缺陷。除非四周美丽的环境可以抵消这种粗俗的迹象，否则必须避免将牛作为宠物。有时候人们特别希望有一些食草动物来充实牧场，当这种想法非常强烈且难以抑制时，他们常常用一些不太适当的动物来代替养牛，例如鹿、羚羊或其他格格不入的兽类。虽然在西方游牧者的眼中这类代用品不及牛那样适合，但在这样的情况下还算是合适的替代品，因为它们价钱昂贵，本身又毫无用处，因此具有荣誉性。不论从事实还是理论上来说，它们都不能做粗笨的活，饲养它们是不能营利的。

公园当然与草地属于同一范畴，和草地一样，它们充其量不过是牧场的仿造品。当然，这样的公园最好是用作牧场，草地上的牛群本身就足以为增加景色的美丽程度，对于所有见到过保养良好的牧场的人来说，这一点是无须赘述的。但需要强调的是，作为一般偏好中金钱要素的一种表现，对公共场所进行这样的布置是很少见的。在经验丰富的管理者监督之下，即使是熟练的工人尽全力去做，也只能使这类场地相当近似于一个牧场，其结果必定达不到牧场的艺术效果。然而在普通人眼里，如果让一群牛公然出现在公共娱乐场所，淋漓尽致地表现出俭朴与生产的气象，那简直是恶劣得难以忍受。使用这种布置方式，会因其代价低廉而违反礼仪上的要求。

关于公共场地的布置的另一个特征，也同样含有上述意义。这些场地的设置既要刻意追求奢华，又要假装简单朴素，似乎还要有些实用意味。某些私人园地也会显示出这样的特征，只要其管理者或所有者的爱好是在中产阶级生活习惯的熏陶下形成的，或是在上一代的上层阶级传统下培养的。有些园地的布置刻意迎合现代有教养的上流社会的爱好，但上述特征没有表现得那么明显。对于有教养者的爱好，上一代与这一代之间之所以存在不同，是因为不断变化的经济情况。这种差别，不但可以在娱乐场地的公认标准方面看到，在其他方面也可以看到。在最近半个世纪以前，美国和其他国家一样，只有极少数居民能够拥有足够多的财富而不用处处节俭。由于当时交通工具不完备，这些人分散而居，彼此之间没有实际的接触。因此，那种不顾代价的爱好还没有得以发展的基础。有良好教养的人们只是一味地憎恶世俗上讲求节俭的做法，而没有别的想法。这个时候，只要单纯的审美观念对不甚奢华或节俭朴素的环境偶尔表示出赞美的态度，那么这样的态度就是缺乏“社会认同”的，因为社会认同需要为数众多的意趣相同的人才能实现。因此，这时在园地管理方面，上流社会还没有确定可以忽略可能出现的浪费现象。结果，关于园地布置在外貌上的理想标准，有闲阶级与下层中产阶级之间并没有出现什么显著分歧。两个阶级都担心在金钱上败坏名声，他们同样是在这一点上建立其理想标准的。

今天这两个阶级在上述理想标准上的分歧越来越明显。有闲阶级长期脱离生产工作，没有金钱上的忧虑，这样的情况已经持续了一代或几代，这个阶级已经发展壮大，因此在爱好问题上，足以形成并保持一种舆论。同时其成员之间的流动性也有了提高，这有利于其阶级内部实现“社会认同”。在这个得天

19世纪80年代，两名农妇正在法国蓬图瓦兹附近的田野中聊天。

独厚的阶级内部，“无须节俭”已成为一件极其平常的事情，从而丧失了其作为金钱礼仪基础的大部分效用。因此，现代上流社会的爱好准则所强调的，不是不停地炫耀奢华，也不是严格避免节俭朴素的外表。结果在社会地位和智力水平较高的一类人中，出现了在公有园地和私有园地的布置方面偏好乡野风味和自然风味的倾向。这种偏好很大程度上是一种工作本能的显露，由此形成的结果具有不同程度的连贯性。这种偏好多少带有一些做作的成分，有时候会转化成某种伪装的朴素，与上面所述情况的区别不是很大。

甚至中产阶级也有这类爱好，他们在园地布置方面偏爱粗陋实用的奇巧设计，这种设计会让人想到某些直接的、非浪费性的用途。当然，这些设计必须完全控制在荣誉性的不求实用这一原则之下，这一点不可改变。于是，由此出现了种种伪装实用性的手段和方法，比如朴素粗陋的短篱、桥梁、凉亭、帐篷等类似的装饰品，都是在这样的原则下设计的；又如，某些铁制的貌似质朴的篱笆和格子墙，在平坦地面上修建的一条蜿蜒曲折的车道，这些都跟实用性的美感这一初衷背道而驰，这些都是在实用性方面矫揉造作的一些具体例子。

这时，上层有闲阶级在爱好上已经有了进一步的发展，不再局限于金钱美感下的伪适用性的变体，至少在某些方面是这样。但是后起的有闲阶级和中下层阶级的爱好仍然是以金钱的美来填补艺术的美，甚至对那些因浑然天成的美而受到赞赏的事物，也有类似的要求。

人们普遍对于花草的加工修剪以及公园中传统的花坛布置极为欣赏，从这些方面可以看出民众对这些的热爱。最近的哥伦布博览会[1]旧址改建工程也许是一个极其恰当的例证，它充分显示了中产阶级重视金钱之美超越艺术之美的爱好倾向。这个例证足以说明，即使在尽力避免一切奢华的浮面表现的情况下，荣誉性浪费的要求仍然有力地存在着。假使主持这一改建工作的人不受金钱爱好准则的支配，那么这一工作实际达成的艺术效果也许同人们所看到的景象相去甚远。在进行工作时，即使是城市居民中的上层阶级也以赞赏的态度关注改建工作。这可以说明，就这一事例而言，即使在这个城市的上、中、下各阶级之间存在爱好上的差别，那么这个差别也是很细微的。在这个金钱文化发展具有代表性的城市中，居民的审美观念总是小心谨慎地遵循着明显浪费这个伟大的文化原则，唯恐有所背离。

对自然的爱好，其本身也许就是从上层阶级的爱好准则得来的。在金钱美感准则的指导下，这种爱好有时会以出乎意料的方式表现出来，这在一个粗心大意的旁观者看来也许会觉得不合时宜。例如，美国曾提倡在树木稀少的地区广泛植树，这曾被公认为一个很好的措施，但这一措施已经在树木繁

1　哥伦布博览会于1893年5月至11月在芝加哥举行，目的是纪念哥伦布抵达美洲大陆四百周年。——译者注

盛的地区演变为荣誉消费中的一个项目。我们经常看到，树木茂盛地区的村庄或农户会砍掉当地原有的树木，然后在道旁或院子里重新栽种某些外来品种的树苗。结果，成片的橡树、榆树、栂树、榉树、白胡桃树、山毛榉等被清除，人们纷纷腾出地方栽种枫树、槭树、柳树、白杨树等树种的树苗。人们认为，凡是适应装饰与荣誉目的的事物都应当具有一种高贵气质，让一片不花什么代价的原生树林矗立在那里，是与这方面的要求不符的。

金钱荣誉对爱好的影响普遍存在，这种影响在当下流行的有关动物的审美标准中也有所体现。牛在一般的审美等级中应处于什么地位，这个爱好准则在其中起到了什么作用，上面已经谈过。还有其他一些家畜，比如猪、绵羊、鸡、鸭、山羊、驮马等，只要其生产目的显然是对社会有用的，情况就大致相似。这些动物具有产品性质，各有用途，且大都是能生利的，因此不能轻易说它们具有什么美感。至于那些通常不适用于生产目的、被驯化了的动物，例如猫、狗、骏马、鸽、鹦鹉及其他笼鸟等，情况就不同了。这些动物一般属于明显消费的项目，因此它们在本质上具有荣誉性，可以正当地被认为是美的。上层阶级一向宠爱这种动物，财力较差的阶级会认为上述两种动物的美感不相上下，在它们的美与丑之间无须划出一条严格的金钱界线。少数处于最上层有闲阶级认为，那种摒弃俭约的严格标准在某种程度上已经渐渐失去效力，因此他们在对动物的态度上与财力较差的阶级有几分相似。

关于那些具有荣誉性且被认为是很美的驯化动物，这里有必要讨论一个辅助性的价值依据。鸟在驯化动物中属于荣誉性一类，它之所以能在其中占有一席之地，完全是因为它的非生产性。除了鸟以外，特别值得注意的驯化动物有猫、狗和供驰骋用的骏马。猫的荣誉性与狗和马相比要差一些，因为它的“浪费属性”差一些，有时甚至具有实际用途。以猫的特性来说，它也不适合用来达到荣誉性的目的。它始终与人平等相处，而且它对其主人与周围人之间的歧视性对比也不能做出积极的贡献。不过就上述最后一种情况而言，像安哥拉猫（Angora cat）这样稀奇的品种可以算是个例外，因为它代价

19世纪美国的宠物猫。

高昂，在荣誉性方面略有价值，因此就在金钱的基础上获得了可以称作美的特别权利。

狗这种动物不具有实用价值，但它在性格上别有禀赋，有自己的优点。它往往被看作人类的朋友，人们常常赞扬它的智慧和忠诚。也就是说，狗是人们的忠诚的仆从，善于体察主人的心情，其服从性是毋庸置疑的。这些特性使它能与人类的身份关系相配合，就这里所讨论的意义来说，这些特性都应当算作有用的特点。此外，狗还有一些别的特点，这些特点在审美价值上不如上述特点明确。狗在驯化动物中是最脏的，也是最淘气的，但狗对主人的忠诚和顺从足以弥补这些缺点，它能随时伤害除主人以外的所有人。于是它使我们的支配欲有了发挥的余地，以此博得了我们的欢心。狗属于消费中的一个项目，通常是不用于生产的，这使得狗主人把它视为一种能增进荣誉的动物，它也得以在主人的心目中占据稳固的地位。在我们的想象中，狗总是和狩猎活动联系在一起，而狩猎是件值得赞扬的工作，是光荣的掠夺性冲动的表现。

狗既已处于这样的有利地位，不论它可能在形态上和动作上具有什么样的美感，也不论它可能具有什么值得称许的智力特征，人们总是习惯性地统统给予肯定，并加以夸大。狗迷们甚至培育出一些奇形怪状的狗的变种，也有许多人会真心赞赏，觉得它们的确是美的。从它们的审美价值来看，这些变种的狗所处的等级，大体上是按其变化程度和符合某种畸形要求下的怪异程度来确定的，其他变种动物的情形也大致如此。就这一点来说，以动物的外形结构的怪异和变化为依据划分等级，是为了分辨哪些品种比较稀少，价格比较昂贵。一些畸形的狗，例如一些当下流行的品种，其商业价值依赖于高昂的生产成本，对它的主人来说，畸形狗的价值主要体现在它们是明显消费中的一个项目。荣誉的浪费可以由一只奇形怪状的狗来体现，因此这只狗也间接获得了社会价值，于是通过话语上和概念上的简单转换，它就受到赞美，就被说成是美的了。由于这类动物不管如何关心爱护，也不会获得物质上的利益和实用的意义，因此豢养它们就具有了荣誉性。这样的习惯是荣誉性的，是不会受到轻视的，于是它逐渐发展为一种极具持久力的日常嗜好，这种嗜好还具有仁慈的性质。由此可见，在对于宠物的钟爱中，浪费准则作为一个规范在或深或浅的层次上存在着，而指导和形成对事物的感情和选择的，正是这一规范。下面我们还会谈到，关于人对人的钟爱，情况也有些类似，尽管上述规范发挥作用的方式在两种情况中有所不同。

谈到善于驰骋的骏马，其情况与狗相似。总的来说，这种马是价格昂贵的或者说是浪费性的，它对于生产目的是没有效用的。在增进社会福利或改进人类生活方面，如果说它可能具有什么生产上的用途，那么就在于它可以展示出运动的力量和行动的敏捷，满足人们的审美观念。这当然是一种实质上的有用性。马与狗不同的是，它不具有与狗同等程度的顺从主人的精神特质，但是它能够有效地满足主人的激动感情，能够转变周围的“有生力量”供自己利用和支配，并通过这些力量表现自己坚强的个性。一匹骏马有可能成为一匹程度高低不定的赛马，这对它的主人来说格外有用。骏马的功用主要体现在其作为一种竞赛工具时的效用，对于马的主人来说，如果他的马能在竞赛中拔得头筹，他的进攻和胜利的欲望就得到了满足。马的这种用途并不是生利性的，而是浪费性的。由于这种浪费非常明显，因此这样的用途就具有了荣誉性，骏马得以占据假定的稳定的荣誉地位。再者，竞赛专用的马作为一种赌博工具，其用途也同样是荣誉性的而不是生产性的。

从审美的角度来看，骏马是幸运的，因为在金钱荣誉准则之下，人们可以尽情地赞赏它可能具有的任何美感或适用性，并认为这是合情合理的。它的各种长处得到了明显浪费原则的支持，这种支持以控制与竞赛的掠夺倾向为后盾。马是一种俊美的动物。有些人是赛马的狂热爱好者，有些人在马迷的判定所造成的精神约束之下，其审美观念处于麻痹状态。对于不属于上述两类、在爱好上没有受到这方面影响的那些人来说，赛马没有什么特别的优美之处。对于一个在爱好上没有受过这方面熏陶的普通人来说，最俊美的似乎是与驯马师精心选择培养过的赛马相比体态正常的马。然而，那些作家或演说家，尤其是那些文才平庸的人，在他们出于措辞上的需要而对动物的优雅性、适用性进行渲染时，往往喜欢以马为例，而且还经常刻意指出，就所举的例证而言，他指的是赛马。

应当指出的是，说到对各种各样的马和狗在不同程度上的爱好，就算是从一个在这类爱好上没有什么研究的普通人身上，也可以看出有闲阶级的荣誉准则产生的比较直接的影响。例如在美国，有闲阶级的爱好在一定程度上是以英国有闲阶级中流行的、或认为那里正流行的风俗习惯为标准形成的。狗的情况就是如此，但马的情况更为显著。马，特别是骑乘用的马——其适用性目的最多在于达到浪费性的炫耀——人们一般认为其英国味越浓厚越美。就荣誉性的习惯来说，英国的有闲阶级是这个国家的上层阶级，它是下

《骑马走在早晨的沙滩上》，荷兰海牙画派画家安东·莫夫绘于1876年。安东·莫夫是凡·高的表兄，曾在凡·高刚刚接触绘画时指点过他，但后来二人因观点不和而分道扬镳。画中描绘的是海牙市区西侧的斯赫弗宁恩海滩，几位绅士正骑马走在沙滩上，远处是为泳客准备的换洗棚，那时这里已经成为游客云集的地方。画家还极为写实地在近景中画出了马留下的粪便。

层有闲阶级的榜样。这种在审美知觉和爱好判断上形成的刻意模仿，未必是出于一种不合逻辑的偏好，至少不是出于一种伪善或做作的偏好。在这个基础上形成的偏好，与在其他基础上形成的偏好是一样的，都是一种严肃、认真的情趣判定，不同的是，这种爱好是对荣誉上适当事物的爱好，而不是在美感上真实的爱好。

应当指出，这种模仿不仅局限于对马本身的审美意识方面。这种模仿还涉及各种各样的装饰性马具和骑乘技术：怎样才算正确的姿势，怎样才是美观的步法，这些都是由英国的习俗来决定的。要知道，依据金钱的美感准则，决定何者为适当、何者为不适当的环境可能是在十分偶然的情况下构成的。为了便于说明，这里不妨指出，那种英国式的、拙劣的骑乘姿势和必然会造成这种姿势的蹩脚步法，都是过去时代的遗风。那个时候英国的道路状况还很糟，到处都是水坑和泥淖，马无法用比较从容的步法越过。本来马是可以用优雅的步法来行走的，马的习性也适合在坚实开阔的地面上自由驰骋，但是由于在19世纪的大部分时间里，路面情况无法让一匹马以这样的方式通过英国的道路，以致今天在骑术上坚持正派风格的人依然骑着一匹截短尾巴的矮脚马，在极不自在的骑乘姿势下模仿那种蹩脚的步法。

爱好准则沾染了金钱荣誉准则的色彩，这一点不仅仅表现在消费品（包括驯化动物）方面，在人体美的方面也存在一些类似的情况。按照世俗的传统，人们一般会对成年男子的威严（有闲）姿态和高雅仪表有所偏爱，这里不打算着重探讨这一点，避免引起争论。在某种程度上，这些特征已经被公认为是人体美的因素。但除此之外，某些女性美的因素也可以被归入这一类，其特征十分具体、突出，在这里值得仔细评述。这几乎是一个通则，当社会还处于那样的经济发展阶段，上层阶级对妇女的重视还只是她们提供的劳务时，四肢发达、身体健壮总是作为女性美的典型特征。品评主要根据体格，面部形态则居于次要地位。《荷马史诗》里描写的少女，就是早期掠夺文化中这种女性美的著名例证。

在随后的发展过程中，上层阶级的家庭主妇的职能逐渐转变为只执行代理有闲，于是女性美的典型发生了变化。此时的女性美的典型特征是严格执行有闲生活的结果，或者说是与这种有闲生活协调一致的结果。那时公认的女性典型美，可以从骑士时代的诗人和作家对美女的描绘中找到。在那个时候，人们普遍认为上层阶级的妇女应长期处于受保护的地位，审慎地免于从事一切实用性工作。由此产生的骑士时代的浪漫主义的女性典型美，看重的主要是面容，品评的是五官的端庄、手足的纤细、身段的苗条——尤其是那纤纤细腰。在那个时代的诗情画意的想象中，在带有骑士时代思想和感情的现代浪漫主义者的心目中，女性的腰肢已经纤细到了弱不禁风的程度。在现代工业社会很大一部分人的心目中，这样的女性典型依然存在，但应当指

《彭特霍斯侯爵夫人》，西班牙浪漫主义画家戈雅绘于1786年。戈雅是宫廷画家，深受西班牙贵族妇女的喜爱。画中的贵妇正穿着当时法国流行的“牧羊女”风格的衣服。

出，这种典型的地位，在经济与文化最不发达、保留最多身份制与掠夺制残余的那些现代社会里，得到了最为顽强的保留。也就是说，这种骑士时代的女性美的典型，在实质上现代化成分最少的现代社会中保留得最为完整。这种多愁善感式的或具有浪漫主义色彩的女性典型美，仍然在欧洲大陆各国的富裕阶级的爱好中活跃着。

在工业发展达到了较高水平的现代社会里，上层有闲阶级已经累积了大量财富，上层阶级的妇女早已摆脱了一切粗鄙的生产工作。此时妇女以代理消费者的身份出现，她们在大众的爱好中已经渐渐失去地位。女性美的典型因此出现了复古倾向，人们看重的不再是娇羞、柔弱得可怜的苗条型，而是近于古代的强壮型。妇女的双手和双脚以及身体的其他部分并不是像不属于自己所有的那样形同虚设。在经济发展过程中，属于西方文化的各民族的女性典型美，从天然姿态的妇女转变到矫揉造作的名媛贵妇，现在又逐渐回到原来的典型形象，这些转变都是符合金钱竞赛的变化趋势的。金钱竞赛在某个时期要求的是壮健的奴隶，而在另一个时期它要求的是明显执行的代理有闲，也就是在生产工作上表现出体弱无能。现在的情况已经发展到超越后一要求的程度，因为在现代工业的高度效能下，妇女的有闲在荣誉尺度上可能已经下降到如此低的程度，以致不再能用来作为最高金钱等级的明确标志。

除了上述的明显浪费这一规范对女性典型美所发挥的一般性支配作用外，还有一两个细节值得特别提出，以便说明这一规范对于男子对妇女的美感，如何在具体细节上产生强有力的约束力量。上文已经提到，当经济发展还处于那样的阶段，明显有闲作为获得荣誉的一种手段而受到高度重视时，典型的女性美所要求的是小巧的手脚和纤细的腰肢。这些特征以及随之而来的体格上的缺陷，有助于表明处于这种情况的女子无法从事生产劳动，她们势必无所事事，由她的所有人供养。她是没有实际效用的，是浪费性的，因此在证明金钱力量方面是有价值的。于是，这个文化阶段的妇女纷纷改变她们的形体来适应当时文雅时尚的要求，男人则在金钱礼仪准则的指导下，认为这种人为的病态特征是动人的。在西方文化的社会里，女子束腰一度是广泛而持久的流行风尚，中国女子的缠足也是如此，这些都是很好的例子。在一个没有养成这种爱好的人眼里，这两者都是损伤肢体的行为，无疑会引起他人的厌恶。要对这类现象安之若素，是需要进行教养和陶冶的。然而，按照金钱荣誉准则，这类现象是光荣可敬的，它已经渗入了男子们的生活方式。对于这些人来说，这类现象动人心目，其魅力不容置疑。于是这类现象成了显示金钱与文化上的美感的项目，并发挥了作为女性美的典型因素的作用。

当然，这里所指出的事物的审美价值和其歧视性的金钱价值之间的联系，是不存在于一个评价者的意识中的。如果一个人在作出爱好上的判断时，经过仔细思考认为审美对象是具有浪费性和荣誉性的，因此认为它有理由被看作是美的，那么这种判断就不是真实的爱好的判断，不是这里要讨论的内容。关于荣誉性与美的关系，这里强调的是荣誉性的事实对于一个评价者的思想习惯所产生的影响。对于与他有关的各种对象，他习惯性地形成不同的价值判断，包括经济、道德、审美、荣誉等不同方面的价值判断。但是当他从审美的立场对一个既定的对象进行评价时，评价结果将受到他在其他立场对这一对象所持的赞赏态度的影响。荣誉立场与审美立场的关系十分密切，因此当从不同的立场对同一对象进行评价时，荣誉立场上的评价会格外影响审美立场上的评价。审美目的上的评价与荣誉目的上的评价，两者并不像理想中的那样泾渭分明。这两种评价非常容易混淆在一起，因为在日常语言中，一般不用专门的形容词来区分荣誉性对象的价值。结果，那些被用来表明审美范畴或审美因素的常用词语，其间含有金钱价值上的未指名因素。于是语言上的混淆带来了对应观念上的混淆。因此，在一般人看来，荣誉上的要求与审美观念上的要求合二为一，不具有公认的荣誉标志的美，就不被认为是美的。但金钱荣誉上的要求与本意上美感的要求并不是完全一致的。如果将在金钱方面不适合我们的那部分从中排除，那么就可以彻底排除很大一部分与金钱要求不符的美感因素。

可能早在这里所讨论的财富制度出现以前，爱好的基本准则就已经存在了。因此，由于人们的思想习惯过去的选择性适应，有时最能满足美感要求的，只是一些价格不高的设计和结构罢了，这些设计和结构直接显示了它们所要完成的任务以及达到目的的方法。

也许，这里需要重新对现代心理学的论点做一些观察。形式的美似乎是一个知觉敏捷与否的问题，或者还可以使这个命题更广些。如果把归为美感因素的那些联想、暗示和“表现”抽出，那么任何已被感知的对象的美感，它的意义是，人的思维将遵循这一对象所提供的方向，积极开展思维的知觉活动。但是知觉活动积极发挥或表现的方向，就是长期严密的习惯性适应过程使思维展开的方向。就美感的主要因素而言，这种习惯性适应是如此的漫长和严密，它不但导致了那种对于知觉形式的偏爱倾向，还导致了生理结构和生理机能方面的适应性。如果经济方面的考虑是构成美感的因素，那么它

《戴骑士帽的女人》。法国现实主义画家居斯塔夫·库尔贝绘于1856年。

作为对某一目的的适应性的暗示或表现，是作为明显能对生活过程有所帮助的物品来参与的。物品在这种经济上的便利性或实用性，就是我们所说的物品的经济美感。物品的功能以及它对生活各种物质目的的有效性暗示，是最有助于表现这种经济美感的。

基于这一点，从审美的角度上看来，凡是简单朴素的用品，就是好的。但是金钱荣誉准则与个人消费物品中的廉价品相抵触，因此我们对美好事物的渴望，必须通过一种折中的办法来获得满足。于是，我们用某种设计来遮挡审美准则，这种设计既要为荣誉的浪费支出提供证明，又要适应人们同时需要实用与美观的那种苛刻的要求，或者至少要适应替代这种感觉发挥作用的某种习惯要求。这样一种辅助性的审美就是新奇感，人们在看到一些巧妙而令人费解的设计时，其新奇感在这种替代方式的协助下获得了满足。于是出现了这种情况：多数被认为是美的、事实上也发挥了美的作用的物品，在设计上显示出了很大的技巧性，并且要故意迷惑观者；或者说要通过一些看上去不可能的暗示或不大相干的表现使观者感到惊讶和疑惑，同时显示出在这类物品上消耗的劳力已经超过了获得表面经济目的上的最大效能所需要的那份劳动力。

在我们日常习惯和日常接触范围以外的，也就是在我们的偏好范围以外的一些例子可以说明这一点。产自夏威夷的奇特的羽毛制的披风，产自波利尼西亚群岛的著名的雕柄手斧摆件，都是这方面的例子。这些东西无疑是美的，不但在形式、线条和色彩的配合上让人赏心悦目，而且在设计和结构上也表现了高度的技巧和创造才能。尽管如此，这些东西显然不能达到任何其他的经济目的。但是依据劳动力浪费的准则，这类巧妙的、令人迷惑的设计上的演变结果并不总是圆满的。结果往往是，一切经得起仔细审察的美感表现或适用表现因素都受到了抑制，这些因素被明显无能支持之下的才智误用和劳力浪费所代替，以致日常生活中的许多物品，甚至服装和装饰品都是如此的糟糕，若不是迫于习惯传统的压力简直是不可能存在的。在住宅建筑、家居工艺品以及各种服饰中，尤其是在妇女服饰与教士服饰中，都可以找到这种以机巧与奢侈代替美感与适用的例子。

审美准则要求的是属类的表现。以明显浪费为基础的“好奇心”与这个审美准则相抵触，因为这种新奇要求我们所爱好的事物具有系列特异性要素集合体的外貌，而且这种特异性要经受高价准则的选择与监督。

这种在设计上对明显浪费目的的选择性适应过程，以及在艺术美感被金钱美感所替代上的倾向，在建筑业的发展中也表现得十分明显。如果有人要把美感因素与荣誉因素区分开来，那么要在现代文明的私家住宅或公用大厦中找出一个比较看得上眼的建筑物会十分困难。位于城市里的高级出租房和公寓，它们的门面样式五花八门，千奇百怪，但大都是些不堪入目的愚蠢设计，给人留下徒然浪费的不适印象。作为一个审美对象来看，艺术家没有碰过的这些建筑物的两侧和没有窗户的后墙，倒是整个建筑最精彩的部分。

上文谈到了明显浪费原则对爱好准则的影响，关于物品对于审美之外的其他目的的适用性，我们的看法同样受这一原则的影响，但两者的关系略有差别。生产物品和消费物品，是人类生活得以进一步发展的手段，物品的效用首先在于它能作为达到这个目的的手段，而这个目的首先是绝对意义上的个人生活的充实。但是物品的消费被人类的竞赛倾向利用，作为进行歧视性对比的一种手段，从而使消费品产生了一种衍生效用——作为相对支付能力的证明。消费品的这种衍生用途使消费行为带有了荣誉性，于是最能适应这种消费竞赛目的的物品也具有了荣誉性。对奢侈品的消费是值得赞扬的，如果物品的成本超过了使之具有表面机械目的的程度，那么含有这种明显的成本因素的物品就具有荣誉性。因此，物品具有的过分华贵的标志，就是它具有价值的标志，说明在适应间接的、歧视性的目的方面，对这种物品的消费是具有高度效能的。反之，如果物品在适应所追求的机械目的时显得过于俭朴，没有价格差别来获得歧视性对比，那么这些物品就具有耻辱性，是不能吸引眼球的，是不具有美感的。这种间接效用大大提高了"上等"物品的价值。要迎合有教养的、高雅的"效用感"，这一物品中必须含有一些这样的间接效用。

一开始，人们也许会对俭约的生活存在反感，因为这种生活表明他们不具备额外支付钱财的能力，从而缺乏钱财上的成就感，其结果是人们养成了对低价物品产生反感的习惯，普遍认为低价物品本质上是不光彩的、没有价值的。随着时间的推移，这种荣誉性的消费传统代代相传，并且每一代人都对消费品的传统金钱荣誉准则进一步完善、巩固。直到今天，我们到了相信一切低价物品都是不足取的程度，对"便宜没好货"这句话已经不再存有任何疑虑。这种赞赏高价、贬低廉价的习惯已经在我们的思想中根深蒂固，我们在消费时总是本能地要求商品至少要附有某种程度的浪费因素，甚至消费那些完全隐秘而毫无炫耀之意的物品时也是如此。即使在自己家里，如果日常进餐使用的是手工制作的银质餐具（虽然其艺术价值常常是可疑的）、手工绘图的瓷器、精致的上等台布，那么我们会真诚地认为所有人的兴致都更加振奋了。当我们习惯于这样的生活水准并认为这是理所当然的以后，任何

银器上的精美花纹。

这方面的退步都会让我们觉得非常难堪，简直有损人格尊严。在同样心理的支配下，过去的十几年里，人们觉得餐室中蜡烛的光线比任何光源都赏心悦目。今天，在那些高雅人士看来，蜡烛与油灯、煤气灯、电灯相比，它的光线显得格外柔和，不那么刺目。然而三十年前的情形却不是这样，在那个时候，甚至在不久以前，蜡烛是家庭使用的最廉价的照明工具。即使是现在，除用于仪式上的照明之外，也没有人认为蜡烛是有效的照明工具。

一位仍然健在的大政治家把以上情况概括为一句至理名言：“衣贱人也贱。”大概没有人会否定这句话的正确性。

人们注重物品所具有的浪费性标志，要求一切物品能够提供某种间接的或歧视性的效用，这样的要求导致衡量物品效用的标准发生了变化。消费者在对商品进行评价时，无法分开看待商品所含有的荣誉性因素和纯物质性的效用因素，这两者共同构成了某一商品不可分解的综合适用性。按照这样的适用性标准，仅具有满足物质需要能力的物品是不会被认可的。物品还须显示它的荣誉性因素才能使消费者满意，为消费者所接受。结果，消费品生产者在生产过程中千方百计地适应荣誉性因素方面的要求。他们总是机敏而有效地进行这方面的工作，因为他们自己也遵循着相同的物品价值标准，如果他们在最后一道工序中发现产品缺乏正常的荣誉性因素，他们自己会由衷地感到懊丧。因此，现在各行各业供应的物品无不含有一定程度的荣誉性因素。假使一个消费者有着像第欧根尼那样的脾气，坚决摒弃自己消费中的一切荣誉因素或浪费因素，那么现代市场无法供应他那微不足道的消费需求。的确，即使他依靠自己的努力来直接满足他本人的需要，要使自己完全摆脱时下这方面的思想习惯，纵然不是绝对不可能，但也是非常困难的。在他亲手制作的、供一天消耗用的生活必需品中，不去本能或无心地混入一些浪费劳力的荣誉性或半装饰性因素，是无法做到的。

消费者在零售市场选购日用品时，主要看重的是商品的外观和制作技巧，而不是任何实际的适用性标志，这一点是众所周知的。要使制出的物品能够销售，除了令物品具有某种实用性，还必须竭尽全力令物品具有适度的高价标志。这种使明显高价成为适用性准则的习惯，自然令消费品的总成本有所提高。这种习惯使我们在某种程度上把物品的价值与物品的成本等同起来，从而谨慎地对待廉价物品。消费者总是希望以尽可能低廉的价格获得适用的物品，但是明显高价的习惯要求已经成为物品适用性的保证和它的组成部分，于是人们往往认为不包含这一主要因素的物品是低级的，进而拒绝它们。

除此之外，消费品特征中的很大一部分是所谓的适用性标志，也就是这里所说的明显浪费因素。这部分特征之所以能迎合消费者的心理，除了其代价高昂之外还有其他原因。这些特征即使未必有助于物品实质上的适用性，通常也会有一些明显的技巧上的表现，而有关荣誉适用性的任何标志，最初之所以会流行并能保持其作为物品价值中一个正常组成因素的地位，无疑是基于这样的原因。有效技能的表现只有在这种情况下才使人感到赏心悦目，

17世纪欧洲贵族聚会场景。

尽管从更深远的、这里暂不考虑的结果而言，这种技能表现并无实用价值。欣赏一件精巧的工艺品可以得到审美上的满足。但是，这种精巧工艺的表现，或者说为了达到某种目的而采取的精巧而有效的手段的表现，如果不能被明显浪费准则所认可，那么就无法获得现代文明的消费者的赞许。

机器制品在现代经济中所占的地位适当地印证了这里所提出的论点。通常，适应同一目的的机器制品与手工制品之间存在的主要差别在于，前者可以更充分实现它们的主要目的。机器制品的日趋完美，是适应目的更为完善的手段。但是这一点并不能使机器制品免于受到厌恶或轻视，因为它经不起荣誉浪费的检验。手工劳动这种生产方式有很强的浪费性，以这种方式生产的物品更容易达到金钱荣誉的目的，因此手工生产的标志渐渐成为荣誉的标志，具有这种标志的物品，在等级上高于相应的机器制品。一般的、不是必然的情况是，手工劳动的荣誉标志在于手工制品在外形上是不完善和不规则的——它们表明人工在制作过程中的不足。因此手工制品优越性的根据实际上是一定限度上的粗陋性。这个限度不能过宽，过宽会使手工制品显得简陋粗劣，因为粗制滥造是低价的标志；但也不能过窄，过窄会使手工制品显得与机器没有差别，而这同样是低价的标志。

手工制品之所以可贵并受到高雅人士的青睐，是因为它具有荣誉性的粗陋迹象，而鉴赏这类迹象需要精确的识别能力。我们可以把这类识别能力称为对物品的“相术”，掌握这种“相术”需要进行这方面的思想习惯的训练。正因为供日常使用的机器制品非常完美，得到了粗俗的、缺乏教养的下层阶级的赞赏和喜爱，而这些人并不注重文雅消费方面的细节。从体面的角度看来，机器制品所处的劣势地位说明，那些能使物品在技巧和制作上臻于完美的、代价高昂的技术革新，并不能使一切消费者都乐于接受，更不能长久地博得他们的青睐。一切革新必须获得明显浪费准则的支持。物品在外观上的任何特征，不论其本身多么惹人喜爱，不论其在实际使用方面多么迎合人们的口味，一旦违背金钱荣誉这一准则，是不会为人们所容忍和接受的。

消费品因为“平凡”，或者说因为其生产成本低廉，而在礼仪上不够资格或处于劣势——许多人是很认真地来看待这一点的。对机器制品的反感，大都可以说是对这类物品的平凡性的反感。之所以说它平凡，是因为这类物品是大多数人都有能力进行消费的。如果对这类物品的消费不能达到与其他消费者进行有利的歧视性对比的目的，那么这种消费是不包含荣誉性成分的。因此，对一个敏感的人来说，不要说消费这类物品，即使看一眼也怕沾染上那种低生活水准的气息，他们对此避之唯恐不及，认为这类低贱的物品是极其扫兴和令人厌恶的。有些人在爱好上态度十分固执，而对于判断各种爱好的依据，又没有加以区分的才能、习惯或动机。对于这些人来说，荣誉观念的表达已经与审美观念、适用观念的表达融为一体（有关情况上文已经提到），这样混合形成的评价，可能是对事物美感的评价，也可能是对事物适用性的评价，这要根据评价者的兴趣或倾向而定。因此常常出现这样的情形：物品的低价或平凡被视为艺术上不够格的明确标志，并在此基础上制定了怎样才是符合审美要求的准则，及怎样才是违背审美要求的准则，以此作为爱好问题上的指导原则。

上文已经指出，在现代工业社会，那些廉价的、因而不适合礼仪要求的日常消费品，多数为机器制造产品。与手工制品相比，机器制品在外观上的普遍特征是制作方面的高度完善和设计方面的高度精确。因此产生了这样的情况：既然手工制品的明显缺陷是荣誉性的，那么这些缺陷从美感方面、适用性方面、或这两方面看来，就成了优越的标志。因此出现了对缺陷的赞美，其中约翰·拉斯金[1]和威廉·莫里斯[2]是那个时代最热衷于这种观点的代言人，他们关于制作物品无须浪费劳力并追求完美的倡议，就是依据这个理由提出并在当时不断推进的。因此也出现了恢复手工业和家庭产业的宣传。但如果那些制作更加完善的物品不那么便宜的话，就不会出现上述推论和这些活动了。

当然，这里所说的只局限于这一学派审美学说的经济价值方面。对于上文所列的一些情况，不能理解为对这一学派存有任何轻蔑之意，这里只是阐述了这一学说在消费以及生产消费品上产生的影响。

爱好的这种发展倾向对生产方面的影响，或许可以从莫里斯晚年经营的印刷出版业中找到最显著的例证，当时的凯尔姆斯科特印刷厂的出品情况，固然足以论证这里提出的相关论点，但现代的美术精装本在式样、纸张、插图、装订材料和封面设计等各方面的制作情况也大致如此，不过与这里提出的论点相比，其显著程度略差一些。过去由于工具、材料不足，书籍装帧工作是一项没有把握的麻烦事，现在这一行业为了使其产品脱颖而出，力求在

1 约翰·拉斯金（1819—1900年），英国作家、艺术家、艺术评论家。1843年因《现代画家》一书而成名。——译者注

2 威廉·莫里斯（1834—1896年），英国“工艺美术运动”的领导人之一，世界壁纸花样和布料花纹的知名设计者，被称为“装帧之父”。他还是小说家、诗人、商人、英国社会主义运动的重要领导人之一，他拥有自己的印刷厂，是人们眼中的全才。——译者注

冰岛于1981年发行的50朗克纸币（局部）。纸币图案描绘了第一次印刷《圣经》时的场景。

某种程度上模仿过去无法避免的粗陋与欠缺的情况。由于这类产品需要手工制作，因此价格昂贵且在使用上有诸多不便。购买和使用这类产品，不仅可以表明消费者具有随意挥霍金钱的支付能力，而且可以表明他们具有浪费时间与精力的条件。正因为如此，如今的印刷商有了“复古”的倾向，他们宁可使用那些陈旧、不易读的字体，就是为了使版本与“现代”相比有一种更粗陋的外观。甚至有些科学期刊，它们本来是为了对有关科学的题材进行有效的阐述，除此之外没有其他目的，但它们也屈服于金钱美感的要求，专门将一些科学论文用旧式字体刊登在直纹纸上，并且页面的边缘是不切齐的。有些表面目的不是将有关内容进行有效传达的书刊，在这方面的所作所为更是变本加厉。在这里我们可以看到，古朴的字体被印在手工制造的直纹毛边纸上，四周留着非常宽阔的空白，书页是不切边的。总之，书本的装帧显得粗陋笨拙，而这些都是煞费苦心、刻意经营的。仅从适用性这个角度来看，凯尔姆斯科特印刷厂的做法简直到了荒唐的地步，它印刷的是现代书籍，文字却使用古旧的拼法，用黑体字印出，用柔皮做封面，还要配上皮带。还有一个特点足以抬高这类精装书籍的身价，巩固其经济地位，那就是限量发行。尽管这种方法有些粗鲁，但有限的发行数量实际上是一种保证——表明这个版本是稀缺的，因此是奢华的，它能够提高消费者的金钱声誉。

有些人情趣高雅，爱书成癖，觉得这类限量的版本格外具有魅力。当然，这并不是对这类版本的昂贵价格与高度朴拙的有意的、自觉的赞赏。这和手工制品优于机器制品的情况大致相似，偏爱的自觉依据是感知到的代价高昂与外形朴拙的物品本质上的优点。那些在外观和制作过程上一味仿古的书籍具有超常的优点，这主要在于审美方面的高度效用，但常常也会出现这样的情况：有些有良好教养、爱书成癖的人坚持认为，作为记录文字的工具，这类古朴的精装书的确有较大的适用性。就这类“退化”的精装书的高度审美价值而言，那些爱书人的主张可能有一定的道理。人们设计这类精装书时只注重它的美感，结果往往取得了很大成功。但这里要强调的是，当设计者进行工作时，他所依据的爱好准则是在明显浪费原则的监督下形成的，而这个原则会有选择地对那些不符合其要求的爱好准则加以排斥。也就是说，这类退化的精装本也许是很美的，但设计者工作时的活动范围是由非审美性的要求决定的。其产品如果说是美的，那么也必定是价格昂贵、不适于表面用途的。然而站在书籍设计者的角度，这种强制性爱好准则并不是完全由第一形态下的浪费原则所塑造的。在一定程度上，这种爱好准则是依照掠夺性的第二表现形态形成的，这种表现形态是一种对古老、陈旧事物的崇拜之情的特殊演变，我们称之为古典主义。

在美学理论中，要在古典主义与审美准则之间划出一条清晰的界线，即使不是完全不可能，大概也是非常困难的。从审美角度来看，没有必要进行这种划分，实际上这种区别也未必存在。从爱好的方面来说，人们普遍认同古典主义，至于它是依据什么理由来获得认同的，我们不必深究。但这里的研究目的在于确定存在于公认爱好准则中的经济依据，确定爱好准则在物品的分配与消费方面的意义，上述区别对于这一研究目的来说，

1890年的圣歌集皮革封面。

1917年的占卜类图书内文。

并非毫不相关。

机器制品在文明社会的消费体系中所占的地位，可以说明明显浪费准则与消费礼俗这两者之间关系的性质。不论是就美术和爱好本身来说，还是就物品适用性的流行观念来说，明显浪费准则都不可能成为革新或创新中的一个原则。它不会成为涉及未来趋势的创造性原则，不会引起革新，也不会增加新的消费项目或新的成本因素。可以说，这一原则在某种意义上是一个消极的而非积极的定律，它是一个约束性的而非创造性的原则，它很少会直接发动或形成某些习惯或风俗，它的作用只是淘汰性的。无论在什么情况下兴起，关于消费的一切习惯、风俗和方式都要受到这个荣誉规范的选择性作用的支配，它们与这一规范要求的相符程度是它们与其他同类的习惯和风俗相竞争时是否适于生存的关键所在。如果其他情形相同，那么同类消费习惯或方式的浪费性越显著，其在这个定律下的生存机会也就越多。明显浪费并不是变化起源的依据，但只有受这个定律支配的形式才能持久生存。这个定律的作用在于保存它认为适当的事物，而不在于创造它能够接受的事物。它的任务是对所有事物进行检验，只要是同它目的相适应的就紧抓不放。

第七章

服装是金钱文化的一种表现

上文我们已经提到了一些经济原则，这些原则应用到生活中的情况如何，在此举出例证加以详细说明。对于明显浪费的目的来说，再没有比服装消费更适合作为例证的了。明显浪费原则在服装的设计中得到了最充分的表达，尽管一些金钱荣誉准则也起了一定的作用。要表明一个人的金钱地位，其他到处使用、到处流行的方式也可以有效达到这一目的，但服装消费的效果最好，因为我们穿的衣服是随时随地都显而易见的，旁观者一看到服装所提供的标志，就可以对我们的金钱地位一目了然。在服装上为了炫耀而进行的花费，同任何其他消费类型相比总是格外显著的，这种方式也总是更为普遍和流行。任何阶级在服装上的支出，大部分是出于外表上的体面而非为了保暖御寒。如果我们在服装方面没有达到社会习惯所认可的标准，就会感到局促不安，大概没有其他方面的感觉可以与这种感觉的敏锐程度相比。为了保持那个适当的浪费性消费的体面标准，人们宁可在生活享受或生活必需品方面忍受很大的困苦，这种情形在许多消费项目上都有体现，在服装方面表现得尤为明显。因此，为了追求外表上的漂亮，人们宁可在严寒时节穿得单薄些，这种现象早已司空见惯。在现代社会，各种服装用品的商业价值所包含的大部分是它的时尚性和荣誉性，这些远远超过了它对穿着者身体上的实用效能。对服装的需要主要是“更高层次的”或精神上的需要。

对于服装这种精神层次的需要，不完全是出于在消费上进行夸耀的自然性格倾向。明显消费就像在其他方面一样，对服装的消费起着支配作用，它主要通过塑造爱好准则和礼仪准则来间接发挥作用。在一般情况下，穿着者或购买者之所以要求服装具有明显浪费的成分，其内在动机是为了与已确立的习惯保持一致，与公认的爱好准则和荣誉标准相适应。为了避免因服装的刺眼而受到指摘或引起耻辱——虽然这一动机本身也很重要——人们必须遵从服装礼俗的指导；除此之外，在服装方面，昂贵与奢靡的要求已经在我们的思想习惯中根深蒂固，任何违背这个要求的服装都会令我们本能地感到厌恶。我们通常会不假思索地认为凡是低价的都是不具有价值的。人靠衣装马靠鞍，“衣贱人也贱”。“便宜没好货”这句话适用于各种消费行为，但它在服装方面具有更大的说服力。不论从爱好还是适用的角度来看，在“便宜没好货”的信条下，价格便宜的服装总被认为是劣质的。我们对于事物美观性与适用性的评价，大体上依据的是其价格的高低。除了少数无关紧要的特例，在美观和适用性上，我们总是认为价格高昂、手工制作的服装要比价格便宜的仿制品强得多，不管仿制品模仿得多么逼真，这个观念也不会改变——仿造品使我们产生反感的原因，并不是它在形式、色彩或视觉效果的任何方面存在欠缺。仿制品也许模仿得惟妙惟肖，不通过最精密的检验不易察觉，然而仿制品一旦被察觉，其审美价值和商业价值就会一落千丈。不但如此，还可以毫无异议地说，服装的仿制品一经识破，其审美价值跌落的程度，大体上与仿制品价格低于真品价格的程度相一致。仿制品在审美立场上失去地位的原因在于，它在金钱等级上处于低级地位。

服装具有证明支付能力的职能，这种职能表明消费者绰有余力，能进一步消费超过物质享受要求以外的有价值的物品。但是，对物品进行单纯的、明显的浪费，其在效果与满足程度上有一定的限度。服装是金钱成就的直接证明，也是社会价值的直接证明。但服装的作用不仅仅是作为明显浪费所提供的那种浅白、直接的证明，它还具有更微妙、影响更深远的潜在作用。如果服装不仅能证明穿着者财力雄厚、可以随意挥霍，还能表明他不是依靠劳力来赚钱谋生的人，那么将大大提升服装在社会价值方面的作用。因此，为了能使服装有效地达到目的，不应当只重视昂贵的价格，还应当使旁观者一看便知，穿着这种衣服的人是不从事任何生产劳动的。我们在服装制作上精益求精，现在已经同它的目的完全适应，在这一演进过程中，上述辅助性证明作用受到了应有的注意。我们仔细考察人们普遍认为优美的那类服饰就可以看出，设计者试图使每个细节都给人留下这样一种印象：穿着这类服装的人并不习惯于从事任何实用性劳动。如果能从服装的污损程度上显露出穿着者从事体力劳动的痕迹，那不用说，这样的衣服不要说优美，甚至连体面都算不上。整洁的衣服之所以让人赏心悦目，就算不完全是、也主要是由于它包含一种有闲的暗示：衣服的主人是不接触任何工业操作的。一双闪亮的漆皮鞋，一件洁白无瑕的衬衫，一顶光亮的圆柱体礼帽，再加上一根精致的手杖，可以衬托出一位绅士的气质，大大提高他固有的威严。这些东西之所以具有如此强大的魔力，是因为它们可以明确地表明，这样穿戴的人绝不可能直接参与任何对人类有用的工作。高雅的服装之所以与高雅的目的相称，不只因为其价格昂贵，还因为它是有闲的标志。它不仅能表明穿着者有能力进行较高等级的消费，而且能表明他只进行消费而不从事生产。

服装可以证明其穿着者摒弃生产性的工作，在这方面妇女的衣服比男人的衣服表现得更加明显。男式大礼帽固然有碍工作，式样优雅的女帽则完全使工作变成不可能的事，这一结论无需多加论证。女人的鞋上还特意添加了高跟，由此产生的风流姿态可以表明一种强制执行的有闲，穿上了这种高跟鞋，使人难以从事任何体力方面的劳动，即使从事最简单、必要的体力劳动也将极度困难。此外，作为妇女服装特色的长裙以及其他种种宽衣垂饰，情况也是如此，甚至更加显著。我们特别喜爱那种及地长裙的真正原因在于它的价格高昂，能使穿着者步履维艰，无法从事任何有用的劳动。女子的头发留得极长，原因也在于此。

女性服装不仅在表明脱离生产上比男性服装更为明显，而且具有一种十分独特的特征。这种特征在性质上不同于男性在这方面的任何习惯，它一般表现在服装的某类设计上，女用紧身胸衣就是一个典型的例子。从经济理论上来讲，穿着胸衣实在是损伤身体的行为，其目的在于降低使用者的活力，使她永远地、明显地不适于工作。当然，紧身胸衣足以削弱穿着者的人体美，但它能使穿着者表现出明显的浪费性和一种柔弱的气质，从而在荣誉上

《卡门西塔》，美国印象派画家威廉·梅里特·蔡斯绘于1890年。西班牙著名舞蹈家卡门西塔于1889年首次在纽约的尼布洛花园演出，蔡斯在他的画室里为她画了这幅画。画中的卡门西塔衣着华丽，姿态优美。

有所增进，以此补偿身体遭受的损失。我们大致可以肯定，经过演变，妇女服装的女性特征已具有这样一种性质，即通过妇女特有的服装更有效地阻碍其从事有用的劳动。关于男女服装之间的差别，这里只简单指出一个显著特征，下面将分析产生这种差别的原因。

至此为止，我们把明显浪费这个广泛原则作为服装方面一个重要而有力的准则。除此之外，还有一种附属原则，它作为明显浪费这一广泛原则的推论结果，起着一种辅助规范的作用，那就是明显有闲原则。在服装结构中，明显有闲原则的作用表现在五花八门的式样设计上，这种设计要能表明穿着者并不从事生产劳动，如果可能，还要表明穿着者实际上无法从事生产劳动。在这两个原则以外还有第三个原则，它几乎具有同等严格的约束力，这是任何人稍加思索就可以想到的。服装不但要明显表现出高价和不便，而且必须追求时尚。关于服装式样不断变化的现象，迄今为止还没有令人满意的解释。穿着打扮必须入时，必须符合最近公认的式样，这是一个不能违背的严格要求。同时，这种公认的时尚式样每时每刻都在变化。这些都是大家非常熟悉的。但是有关这种变化或更新的理论，至今还没有出现。这个崇尚新奇的原则当然可以说成是明显浪费原则的另一个推论，这种说法毫无矛盾且完全真实。很明显，如果每件衣服只适用于一个短暂的期限，如果上一季流行的衣服不能在本季继续穿着，那么服装上的浪费性支出将大大增加。这个说法本身具有一定的正确性，但只是一个消极的论断。它使我们相信，明显浪费原则对一切服装都发挥着一种控制性的监督作用，因此服装式样上的任何变动都必须符合浪费原则的要求。但是，它不能解释流行式样发生变化和人们接受这种变化的动机，也不能解释人们为什么要在那样迫不得已的情况下，对某一时期流行的某一风格亦步亦趋。

要找到一个能够解释服装式样不断发明和创新的动机的创造性原则，就要追溯到衣服出现时原始的、非经济的动机，即装饰的动机。这里不准备深入讨论这种动机如何在浪费原则的支配下获得发展，但概括地说，每一次服装式样上的创新，都是为了达到某种表现形式而做出的努力，为了在形式、色彩或效果上使新的表现形式比原有的表现形式更进一步迎合我们的感觉，人们总是不断寻找能够迎合我们美感的事物，式样的不断变化所体现的就是这方面的努力。但每一次革新都要遵循明显浪费原则的淘汰作用，因此能够实现创新的范围是十分有限的。一切创新与原有式样相比，不但要在美观程度上有所增进或在丑陋程度上有所降低，而且必须符合公认的浪费标准。

乍看起来，既然我们对服装的美化进行了不懈的努力，它应当逐渐达到艺术上的完美境地。也许我们会自然而然地希望时新式样能指出一个明确趋势，沿着某一路线不断前进，从而越来越适合人们的体形。我们甚至认为自己有充分的理由存有这样的希望，认为经过这么多年来在服装上的巧妙发明和辛苦努力，今天的服装式样应该能够达到比较完善的程度和比较稳定的状态，接近长久持续的艺术上的理想境地，但事实并非如此。假使我们断言，今天的服装式样比十年前、二十年前、五十年前甚至一百年前的式样更适合于人的体形，那么这将是非常危险的结论。另一方面，如果断言两千年前的流行式样比今天代价更大、费尽心机制成的式样更高明，更适合于人体，那么这样的说法是不会遭到反驳的。

由此可见，上文关于服装最新式样的解释是不全面的，我们还需要做进一步的探讨。众所周知，世界上某些地区的服装已经有了比较稳定的式样，如日本、中国及其他亚洲国家，又如希腊、罗马和某些古代东方民族，此外，几乎所有现代欧洲国家的农民的情况也是如此。一些资深的批评家认为，这些国家或民族的服装大都优于现代文明服装那些变化不定的式样，更适合于人的体形，也更具艺术性。同时，至少就一般情况而言，前一类服装包含较少的明显浪费的成分，也就是说，比较容易在前一类的服装结构中看出的，不是奢华浪费的夸耀而是其他一些因素。

这类比较稳定的服装大都具有相当严格、狭隘的地方色彩，随着地区的不同而呈现出细微的、系统的差异。采用这类服装的民族或阶级的富裕程度比不上我们，通行的这类服装属于各自的国家、地区和时代，其时其地的居民或至少其阶级，总是相对同质、相对稳定、比较安土重迁的。也就是说，这类经得起时间考验的稳定的服装式样产生于这种环境，在这种环境下，明显浪费表现得不像现代文明都市那样强烈；今天，城市居民的流动性较大，且比较富裕，对最新的式样也比较讲究。采用比较稳定、艺术化服装的那些国家和阶级所处的地位是这样的：他们彼此之间的金钱竞赛主要表现在明显有闲方面，而不是表现在对物品的明显消费方面。因此，在一般意义上，以下说法是成立的：在物品明显浪费这一原则势力最强大的社会里——例如我们现在所处的社会——其服装式样是最不稳定，也是不适宜的。这一点说明了奢华浪费与艺术化服装两者之间的对立关系。就实际情况而言，明显浪费原则和衣服必须美化、必须适宜的要求是不相容的。只有这一对立状态才可以解释为什么服装式样要一刻不停地变化，浪费准则或审美准则都不能单独说明这个问题。

荣誉标准所要求的是服装应当能显示浪费性支出，但是一切浪费都是同朴素的爱好相抵触的。上文已经指出，根据心理学定律，一切男人——女人或许更是如此——都对工作上的或消费上的不切实际感到厌恶，正如人们曾经一度宣扬的所谓自然厌恶真空的情形一样。但明显浪费原则所要求的是明显不求实际的支出，由此造成的服装上的明显浪费的实质是丑恶的。于是出现了这样的情况：服装上的一切创新，在增加或更改每一个小细节上，为避免直接受到指责，都极力以某种表面目的来进行掩饰，同时在明显浪费准则的要求下，创新这种表面目的也不能表现得太过火，无论如何不能超出明显掩饰的界限之外。即使在花样的翻新上诡谲变幻到极点，也总用某种表面用途来掩饰，很少有例外的情况。然而，时尚服装在细节上的这种表面适用性，很明显是一种掩饰，它非常露骨地表现出其本质上的不求实际，这使人感到难以忍受，不得不翻新式样，从中寻求安慰。但新式样仍然必须符合荣誉性浪费和不求实际的要求，于是没过多久，人们对于新式样的不求实际又会感到厌恶，其可憎程度就像之前的式样一样。这时按照浪费定律的要求，我们唯一可以采取的补救办法就是再度创新，从同样不求实际、不能持久的某种新结构那里求得安慰。这就是为什么服装总是在翻新但本质上总是那样丑陋的原因所在。

在解释了不断变换的时尚式样后，我们要用日常生活中的事实来印证这一解释。众所周知，某一时期流行的式样是人人喜爱的。当一个新式样出现时，总会博得人们一时的喜爱，至少当它还没有丧失作为一个新奇事物的资格时，人们通常会觉得新式样是漂亮的。流行的式样总是动人的，这是因为人们看到新式样与旧式样有所不同时会产生一种轻松感，部分原因是流行的式样包含荣誉性。正如上一章所指出的，我们的爱好在一定程度上受到荣誉准则的控制，因此，在荣誉准则的指导下，任何事物在其新奇性尚未消失之前，或在其荣誉性转移到适应同样目的的其他新奇结构上之前，这些事物在人们看来都是适当的、可以接受的。我们在任何一个时期的流行式样中所感

《女士肖像》，文艺复兴时期荷兰画家吉尔·韦登绘于1460年。该女子的服饰说明她属于中上层，而非贵族成员。

受到的美或“可爱”，都只是暂时的、虚幻的，由此看来，这些层出不穷的新式样，没有一个能经得住时间的考验。即使是当时最精美的新式样，过了几年或十几年以后再回过头来看，尽管不会不堪入目，也会令我们感到大吃一惊，觉得古怪可笑。我们对于任何新鲜事物的一时爱慕，并不是以审美观念为依据，而是受了其他原则的影响。一旦我们原有的审美感重占上风，对这个新设计感到难以接受，它就要寿终正寝了。

审美上的厌恶感，其发展过程需要一些时间，时间的长短由某一特定情况下的某一新式样的内在丑陋程度决定。依据新式样的可厌性和不稳定性，可以对这种时间关系做如下论断：新式样代替旧式样的速度越快，这种新式样与正常审美的抵触就越大。由此可以推断，社会，特别是社会中的富有阶级，在富裕程度、流动性、人际交往方面发展的程度越高，明显浪费在服装上的强制性就越大，审美观念会更易于陷入停滞状态，更加受到金钱荣誉准则的抑制。这时，时尚的变换会更快，相继出现的新式样也越来越怪诞奇异，令人难以忍受。

关于这里提出的服装理论，至少还有一点有待研究。上文所述普遍适用于大部分的男子和妇女的服装，在现代社会，虽然上述各点似乎在妇女服装方面更加适用，但是有一点需要注意，妇女服装的情况与男子服装完全不同，妇女服装具有一个格外显著的特征，那就是它可以证明其穿着者并不从事也不宜从事任何粗俗的生产工作。妇女服装的这一特征有着极其重要的意义，它不但可以使服装理论更加完善，而且印证了上面已经提到的过去和现在的妇女的经济地位。

关于妇女地位的问题，我们已经在前面有关代理有闲和代理消费问题的论述中谈到。从上面的论述中可以看到，在经济发展的过程中，为主人执行代理消费已逐渐成为妇女的职责，妇女的服装就是按照这个目标设计的。于是这样的结果出现了：明显的生产劳动对贵妇的身份是一种特别的损害，因此在妇女服装的设计中必须尽力使旁观者清楚地认识到这一事实（实际上不过是一种假象），即这种衣服的穿着者不习惯也不可能习惯从事实用性的工作。按照礼俗的要求，有身份的妇女应当始终摒弃生产劳动，表现出比属于同一社会阶级的男子更加彻底的有闲。如果我们看到一位出身高贵、有良好教养的女子被迫从事实用性工作，总不免愤愤不平，因为这不是“妇女分内的事”。妇女的活动范围在家庭内，她应当在家里发挥“美化作用”，成为家里的“明星”，男主人一般不会被说成是家里的“明星”。这一特点，加上礼俗要求妇女始终注意衣着和其他饰品上的奢华炫耀这一事实，十分有力地证明了上文指出的观点。我们的社会制度继承自过去的族长制，于是证明家庭的支付能力成为妇女的一项特殊职能。依照现代文明的生活方式，家庭的荣誉应当是妇女特别注意的事情，而这种荣誉主要通过荣誉消费和明显有闲来证实，因此，如何进行荣誉性消费并表现出明显有闲就被列入了妇女的活动范围。在理想的生活方式下——往往在高等金钱阶级的生活中才能实现——关注物质与劳动力的明显浪费，通常成为妇女唯一的经济职能。

《夏尔潘蒂埃夫人和她的孩子》，法国印象派画家奥古斯特·雷诺阿绘于1878年。画中的人物都很秀雅，构图完全是依照上流社会的讲究安排的。穿黑色衣服的夫人和两个穿蓝白裙子的小女孩衣着华丽，一举一动显得很有教养；狗、桌子和地毯更加深了富丽的印象。

当社会还处在妇女是完全意义上男子的财产的经济发展阶段时，明显有闲和明显浪费是她们必须执行的一部分任务。那个时候的妇女没有自主地位，由她们执行的明显有闲和明显浪费，其荣誉自然不属于她们而属于她们的主人。因此，家庭中的妇女越是奢侈浪费，越是明显地不从事生产活动，就越能达到增进其家庭或家长荣誉的目的，也越值得称道。这一情况愈演愈烈，以致妇女不仅要在证明有闲生活方面有所贡献，还要使自己完全没有能力进行任何实用性活动。

基于这一点，男子服饰的发展无法赶上妇女服饰的发展是有充分的理由的。明显浪费和明显有闲是金钱力量的证明，因此具有荣誉性，但归根结底，因为金钱力量是优势力量的证明，所以它才是荣誉性的、光荣的。因此，任何人，当他为自身利益而做出浪费或有闲的证明时，如果不能采取这样的形式或趋于这样的程度，就会使自己显得无能或明显处于不舒适、不自如的状态。这种情况所表明的不是优势力量而是劣势地位，这样做会破坏其自身的目的，从而作茧自缚。因此不管在哪里，只要浪费性支出和免于劳动的表现，在正常情况下达到了这样的程度，以致表现出明显不舒适的状态或自然导致的体弱无能，就可以断定，此人进行这种浪费性支出，忍受体力上的无能，并不是为了自己在金钱荣誉上的利益，而是为了她在经济关系上所依赖的另一个人的利益。从经济理论上来看，这种关系归根结底是奴役的关系。

现在，让我们试着将这一结果应用到妇女的服装方面进行具体说明。那些高跟鞋、长裙、紧身胸衣、不切实用的女帽以及不顾及穿戴者舒适感的一切现象，都是文明妇女服装的显著特征。这些事实足以说明，在现代文明的生活方式中，从理论上来说，妇女在经济上仍然处于依赖男子的地位，从高度理想化的意义上可以说，妇女依然是男子的动产。妇女之所以要执行这样的明显有闲，穿着那些衣服，实际上是由她们的奴役地位决定的，在经济职能的分化中她们被赋予了证明其主人所具有的支付能力的任务。

在这些方面，妇女的服装与家庭仆役，特别是着装侍从的服装有明显的相似之处。两者同样费尽心机地表现出不必要的奢华，同样有明显不顾及穿着者身体舒适的倾向。不过，即使主妇的服装不一定要显出穿着者的羸弱之躯，也至少要蓄意衬托出穿着者的娇惰闲逸，这一点是仆役的服装望尘莫及的。这是合情合理的，因为从理论上来说，按照金钱文化的理想方式，主妇是家庭中的首要奴仆。

除了这类仆役之外，至少还有一类人，他们的服装与仆役阶级的服装相似，而且具有妇女服装表现女性气质的类似特点。那就是教士阶级。教士的

《圣杰罗姆学者》，西班牙文艺复兴时期幻想风格主义画家埃尔·格列柯绘于1610年。画中是圣人杰罗姆，他是罗马天主教的红衣主教。

法衣有力地、突出地显示了奴仆身份与代理生活的所有特征。法衣看上去精美华丽、光怪陆离，而且穿着非常不方便，至少在表面看来非常不舒服，简直可以达到痛苦的程度，这一点比教士的日常服装表现得更为突出。按理说，教士是要摒弃一切生产劳动的，他要在大庭广众之下显示出冷静、沉闷的表情，这与一个训练有素的家庭仆役的神色很相似。此外，教士的面颊应当修得十分光亮，家庭仆役也是如此。教士阶级之所以会在态度、装束上与仆役阶级极为相似，是因为这两个阶级具有相似的经济职能。从经济理论上来说，教士也处于随身侍从的地位，他是神的随身侍从，穿着神赐予他的制服。他的制服理所当然是非常华贵的，这样才能恰当地显出其崇高的主人的尊严。但在服装的设计上，这种制服则很少顾及或者说完全不顾及穿着者身体上的舒适感。这也是理所当然的，因为穿着制服是一项代理性消费，这种消费增进的是那位不在场的主人的荣誉，而不是仆人自己的荣誉。

男子的服装与妇女、教士、仆役的服装之间存在着一条分界线，但实际上这条分界线并没有被始终如一地遵守。这条分界线始终存在于人们的思想习惯中，这一点是毫无争议的。当然，也会有一些放纵随意的人，而且这类人不在少数，他们狂热地追求服装上的荣誉，超越服装上的男女分界线，甚至把自己装扮得不像人类，但所有人都会清楚地认识到，男子这样打扮是脱离常规的。我们习惯于说那类男人的装束“有女人气”，也常常会有这样的批评——某位先生衣着考究，但看上去如同一个穿着体面的跟班。

这一服装理论还存在某些表面上的不一致之处，值得进一步考察，因为这类情况表明了服装在后期或较成熟的发展阶段中相当明显的趋势。在这里引证说明的例子中，紧身胸衣的流行似乎是一个明显的例外。但经过深入考察就可以看出，这一明显例外实际上证实了这一通则，即服装上任何一个因素或特征之所以能够流行，是因为其能够证明金钱地位的效用。众所周知，在工业比较发达的社会，紧身胸衣的使用仅限于某些界限非常明确的社会阶层。比较贫困的阶级，特别是乡村妇女，她们平时并不使用紧身胸衣，只是将其作为逢年过节时的一件奢侈品，偶尔用用。那些贫困阶级的妇女终日辛苦劳作，在日常生活中穿着紧身胸衣来折磨肉体，佯装有闲，对她们来说没有任何好处。至于在节日中使用，只是出于对上层阶级礼仪标准的模仿。在过去一两代人以前，除了必须从事体力劳动的阶级和贫困阶级以外，凡是在社会上有一定地位的妇女，包括最富裕、最尊贵的妇女，都认为紧身胸衣是一件片刻都不能缺少的东西。只要那些富裕得足以免除体力劳动的人们还不是一个大的社会集团，但人数也不少，足以形成一个自负的、单独的社会阶层，而其成员又可以在这一阶层内部为一些只是由于他们的一般看法而得到推行的特殊行为准则提供基础时，上述的通则就是有效的。但是，一个十分庞大的有闲阶级已经成长起来，它拥有的财富已经足够多，以致对它进行任何必须从事体力劳动的诽谤都是毫无意义的，不会对其造成丝毫损害。在这种情况下，在这一阶级内部，紧身胸衣这件物品就在很大程度上变成了可以舍弃的废物。

由此可见，把舍弃紧身胸衣作为上述通则的一个例外，与其说是实际的，不如说是表面的。现在仍然重视紧身胸衣的是工业结构水平较低的那些社会——接近于旧式的、准工业类型结构的社会——中的富裕阶级，以及那些工业比较发达的社会中的后起的富裕阶级。后者对于那些金钱等级较低、从前期沿袭下来的、平民化的爱好准则和荣誉准则还没来得及放弃。例如，在某些最近发展起来的美国城市的上层阶级中，往往还保留着紧身胸衣。可以说，紧身胸衣在很大程度上盛行于由较低的金钱文化水平走向较高的金钱文化水平的那个动荡的过渡时期，这个时期可以说是一个尽力装腔作势的时期——如果这个词只是用作专门术语，不含有任何丑化意义的话。也就是说，在所有始终流行紧身胸衣的国家里，只要它可以表明穿着者身体孱弱，达到证明荣誉有闲的目的，它就会继续存在。当然，其他可以在外观上明显降低个人工作效能或有损肢体行为的服装上的设计，同样适用于上述通则。

关于明显消费方面的种种项目，情况也有些类似，上述通则也同样适用。近百年来有一种很明显的趋势，尤其是在男子服饰的发展过程中，有些消费的方式和有闲的象征已经不复存在。那些东西一定曾令人感到厌烦，在当时也许很能适应需要，但如果在今天的上层阶级中继续使用，就会成为一种额外负担。如使用装饰性的假发、佩戴金边的饰品以及经常修面的风气，都是这类例子。近年来修面的风气在上流社会中又有恢复的趋势，这或许是出于对仆役们的时尚的一时模仿，可以预料这个习惯不久就会同我们祖父辈使用假发一样成为陈迹。

这些，以及与其相似的一些事物，实际上对使用者毫无意义，而这一点又毫不遮掩，表现得非常露骨，对旁观者来说是一望便知的。为了改变这种情况，它们被同样表现事实而手法比较巧妙的其他方式所取代，但这些方式在上流社会的小圈子中，在高明者的眼睛里，还是同样的明显，而人们也主要是为了博取这些人的好评。如果一个自我表现的人炫耀的对象是社会中的广大民众，而那些民众没有经过训练，不知道如何欣赏、如何觉察财富与有闲中一些细微曲折、变化巧妙的证明方式，那么早期那种不加掩饰的自我表现方式就有其继续存在的依据。当富裕阶级有了充分的发展，形成一个广大

英国国王乔治四世（1762—1830年），1820—1830年在位。他在位期间沉醉奢华生活，引领英国上流社会的潮流时尚，热衷支持新兴的休闲、潮流和品味生活。他在布莱顿兴建规模宏大的皇家穹顶宫，重新装修白金汉宫，重建温莎城堡等。他对伦敦国家美术馆和伦敦国王学院的筹建计划也起到了重要作用。

的集团，并有足够的闲暇去钻研消费方面比较精深微妙的种种窍门之后，自我表现的方式就发生了由粗到精的转变。“过火的”服装表明穿着者要迎合的是粗俗的口味，这会引起那些情趣高雅之士的反感。对于一个有良好教养的人来说，他只会注意那些与他属于同一上层阶级的成员，只有这些人依据高雅的辨别力给予他的好评和敬意，才具有实质性的意义。由于富裕的有闲阶级已经发展壮大，属于有闲阶级的各成员之间的交际已经越来越广泛，已经足以构成一个实现荣誉目的的人文环境，因此产生了一种倾向——把居民中身份低微的分子排除出作为旁观者的评价体系之外，甚至根本不考虑他们的意见是赞成还是反对。这些演变的结果是：服装表现的方式方法越来越精益求精，设计上也越来越巧妙，服装在表示象征的方式上越来越趋于精神化。大家知道，上层有闲阶级在关于礼俗的所有事项上都是居于权威地位的，随着他们在表现方式上的改进，其他社会成员也进行了相应的改进。随着社会在财富和文化上的发展，证明支付能力的方式日益精妙，观察者必须具有更高明、更敏锐的辨别力。这种对自我表现的媒介物更加高明、精确的辨别力，是高度金钱文化中一个非常重要的因素。

第八章

工业的脱离与保守主义

同其他物种的生活一样，人类在社会中的生活是一种生存的竞争，是一个淘汰适应的过程，而社会结构的演进是制度上的自然淘汰的过程。概括来讲，一些人在制度和性格方面已有的和正在取得的进步，可以认为是对于最具适应性的一些思想习惯的自然选择，是个人对环境的强制适应过程，而这种环境是随着社会的发展和人类赖以生存的制度的变化而不断改变的。谈到制度，不但其本身是塑造一般类型或主要类型的精神态度与性格特征的淘汰适应过程的结果，而且它也是人类生活与人类关系中的特有方式，因此，反过来说，它也是有效的淘汰要素。也就是说，变化中的制度可以促进最具适应精神气质的那些人进步，使个人的气质与习性，通过新制度的形成，进一步适应变化中的环境。

促进人类生活与社会结构发展的力量，最终无疑可以归结为人类本身和物质环境两个方面的条件，但出于当前的研究目的，最好把这些力量大体上理解为这样一种环境，这种环境部分是人的环境，部分是非人的环境，人类在体质和智力的结构上大体是确定的。但是总的来说，人类还是或多或少有些变化不定的。当然，这种变化主要遵循，有利变异可以获得选择和保存这一通则。这种有利变异的选择和保存，也许主要指的是种族类型上的选择和保存。任何社会，如果其居民是由多种不同的民族组成的，那么在体格上比较强健、气质上比较顽强稳定的那几个民族，就会在社会生活史上的某个时期上升到支配地位。社会形势，包括在一个特定时期内通行的制度，总是会使某一性格类型比其他性格类型更利于生存和统治，而经过这样的选择性淘汰保留下来的民族，在继续保持和进一步完善过去遗留下来的制度时，会在很大程度上按照自己的意愿来改变这些制度。但除了在性格和气质比较稳定的若干类型之间进行的淘汰外，普遍性格倾向范围内的思想习惯，无疑也在进行着一个持续性的淘汰适应过程。在比较稳定的各类型之间进行的淘汰，可能会使任何民族的基本特征都发生一些变化；在同一种类型范围内，由于某些细节上的适应，由于淘汰是在任一种或任一组社会关系所特有的习惯观念间进行的，因此民族的基本特征也会产生一些变化。

出于这里的研究目的，关于适应过程的性质问题——不论问题涉及稳定型气质或性格之间的淘汰，还是人们的思想习惯对变化中的环境的适应——还是次要的，主要问题在于制度如何通过某种方式变化和发展。制度必然随着环境的变化而变化，因为就其性质而言，制度就是对这类环境引起的刺激做出反应的一种习惯方式，而这些制度的发展也就是社会的发展。制度实质上就是个人或社会对某些特定关系或特定功能的一般思想习惯，而在某一时期或某一社会发展阶段通行的制度的总和，构成了人类的生活方式。可以从心理学的角度把它概括为一种流行的精神态度或生活理论，就其一般特征来说，这种精神态度或生活理论归根结底可以归纳为性格方面的一种流行的类型。

今天的形势通过一个强制性的淘汰过程，对人们关于事物的习惯观念产生影响，改变或加强他们对遗留下来的事物的观点或精神态度，从而塑造明天的制度。人们是在制度的指导下生活的，这些制度，也可以说是思想习惯，是早期遗留下来的，起源于较远或较近的时期，但不论如何，它们总是从过去逐渐改进、逐渐遗留下来的。制度是已往过程的产物，适应于过去的环境，因此不可能与现在的要求完全一致。这种淘汰适应过程不可能赶上任何一个时期内社会所处的不断变化中的形势，因为不得不与之相适应，并且进行淘汰的环境、形势和生活要求每天都在发生变化，社会中每一种相继出现的形势刚刚确立就开始变化，最后逐渐成为陈迹。发展过程中向前跨出的每一步都构成了形势的一种变化，要求做出新的适应，它也就成了下一步调整的出发点。情况就这样永无止境地延续下去。

应当注意到，今天的制度——即当前人们公认的生活方式——并不能完全适应今天的形势，虽然这种说法听起来像令人生厌的陈词滥调，但还有一种倾向，那就是人们现有的思想习惯一般会无限期持续下去，除非由于环境的压迫而不得已做出改变。因此这些遗留下来的制度，这些有关的思想习惯、精神面貌、观点、特质及其他种种，本身就是一个保守因素，这就是社会惯性、心理惯性和保守主义因素。

社会结构只有通过社会中各个阶级的思想习惯的变化，换句话说，只有通过构成社会的每个个体的思想习惯的变化，才能取得变化和发展，才能与已经改变的形势相适应。社会的演进，实质上是个人在环境压迫下的精神适应过程，当过去与环境相容的思想习惯已经不能适应变化了的新环境，就要在思想习惯上进行改变。至于这一适应过程是一个持久稳定型种群之间的淘汰与保存的过程，还是个人对已有特性的继承与适应的过程，就这里的讨论目的来说，这一问题并不一定具有重要的意义。

从经济理论的角度来看，社会的发展就是持续不断地趋近于“内部关系对外部关系的完全适应”的过程，但这种适应不可能彻底完成，因为“内部关系”在不断变化，“外部关系”也在不断变化。接近程度的高低取决于进行调整时的便利程度。不论如何，人们在为了适应已经改变了的形势而进行思想习惯的调整时，总是犹豫不决、有些勉强，只有在迫于形势的压力，已有的观点已经站不住脚时，才会进行调整。因环境的改变而调整制度与习惯观念，是为了回应外来的压力，其性质是对刺激的反应。如果社会中的任何部分或任何阶级，避开了环境影响的主要方面，处于环境变化中的某种隐蔽地位，那么这个部分或这个阶级的观念和生活方式，其适应已经改变了的一般形势的过程将比较迟缓，往往在某种程度上对社会的转变产生阻碍作用。富裕的有闲阶级，对于促进变化与调整的经济力量，就处于这样的隐蔽地位。此外，在现代工业社会中，一些有助于制度调整的力量，归根结底，全部是经济性质的。

19世纪的欧洲新娘。

凡是由所谓的经济制度组成的社会结构，都可以看作一个工业的或经济的机械结构。这类制度，就是在社会生活中人与物质环境相互磨合的习惯方式。在某一已有的环境下，如果形成了某种发挥人类能动性的具体方式，那么社会的生活将在这类习惯的影响下表现得相当便利。这时社会将利用环境的力量，使生活按照过去习得的、现在已经与这些制度融为一体的方式持续下去。但是，随着人口数量的不断增加和人们支配自然力量的技巧的提高，处理集体成员之间关系的习惯方式，以及推进整个集体的生活过程的习惯方式，不再能产生与以前相同的结果，由此造成的生活条件，也不再能用以前的那种方式或在以前那种效果下在各个成员间进行分配。如果一个团体在过去某种环境下的生活方式，其在便利程度方面已达到最高，那么一旦环境发生变化，这种生活方式将无法达到以前那样的生活便利程度。在人口、技能和知识发生改变的情况下，按照传统方式进行生活的便利程度，也许并不低于在以前那种环境下生活的便利程度，但这时如果能以改变了的方式来适应改变了的情况，会使便利程度降低的可能性大大减小。

集体是由个人组成的，集体生活至少是在表面上是互不影响下的个人生活。怎样的人类生活才是正确的、善良的、合宜的、美好的，集体公认的生活方式体现了集体中个人对这一问题的一致性见解。由于应付环境的方式发生了改变，生活条件就需要重新分配，这一重新分配的结果，在生活的便利程度上，并不是整个集体的一次均等变化。改变后的情况，也许会使整个集体生活的便利程度有所提高，但重新分配通常会导致集体中某些成员在生活的便利程度或充实程度上有所降低。随着人口的增长和专业技术、工业组织等方面的发展，至少对于社会中某些成员来说，如果他们想要便利而有效地参与已经改变了的工业方式，就得先改变他们的生活习惯，这样，他们就不会坚持一些关于生活习惯的固有观念了。

任何人，如果必须改变他的生活习惯以及与同伴们的习惯关系，都会感到新形势所要求的生活方式与他所习惯的传统生活方式之间的矛盾。对于那些必须改变生活习惯的个人来说，他们拥有重构公认生活方式的最活跃的动机，也最容易被说服去接受新的标准，但只有在迫于生计的情况下，人们才会处于这样的地位。环境对一个集体施加压力并促使其生活方式进行调整，是以金钱的迫切要求这一形式对集体成员造成冲击的。大部分外在的力量都会表现为金钱的或经济的迫切要求这样一种形式，基于这个原因，我们可以说，促使任何现代工业社会进行制度调整的力量主要是经济的力量，或者更确切地说，这些力量表现为金钱压力的形式。这里所说的调整，实际上就是人们关于正确的观念上的改变，而引起人们对于观念变化的手段，主要是在金钱的迫切要求下的压力。

在生活中，人们对观念上的变化，充其量也只是在迟疑、勉强的情况下实现的。对于朝着所谓进步方向的变化来说，情况尤其如此。也就是说，如果进行的改变与旧有的观念——可视为在社会进化过程中任何阶段下的一个分歧点——相背离的话，那么它实现起来就会更加迟疑不决。任何倒退，即重新复归一个民族过去早已习惯的观点，总是比较容易的。如果出现与过去的观点相背离的情况，而主要原因不是精神气质与早期观点不相容的种型的替换，那么恢复到原来的观点就会比较容易。

在西方文明史中，紧接现代的前一个文化阶段是上面曾提到的准和平阶段。准和平阶段生活方式的显著特征是身份法则。当时表现得十分突出的是统治与个人服从的精神态度，今天人们多么容易复归到这种精神态度是不言而喻的，这种精神态度，与其说已经被后来发展的迫切要求完全一致的思想习惯所彻底取代，不如说当今经济的迫切要求使之处于不确定的中止状态。属于西方文化的一切主要民族，在他们的生活史上，在经济发展的过程中，都经历了十分漫长的掠夺阶段与准和平阶段。因此，那些文化阶段所具有的一些精神气质和性格倾向已经固化，以致当任何阶级或社会一旦远离有利于保持后期思想习惯的力量时，就会不可避免地迅速恢复前一阶段的心理特征。

众所周知，个人或一定规模的群体，如果与高度工业文明隔离，接近水平较低的文化环境或比较原始的经济处境，就会很快显露出复归掠夺性阶段特有的精神特征倾向。和同属于西方文化的其他种族相比，长颅金发的欧洲人似乎更容易复归到未开化状态。在近代移民史与殖民史中，出现过很多小规模复归的例子。盲目的爱国主义是掠夺文化的一个典型特征，这一特征也是现代社会复归倾向的一个突出标志，除唯恐触犯爱国主义的少数例外，这里或许可以引用美国殖民地的例子，尽管这次复归在性质上不是十分广泛，但规模却异常之大。

任何现代的、高度组织下的工业社会中都存在着对经济的迫切要求，而有闲阶级对于这种迫切要求的压力总是处于有所隐蔽的状态。与其他阶级相比，有闲阶级对于生活资料的竞争没有那么迫切和残酷，可以想象，由于他们的优越地位，当形势要求制度进一步发展并做出调整以适应已改变的工业格局时，有闲阶级的反应总是社会各阶级中最迟钝的。有闲阶级

《尤金·穆勒》，法国印象派画家奥古斯特·雷诺阿绘于1877年。穆勒是当时著名的艺术家、糕点师、小说家、诗人和印象派绘画收藏家。

是一个保守阶级，社会中一般经济形势的要求不会毫无约束地直接冲击到这个阶级的成员。他们不必为了适应已改变的工业技术上的要求而改变生活习惯，或改变他们对外界的理论观点，即使他们不这样做也没有任何损失，因为他们并不是工业社会中一个完全意义上的有机组成部分。因此这种迫切的要求并不能轻易地使这个阶级的成员对现状产生某种程度的忧虑和不安，但只有这种忧虑和不安能使人们放弃他们习以为常的生活观念和生活方式。有闲阶级在社会进化过程中的作用就是阻碍社会潮流，保留腐朽、过时的事物。这并不是一个新奇的论点，而是长久以来人们的普遍见解之一。

富裕阶级天生就是保守的，这是一个被普遍认可的论点，无须借助这个阶级在文化发展过程中所处地位和关系方面的任何理论观点，就可以做出这一论断。人们在解释富裕阶级的保守主义时通常带有歧视的意味，认为富裕阶级反对革新是因为它拥有那种不值得称道的既得利益，而维持现状可以保持这种既得利益。但在这里要做出的解释，没有把它的保守性归因于任何不值得称道的动机。这个阶级之所以反对社会结构的变化，完全是出于本能，而不是出于物质利益上自私的盘算。这是在事物背离了公认的习俗和观念后人们会产生的一种本能的反感，这种反感是人人都有的，只有在环境的压力下才会被克服。生活习惯和思想习惯上的任何变化都是令人反感的。在这方面，富人与常人之间存在差别的原因，主要不是那种激起保守主义的动机，而是承受促使事物变化的经济力量的影响程度不同。同其他人相比，富裕阶级的成员不容易屈服于革新要求，因为他们没有感受到强制性的压力。

富裕阶级的这种保守已经成为一个非常显著的特征，甚至渐渐被看作是荣誉的标志。保守既然是社会中比较富裕的，因此也是具有较高声望的人的普遍特征，这就有了很大的荣誉价值和炫耀价值。当保守已经成为惯例，以致在我们的荣誉观念中自然地含有坚持保守主义的内容。任何人，要想保持相当的声誉，过着免受社会指摘的生活，是非抱着这种保守态度不可的。保守主义是上层社会的特点，是正派的作风。与此相反，讲求革新是下层社会的现象，是庸俗的习气。我们之所以会对社会革新产生反感并加以排斥，其中最原始、最轻率的原因，就是我们认为这类事物在本质上是庸俗的。因此，即使我们有时候认识到某一革新者的主张确实有很多长处——这是很容易出现的情况，如果这个革新者要纠正的弊病在时间、空间或个人关系上与我们相距甚远的话——也不免感到同这种人交往是令人不快的，最好减少和他的接触。总之，革新是要不得的，是不好的举动。

富裕有闲阶级的习俗、行为和观点，是其他社会成员一贯奉行的行为准则，这一事实增加了这个阶级的保守主义的影响力，扩大了其势力范围。它使一切爱好声名的人把效仿有闲阶级作为义不容辞的义务。既然富裕阶级作为良好仪容举止的榜样而处于这样崇高的地位，那么其在社会发展过程中所产生的阻碍作用，就不能仅仅从人数上来估计了，其实际影响要比这个数字大得多。富裕阶级一贯的示范性作用大大加强了其他阶级对革新的抵制，它使人们热衷于保持那些历代遗留下来的优良制度。

有闲阶级在阻碍传统生活方式的调整时，还采取了另一种方式，起到了同样的影响。这个在上层阶级引导下的第二种方式，与上述本能的保守主义倾向以及对新思想方法的厌恶，并不严格属于同一范畴，但是在这里可以一并讨论，因为它在阻碍革新与延缓社会发展方面与保守主义有许多相同之处。任何时期、任何民族流行的礼法、风俗和习惯，都或多或少具有有机统一体的性质。因此，任何一点在结构上的显著变化，即使不会引起整个体系的全面革新，也会引起某些方面的变化和调整。当变化只涉及结构中一个较小部分时，可能不会给传统习俗的结构带来明显干扰，但即使在这种情况下，我们也可以有把握地说，这种变化会给整个结构带来一些相当深远的干扰。另一方面，当试行的改革涉及禁止或彻底改造传统结构中处于首要地位的一种制度时，人们会立刻感到这将影响整个结构。人们也会感到，这种为使整个结构适应一个主要部分都重新调整的措施，即使不是一个难以预料的过程，也是一个痛苦的、令人生厌的过程。

要彻底改革传统生活方式中的某个特征是极其困难的，要认识这种困难，只要想一想要在属于西方文化的任何一个国家里废除父系制度、一夫一妻制、私有财产或一神信仰等制度，要废除中国的祖先崇拜、印度的种姓制度、非洲的奴隶制度等，会引起多大的骚动就够了。在上述例子中，任何一项变革都会引起整个传统结构体系的严重混乱，这一点是毫无疑问的。要进行这样的改革，必定会使人们的思想习惯，不仅在与问题直接相关的方面，而且在整个结构体系的其他方面，发生深刻的变化。任何对于这种变革的反感，实质上等同于对在本质上改变生活方式的恐惧。

善良的人们总是对于公认的生活方式上的变革感到反感，这是日常生活中司空见惯的现象。即使是比较微小的变革，诸如废除英吉利基督教会、简化离婚手续、确立女子参政权、禁止酒类制造与贩卖、废止或限制

残酷的奴隶制。奴隶制被废除后，引起了美国广大庄园主的不满。

遗产制等，这些人也常常会强烈地向社会提出建言和忠告，强烈表达自己的观点，认为这类改革会使社会蒙受影响深远的危害。他们恳切地指出，这类改革将“彻底动摇社会结构的根基”“使社会陷入混乱状态”“败坏道德的基础”“使生活陷于无法忍受的地步”“扰乱一切事物的自然秩序”等。这类说法无疑是言过其实的，但这类说法和一切夸张的言论一样，是一种强烈感觉的证明，其目的是要指出后果的严重性。他们感到这些改革扰乱了公认的生活方式，其影响不只限于简单地改变为社会成员谋求便利的一系列设计中的某一孤立项目，而是具有更加严重的后果。具有头等重要意义的改革情况固然如此，一些重要性较低的变革情况也不容乐观，只不过重要程度存在差别而已。对改革的反感，很大程度上是出于对改革引起的重新调整所造成的那种干扰和混乱的反感。任何民族、文化的制度体系都是一个有机的整体，任何一项制度都不是孤立的，这更加强了人们在思想习惯上对任何改革的本能抵触，即使是一些不那么重要的事务改革，情况也是如此。

人类各种制度的关联性加大了改革的阻力，由此带来的结果是，要想在任何改革中进行必要的调整，都必须付出比没有这种制度时更大的气力。令人感到不快的不只是已经确立了的思想习惯的改变。在变革公认的生活理论的过程中，革新者需要做出一定程度精神意志上的努力，在变化了的形势下要判断变革的方向，找到自己的位置，进行长期且艰苦的奋斗。这一过程中既然需要付出一定的精力，为了能成功完成使命，就得假定，除了日常生活中所消耗的精力之外，还需要蓄积实现变革的剩余精力。由此可见，不仅人们的奢侈生活会阻碍进步，因为它断绝了对现状不满而要求改进的机会，而且衣食匮乏和过于艰苦的物质生活，也同样会阻碍进步。非常贫穷的阶级，以及把全部精力都消耗在辛勤谋生上的人是非常保守的，因为他们没有精力去考虑明天以后的生活。跟这些人一样，那些富有阶级，以及日子过得非常得意的人们也是非常保守的，因为他们没有理由对今天的情况感到危机和不满。

根据这一点可以推断，有闲阶级制度会尽可能地剥夺下层阶级的生活资料，缩减他们的消费、消耗他们的精力，以致他们没有剩余精力学习和接受新的思想习惯，这足以造成下层阶级的保守性。既然金钱财富集中于金字塔形等级的上一端，那么下一端就必然陷于贫困。众所周知，如果某个地方的人民大批量地陷于极度贫困的境地，那么这无疑是改革的一个阻碍。

除了因财富分配不均而造成的这种直接的、抑制性的影响以外，还有一个起辅助作用的间接影响也会产生相同的结果。我们已经看到，上层有闲阶级在确定荣誉准则方面树立了权威性的榜样，助长了明显浪费的习惯。明显浪费是一切阶级礼仪标准中的主要因素之一，明显浪费的盛行虽然不完全是出于对富裕有闲阶级的模仿，但毫无疑问，有闲阶级的榜样作用格外加强了人们对明显浪费的实行和坚持。礼俗在这方面的要求是极为有力、迫切的，因此，即使财力雄厚、能够大量消费超过最低生活所需之外的物品的那些阶级，也往往把除满足比较迫切的物质需要以外的可以自由支配的剩余部分，用于礼仪准则要求下的明显消费，而不用于物质的进一步增加和生活的进一步充实。并且，可利用的剩余精力也多数用于获取明显消费或“明显贮藏”用的物品。结果，出于金钱荣誉的要求，①除了明显消费以外，仅留下很小一部分用于最低生活的需要；②除了用于生活上必需的物质以外，如有任何剩余的精力，则用于金钱荣誉准则的方面。这一切都加强了社会中普遍存在的保守力量。有闲阶级制度之所以会对发展造成直接的阻碍，是因为：①有闲阶级本身所固有的惯性；②有闲阶级在明显浪费和保守主义方面起到的持续的示范作用；③这一制度本身所依据的财富与生活资料不均等分配制度产生的间接作用。

此外，保持一切事物的现状这一点本身就能给有闲阶级带来一种实际利益。在任何一个时期的主导环境下，有闲阶级总是处于有利地位，因此任何变化如果与现有形势相背离，都可能会对他们造成损失而不是对他们有利。仅仅出于阶级利益的考虑，这个阶级也会采取“多一事不如少一事”的态度，不会改变本来已经使人满意的局面。这一层利害关系的动机格外加强了这个阶级的本能倾向，更加坚定了他们的保守主义态度。

有闲阶级是社会结构中保守主义或复归倾向的倡导者或媒介物。当然，这里对有闲阶级的这一任务并无颂扬或谴责之意。有闲阶级对于一切革新的抑制作用也许是有利的，也许是有害的。究竟是有利还是有害，这在任何一个实例中都是决疑论的问题，而不是一般理论的问题。保守阶级的代言人一般认为，假如没有保守的富裕阶级对革新进行抵制，那么各种革新和尝试将使社会迅速陷于无法维持、不堪设想的境地，引起严重的、灾难性的动乱。这个观点也许有些道理，但不在现在的讨论范围之内。

有的人对保守主义者加以责难，有的人认为有必要对轻率的改革进行抵制。让我们先把这些问题放在一边，无论如何，在环境的调整中，在

17世纪的欧洲酒馆。

所谓的社会进步或社会发展的过程中，有闲阶级的作用始终是阻碍性的。可以用一句话来概括他们的态度：“不论是什么，凡是现有的总是正当的”，当自然淘汰定律应用于人类的制度时，则会得出这样的结论：“不论是什么，凡是现有的总是不正当的”。这并不意味着，今天的制度对于今天的生活目的来说一无是处，而是说，这些制度必然存在某种程度的欠缺。因为生活方式不能同过去发展过程中某一阶段的总体形势完全适应，所以制度的不正当性不只在于当今形势与过去形势不同的时间间隔这一点。这里使用“正当”“不正当”等词语，并非要表达什么是应当做的而什么是不应当做的，只是从进化理论观点（而不是道德观点）的角度出发来使用这些词语，以表明这些制度在实际进化过程中与形势相容或者不相容。出于阶级利益和阶级本能，有闲阶级制度通过劝说或一贯的示范作用，使现有制度上的失调长期存续，甚至使其退回到某些更加古老的生活方式，这种古老的生活方式与不久前遗留下来的公认的陈旧方式相比，更加不适应当前形势下的生活要求。

尽管我们已经谈到了对过去事物的保守和留恋，但事实上各种制度依然处于不断发展变化之中。各种风尚和思想习惯都在不断演进，各种习惯和生活方式也处于持续的淘汰适应过程中，有闲阶级的任务是对这种发展进行指导并从中阻挠。关于这方面的情况还可以展开讨论，但就有闲阶级与制度的发展关系来说，除涉及根本的或直接属于经济性质的一些制度外，几乎没什么可说的。在经济生活的两个不同目的中，这些制度——经济结构——究竟适应的是这一个还是那一个，按照这一标准，它们大致可以分为两类或两个范畴。

采用古典术语的说法，这两类制度是营利制度和生产制度，应用前几章在讨论其他关系时已经使用过的名词，也就是金钱制度和工业制度，换句话说，是实现歧视性和非歧视性经济利益的两类制度。前一个范畴与“企业”有关，后一范畴与“工业”有关——这里使用“工业”这个词语的机械意义。一般不把后一类视为制度，因为它与统治阶级不直接相关，我们很少把它算作法制或社会习惯上的问题。人们通常从金钱或企业两方面来研究这类制度。在我们这个时代，人们，尤其是上层阶级，主要考虑的就是经济生活这个方面。上层阶级在经济生活方面很少关心除商业利益之外的事务，而考虑社会事务也是上层阶级义不容辞的责任。

有闲阶级（有产业而不从事生产的阶级）与经济过程之间是金钱的关系，是一种获利的而不是生产的关系，是一种剥削的而不是服务的关系。当然，间接地说，有闲阶级的经济职能或许对经济生活的过程具有极其重要的意义，这里绝不含贬低有产阶级或工业巨头的经济职能的意味，只是指出，这类阶级与工业过程、经济制度之间的关系的性质。它们的职能是寄生性的，他们所关切的是把他们可以移转的财产都移转为自己所用，保持住任何他们可以掌握的财产。企业界的习俗就是在这个掠夺或寄生原则的淘汰监督之下发展起来的。这种习俗是关于所有权的习俗，是古代掠夺文化的间接性的衍生物。但这类金钱制度并不完全与今天的形势相适应，因为它们是在过去那种不同于现在的形势下发展起来的。因此，即使从金钱的效力来说，这类制度的适应程度也是不够的，已经改变了的工业生活也需要从盈利方式上再进行改变；有闲阶级关心的是金钱制度的改变，以便在获得来自工业过程的、持续的、没有矛盾的私人利益时，能够达到最佳效果。因此，对制度的发展进行指导并使其适应构成其经济生活的金钱目的，有闲阶级在这一点上具有始终如一的倾向。

许多法规和社会规范都有利于财产安全、契约实施、既得利益和金钱交易的便利性等，从这类法规中可以看出金钱利益和金钱习性是如何影响制度发展的。它们会影响破产与破产管理、有限责任、金融与货币、工人联盟或雇主联盟、托拉斯与各种企业的合并，等等。这些方面法规和规范的改变，都受到这里所说的金钱利益和金钱习性的影响。属于这一类的制度结构，只对有产阶级产生直接影响，其影响程度的高低与有产程度的高低成正比，也就是说，与其列入有闲阶级的等级高低成正比。但从间接方面来看，这些企业界的规则对工业过程和社会生活有着极其深刻的影响。因此有闲阶级在指导制度发展的过程中，不仅在保持已有社会结构方面，而且在塑造工业过程本身方面，都对社会具有极其重大的意义。

这种金钱的制度结构及其改进的直接目的，是在更大程度上为平和而有序的剥削行为提供便利，然而其更深一层的影响，则大大超过了这个直接目的的范围。这种改进不仅更加有利于企业的经营，减少了工业和工业之外的生活上的混乱和波动，而且消除了那些需要运用敏锐辨别力的复杂事物，这使得有闲阶级本身就成为多余的。一旦金钱交易被缩减为日常工作，那些工业中的巨头就可以不要了。不用说，这样一个极端的演变要在不可确定的将来才能达到。在现代制度中有利于金钱利益的改进，在另一个领域里，倾向于用“无灵魂的”股份有限公司来代替工业巨头，这样做可以解除有闲阶级在所有权方面的一个重大职能。因此，有闲阶级的势力在经济制度发展方面所引起的倾向，在工业上具有非常重要的意义。

第九章

古代遗风的保持

有闲阶级制度不但能影响社会结构，也会对社会成员的个人性格发挥作用。一旦某一性格或某一观点得到认可，成为生活的权威标准或规范，就会对认可它为规范的那个成员的性格发生反作用。这一规范在一定程度上塑造了人们的思想习惯，对社会成员的秉性和性格倾向产生了淘汰性的监督作用。之所以会产生这种效果，部分是因为所有人的习性都受到了强制教育并与之相适应，部分是因为那些不相适合的个人和家族遭到了淘汰。只要是同公认的结构所要求的生活方式不适应的人，就将或多或少地遭到排除或抑制。金钱竞赛和工业脱离这两个原则就这样成为人们的生活准则，并且在人们必须与之相适应的环境中，成为非常重要的强制性因素。

明显浪费与工业脱离这两个一般原则，之所以会影响社会的发展，部分是因为它们引导了人们的思想习惯，从而控制了制度的发展；部分是因为它们选择性地保留了有利于有闲阶级结构下生活便利的某些特征，从而控制了社会的有效气质。有闲阶级制度对人类性格的塑造，其基本趋势是循着精神上的遗存与复归这个方向展开的。它对社会精神气质的影响具有阻挠精神发展的性质，尤其是在近代文化中。总体来说，这个制度有一种保守倾向。这是一个十分寻常的论点，但是在这里指出，也许许多人会感到有些奇特。因此，不怕旧话重提和冗长繁复的罪名，对其逻辑依据进行简要叙述，也许不是多余的。

社会进化是人类气质与思想习惯在集体生活环境压力下的淘汰适应过程。思想习惯的适应是制度的发展，但是与制度发展相辅而行的，还有一个在性质上更为重要的变化。不但人们的习惯会随着形势要求的变化而变化，而且这些不断变化的要求也会使人类性格产生相应的变化。随着生活情况的改变，社会中的人类素质本身也发生了变化。近代人种学家认为，这种人类性格上的变化是在那些相对稳定和持久的若干种族类型或种族成分之间进行选择和淘汰的。人类总是倾向于复归到或相当严格地保持某些人类性格类型，就其主要特点来说，这些性格类型，已经与不同于现在的和过去的生活环境相适应并被固定下来。西方人中就包含着一些这种类型的、比较稳定的种族。这些种族在当今的人种遗传中依然存在，但它们不是严格不变的，不是以其特有的、完全不走样的形态存在的，而是以或多或少有些变种的形式存在的。种族类型的某种变化，是各个种族及其混合种在史前与有史时期的文化发展中经历了漫长的选择淘汰过程而形成的。

这种由长期的延续性淘汰造成的种族本身必然的变化，研究人种遗存问题的专家们并没有对此给予充分的关注。西方文化中的种族类型，由于经历了这种比较近代的淘汰适应过程，形成了人类性格上两个相异的主要变种。这里要研究的就是这两个变种，我们关注的是如果沿着这两个相异系统中的任何一个继续演变下去，可能给当今局势带来怎样的后果。

这里可以就人种学论点作一简要叙述。为了避免麻烦，关于各类种族与变种及其相关的遗传与生存的基本情况，在这里用西方的做一简单的大致说明，这种说明是不适合于其他研究的目的。在西方工业社会中，人类的遗传倾向大致可以归纳为以下三个主要的种族类型：长颅金发型白人、短颅浅黑型白人和地中海沿岸高加索人，至于在我们文化中一些比较次要的、关系比较远的种族，这里不做讨论。在这些主要种族类型的范围内，返祖遗传至少循着两个相异方向中的一个发生变化而形成两个变种，即和平的或反掠夺型的变种与掠夺型的变种。就这两个变种而言，前者比较接近各自的一般类型，是其群体生活最初阶段返祖遗传的典型，这一点已被考古学及心理学所证明。人们认为，这一变种体现了现代文明人类在掠夺文化阶段、身份关系制与金钱竞赛发展之前的，和平与野蛮的生活状态下的祖先。此外，另一个掠夺型的变种则被认为是一些主要种族及其混合种近期变化的遗存，这些种族类型是在掠夺文化和准和平阶段的后期竞赛文化或正式金钱文化的塑造下，经过淘汰适应过程逐渐演变而来的。

根据公认的遗传法则，过去较为久远环境下的一些种族性格特征可能会遗留下来。在一般情况下，如果种族发生变化，其性格特征将传承下来，与其不久前的情况基本相近——这一现象可以称之为遗存现状。在这里，这种遗存现状指从后期掠夺文化与准和平文化阶段遗留下来的性格特征。

在一般情况下，现代文明人类在遗传性格上有保持倾向的，正是这种近代的、通过遗传存在的、为掠夺文化或准掠夺文化所特有的、人性的变体。对于未开化时期的奴隶阶级或被压迫阶级的后裔而言，这一论断还有待补充，但实际上需要补充的或许不像看起来的那么明显。就全部人口来说，这种掠夺性或竞赛性的变种，似乎没有达到高度的一致性或稳定性。也就是说，现代西方人所继承的人类性格，在构成其性格的各种特质和倾向的范围或相对强度方面，并不是一致的。如果以群体生活的现代要求来衡量，具有现存遗传特征的人是略带些古风特质的。现代人类在变异法则下的主要倾向是，复归到一种比较古老的性格类型。另外，从那些个人身上所体现的、不同于一般掠夺气质的返祖遗传特征来判断，掠夺文化时期之前的那类变种，其在各种气质的分布或相对力量方面，似乎具有更大的稳定性和均衡性。

个人趋向于保持在种族的早期变体与晚期变体之间的遗传性格上的差异，构成西方民族的两三个主要种族之间也存在类似的差异，前一种差异为后一种类似的差异所掩盖并淹没。社会中的个人，总被认为是以十分不同的比例合并起来的各主要种族成分的混合种，于是他们就有了复归到这一种或那一种合成种族类型的倾向。这些种型气质上的差别，同种型的掠夺变体和掠夺期之前的变体，这两者之间的差别是有些相似的。同短颅浅黑型白人相比，尤其是同地中海沿岸高加索人种相比，长颅金发型白人更富于掠夺气质，或者至少显示出更多的暴力倾向。因此，当某一社会制度的发展或一些实际情感的演进，使种族显示出与掠夺性格的差异时，这种差异所表现的，究竟是不是向掠夺文化之前的变体复归的倾向，是无法肯定的。这或许是人

猎人和猎狗正在与熊搏斗。

口中某个“低级”种族成分逐渐占有优势的结果。此外，虽然证据并不明确，但种种迹象表明，现代社会中一些明显的精神气质变化，并不完全是由于几个稳定的种族类型之间的淘汰过程。由此看来，这似乎是几个种族类型的掠夺变体与和平变体之间的淘汰过程。

这种关于现代人类进化的推想，在讨论中并非必不可少。这里谈到的一些关于淘汰适应的概念，假如用达尔文和斯宾塞的术语和概念来代替，也会得出相同的一般结论。在这种情况下，在术语的使用上略有出入也是可以接受的。这里泛泛地使用“类型”这个词，指的是气质方面的变型，也许人种学家会认为这只是人种类型的细微变异，不能算作明显不同的种族类型。但是，如果认为有必要在论证中做进一步明细的辨别，那么做出这种明细辨别需要付出的努力，可以清楚地在上下文中看出。

如此看来，当今的种族类型是原始种族类型的变体。在未开化文化的锻炼下，这些种型经过了变化，之后其变化的形态在某种程度上被固定下来。具有遗存现状特征的人，是构成其本质的那些种族成分的——奴隶的或贵族的——未开化变体，但是这种未开化变体并没有达到最高程度的一致性或稳定性。未开化文化阶段，也就是掠夺的和准和平的文化阶段，虽然其绝对的持续时间是漫长的，但还是不够长久，性质上也不够稳定，不足以使种型产生高度的固定性。与未开化性格相异的变化时常发生，这样的变化在今天更加显著，因为现代生活状况对背离未开化标准的倾向已经不再一贯地产生抑制作用。掠夺气质并不能与现代生活的所有目的相适应，与现代工业更是格格不入。

人类性格与遗存现状相脱离时，最常见的情况是复归到较为早期的种型变体。这种早期变体，就是和平野蛮时期的原始状态所特有的那种气质。在未开化文化阶段之前，普遍存在的生活环境与奋斗目标，在某些基本特征方面塑造并巩固了人类的性格。当现代人在遗存现状的性格上产生变异时，就会产生复归到这种古老的、一般性格特征的倾向。当人类的群体生活可以被适当地称为人类生活，但仍处于最原始的阶段时，这种生活的性质似乎是和平的。在早期的环境与制度下，人类的性格特征，也就是人的气质和精神态度，虽然不能说是懒惰的，但确实是和平的、非侵犯性的。出于这里的研究目的，可以把这个和平文化时期视为社会发展的最初阶段。就目前的讨论而言，这一假定的文化初期的主要精神特征，似乎是一种质朴而无系统的群体团结意识，对于一切为人类生活谋便利的方面，表现出愉快但绝非热烈的态度，对于所理解的生活上的压抑或不切实际，则表达出一种不安的反感。在掠夺期之前的野蛮人的思想习惯中，存在着普遍重视有用的事物而鄙视无益劳动的观念，虽然这种观念并不十分热切，但的确给个人的生活、个人与其他群体成员的日常接触方式带来了很大的约束力量。

这个最初的、未分化的和平状态，如果只以文明社会或未开化社会现有历史时期中流行的习俗与观念为依据来寻求其存在的确凿证据，就会发现其存在的痕迹似乎是模糊不清、难以确定的，但是如果以普遍持续存在的某些特征为依据，就可以在心理的遗存要素中找到其存在的较为确切的痕迹。上述这些特征似乎十分明显地存在于掠夺文化时期被迫潜藏下来的种族成分中。那些与早期生活习惯相适的性格特征，在以后的个人生存竞争中是没有多大用处的。于是，气质上不怎么适合于掠夺生活的那些民族或种群就受到了压制，被迫处于落后地位。

转变到掠夺文化以后，生存竞争的性质在一定程度上发生了改变，由集体对非人类环境的斗争转化为集体对人类环境的斗争。这一转变使集体中各个成员之间的对立以及对立意识不断增强。这时集体的生存条件以及在集体内取得成功的条件都出现了某种程度的变化，集体主要的精神态度也逐渐有了变化，从而使一类不同的秉性和习惯在公认的生活方式中处于正统的优势地位。就这类古老的性格特征来说，种族团结的本能被视为和平文化阶段的遗存，这种本能也被称为道德意识，其中包括诚实和公正的观念，以及在纯朴与歧视性表现下的工作本能。

在近代生物学与心理学的指导下，人类性格应当用“习惯”这个词来表示，这似乎是唯一一个适当的词语。这类生活习惯在性质上极为广泛和普及，以致不能归因于后期或短期教化的结果。这些生活习惯很容易在近现代生活的特有要求下受到暂时的抑制，这一点说明，这类习惯是上古时代教化的遗存，在以后改变了的形势下，人们通常会被迫在一些细节上违背教化的意向。一旦这类特有要求的压力被解除，原有习惯就会死灰复燃，这种情况无处不在。这一点表明，使这类性格特征趋于稳定并与融入人们的精神结构的过程，必然经过了很长的时间，而且没有发生过严重的中断。至于这究竟是一个习惯（陈旧意义上）形成的过程，还是一个种族的淘汰适应过程，对这里的论点不会产生很大的影响。

19世纪，荷兰的一支精锐骑兵团。

从掠夺文化到现在，在这期间，与个人、阶级对立的身份制始终存在。这种制度下的生活，其特点和要求涉及一些精神气质特征，这些精神气质特征绝不会在这期间出现，也绝不会在这期间得到巩固。这类特征很可能是起源于更早期的生活方式，在开始废弃或者至少是接近废弃、时断时续的情况下，经过掠夺与准和平文化时期后残留下来的，而不是在这个后期文化阶段中出现并稳定下来的。这类特性像是种族的遗传特性，在掠夺阶段及后期的金钱文化阶段，虽然获得成功的必要条件发生了改变，但这些特性仍持续存在。只要是遗传的性格特征，其经过传承后就会具有一种韧性。每一个人类成员都在某种程度上具有这种韧性，因此它是以种族延续的广泛基础为依据的，上述这类性格特征之所以能持久存在，靠的就是这种力量。

这里所讨论的性格特征，即使在掠夺阶段与准和平阶段经历了极为残酷而漫长的淘汰过程，也不会轻易被消灭。这类和平的特征在很大程度上与未开化阶段的生活方式和基本态度格格不入。未开化文化的显著特征是，个人与个人之间以及阶级与阶级之间的持续竞赛和对抗。有些家族、个人几乎不具有和平的原始秉性，对于他们来说，这种竞赛训练是十分有利的。这类平和秉性在这样的训练下有被消灭的趋势；在受过这种训练的人的身上，这类秉性已经被明显削弱。在某些地方，与未开化类型的气质不符合不一定会遭到严厉的惩罚；然而即使在这样的情况下，那些气质上与主流气质相左的个人和家族仍然受到了至少是有些一贯性的压制。在有些地方，生活主要是集体内个人之间的斗争，这时，古老的、和平的性格特征将对个人的生活斗争造成严重阻碍。

在任何已知的文化时期，除了这里所说的假定的最初文化阶段以外，或者在这个阶段以后，那些善良、温厚、公正、无差别的同情等先天禀性，不会明显有助于个人生活的进展。具有这样的禀性，可能对个人来说会保护他免受社会中多数人的苛刻对待，然而在居于多数地位的人看来，一个典型的正常人是不应当明显具有这种品质的。但是，除了这样的具有间接与消极的作用之外，这类禀性没有其他可取之处。在竞争制度下，个人在这种先天的秉性上越薄弱，事业成功的概率越大。在金钱文化下，如果一个人不会良心不安，没有诚实的信念，没有同情心，在生活上没有关怀与同情的概念，那么将在很大程度上促进其事业的成功。任何时期，在事业上能获得高度成功的，通常都是这种类型的人，那种在财富或权势方面经争取而没有取得成功的人是例外。“诚实是最上策”只不过在极小的范围内有意义，而且只是表面上的、带些诙谐的意义而已。

关于原始的、掠夺时期之前的野蛮时代的人类特性，上面已试图对其进行概括性的探讨。在现代文明的情况下，从属于西方文化的文明社会的生活观点来看，那种野蛮时代的人类特性并不能取得很大成就。野蛮时代人类的性格类型是在那种假定的文化阶段下得以巩固的，就那个文化阶段而言，即使就和平的野蛮群体的目的而言，这种原始人固然有经济上的成就，但也有同样多的、显著的经济上的失败。这一点对任何人来说都是显而易见的，只要他不被由怜悯之情而生的仁慈所驱使。一个原始人充其量也只是“一个聪明而无用的家伙”。这种假定的、原始的性格上的缺点是软弱无能、温厚懒散、缺乏主动性和创造才能、具有强烈而没有条理的万物有灵的观念。与上述性格同时存在的还有一些其他的性格特征，这些特性在集体生活的过程中有一定的价值，因为它们可以促进集体生活的便利。这些特征包括诚实、善良、温顺、和平、不重视竞争、对人对事不存在歧视性利害关系。

掠夺阶段的生活一开始，对于成功者性格上的要求就有了变化。人类的生活习惯必须与新的人类关系模式下的新要求相适应。同样的活动力的发挥，以前是在野蛮生活的一些上述性格特征中表现出来的，现在必须改弦易辙，遵循新的活动路线，在应对改变了的刺激的另一套习惯反应中表现出来。从为生活谋便利的角度来看，那些极为适应早期情况的方式方法已不再适应新情况。几乎不存在利害关系上的对立与分化现象是早期形势下的特点，而竞赛强度不断提高，竞争范围不断缩小是后期形势下的特点。掠夺阶段及随后的各文化阶段特有的性格特征，即在身份制下最适于生存的人性特征，从其原始表现来说，是凶狠残暴、阴险虚伪、自私狭隘和宗派观念，是肆无忌惮地使用武力与欺诈手段。

在竞争制度长期的、严格的训练下，对种族的淘汰使一些性格特征居于相当显著的优势地位，而在这些性格方面具有较强禀赋的种族更适于生存。然而，那些更早获得的、更为普遍的种族习惯，从未失去其在集体生活目的上的某种效用，从未处于严格意义上的中止状态。

有一点值得强调，长颅金发型的欧洲人之所以能在近代文化中占优势并处于主导地位，是因为他们遗传了大量掠夺阶段的性格特征。这类性格特征，加上其在体力上的高度禀赋——这一点也许是各群体、各宗族之间淘汰的结果——足以使任何种族成分成为有闲阶级或统治阶级，在有闲阶级制度发展的早期阶段尤为如此。这并不是说，任何个人在性格倾向上达到与这里所说完全同样的圆满境地，就一定可以出人头地。在竞争制度下，个人胜利的条件并不一定同一个阶级的胜利条件完全一样。一个阶级或一个党派胜利

20世纪的美国拳击比赛，一个白人拳击手正在和一个非裔美国人比赛。

的先决条件是强烈的团结意识、忠于领袖、对某种主义的坚持不懈；但对于竞争中的个人来说，如果他既有一个未开化者所具有的精力、创造力以及虚伪、欺诈、自私等气质，又有一个野蛮人所缺乏的忠诚与宗派观念，能够把两者结合起来，那么他就能在事业上一帆风顺，达到胜利目标。顺便一提，有些人以无偏颇的自私自利与良心上的无所顾忌为基础获得了辉煌的拿破仑式的胜利。但以这类人的体格特征来说，其种族往往是短颅浅黑型的，而不是长颅白型的。以个人利益为标准，那些能够获得适中成就的人，他们的禀赋往往带有长颅白型的种族成分。

在竞赛制度下，那些由掠夺的生活习惯所诱发的气质，是有助于个人生活的持续与充实的；同时，如果把集体的生活作为一个整体来看，其生活如果也主要是与别的集体进行敌对竞争，那么这种气质同样有助于集体的生存与胜利。但是在工业比较成熟的社会中，经济生活的演进过程已经有了这样的转变，以致社会的利益同个人的竞赛利益不再相同。这类工业发达的社会，就其团体的立场来说，在谋取生活资料或生存权利方面，其所处地位已不再是竞争者——除非其统治阶级的掠夺倾向仍然保持着战争与劫掠的传统。这些社会所处的环境与传统的环境不同，已经不再受环境的压迫而引起互相敌视。这些社会的物质利益——至于集体荣誉方面的利害关系，可能是另一个问题——不但不再居于互相对立的地位，而且一个社会的成就，对其他社会的生活上的充实也会有所助益，现在是这样，在无限遥远的将来也是这样。但就个人以及人与人之间的关系而言，情形不完全相同。

任何现代社会的集体利益都集中于工业效能。个人对社会利益贡献的大小，与他在世俗生产工作上的效能成比例。这时最有助于集体利益的性格特征是诚实、勤奋、温和、亲善和大公无私，是对因果律的惯常认识和理解，是对一切事物进程的看法不掺杂万物有灵观念，是不存在对超自然的干预方面的依赖观念。这类性格特征还包括美感、德行的优美，一般的功德和高旷的意志这类平凡的人性，这是毋庸置疑的。如果这类特征普遍存在、完美无缺，将给集体生活带来怎样的影响，也是毋庸深论的。这些都是题外话，总之，如果这类特征能够同时存在，并且发展到这样的程度，使这类特征的存在成为人类性格的突出现象，那么对一个现代工业社会来说，算是获得了最大的成就。为了能适应现代工业形势下的环境，在一定程度上存在这类特征是非常必要的。所有这类特征，或其中的大部分，如果能在尽可能高的程度下存在，那么这对现代工业社会那个复杂的、广泛的、实质上是和平的、高度组织下的机械结构的顺利前进，是十分有利的。有些人在性格上是属于掠夺型的，从适应现代集体生活的目标来说，这些人所具有的上述特征，显然还达不到要求。

另一方面，在竞争制度下，人们最容易通过精明狡猾的买卖作风和蛮横霸道的经营方式来获得直接利益。上文提到的一些性格特征固然对社会有利，对个人却有害。具有这样性格特征的人，会把精力转向除金钱利益外的其他目的。当他追求利益时，这类特征将引导他到工业中的间接且无实效的方面去寻求，而不是大刀阔斧、坚定不移地沿着生财大道去钻营。对个人来说，倾向于工业的性格，始终是一个相当大的障碍。在竞赛制度下，现代工业社会中的成员，彼此之间是相互竞争的对手。就个体成员来说，那种性格特别刚戾，他们对一切都肆无忌惮，一有机会，就会欺骗或伤害他们的同伴。对这一切处之泰然、良心毫无自责的人，能最充分地追求并获得个人的直接利益。

上面已经提到，现代经济制度大体上可以分为两个范畴——金钱制度和工业制度。工作方面也是同样的情形，前者是与所有权或营利有关的工作；后者是与作业或生产有关的工作。上文在制度的发展方面所谈到的，也同样适用于工作方面。有闲阶级的经济利益在于金钱性质的工作；而工人阶级的经济利益则与两类工作都有关系，不过主要与工业类的工作有关。想跻身有闲阶级的行列，就要从事金钱性质的工作。

这两类工作所要求的性格特征有实质上的差别，从这两类工作中得到的训练也循着两条不同的路线进行。金钱工作的训练发挥了保持并培养某些掠夺倾向和掠夺意志的作用，其作用方式有两种：一是对从事这一类工作的个人和阶级进行教育，二是对不适合这一类工作的个人和家族进行淘汰、抑制和排除。只要人们的思想习惯是在营利与财产占有的竞争过程中形成的，只要其经济职能包含在以交换价值表现的财富的占有范围内，包含在通过交换价值来进行对财富的管理和融通这个范围内，其经济生活中的经验，就一定会有利于掠夺气质与掠夺思想习惯的存在和加强。在现代和平的经济结构下，营利生活所形成的，当然主要是和平范围内的那类掠夺习惯和掠夺倾向。也就是说，通过金钱工作使人日益精通和熟练的，是欺诈一类的一般实践，而不是比较古老的掠夺式一类的一般活动。

这些倾向于保持掠夺气质的金钱工作，是与所有权有关的工作；而与正式有闲阶级的直接职能有关的恰恰是所有权，与其辅助职能有关的则是营利和累积。在经济过程中，金钱工作所涉及的那一类人和那一类职责，与从事

银行家正在柜台分钱。

竞争工业的企业的所有权有关，尤其与列入金融活动的那些经济管理的基本行业有关；此外，大部分商业工作也可以列入这一范围。这类职责得到了最充分的发展，成为“工业巨头”的经济职责。一个工业巨头与其说是一个机敏干练的人，不如说是一个狡猾奸诈的人，工业巨头的职能是金钱性质的而非工业性质的。他对工业进行的管理，往往具有一种独断的性质。至于生产与工业组织方面的机械性具体事务，则委托给头脑不那么“偏重实际”的下属，也就是那些擅长实际操作而不擅长经营管理的人。还有一些非经济的活动——政治、宗教和军事方面的活动，就其日常进程中的教育与淘汰在塑造人类性格方面的趋向来说，也应当与金钱工作归为同一类。

金钱工作带有荣誉性，其荣誉程度大大超过工业工作。这样就使有闲阶级的荣誉标准，对适应歧视性目的的那些性格倾向的特征，发挥了积极作用。因此，有闲阶级礼仪方面的生活方式也促进了掠夺特性的持续和培养。于是，在荣誉性上，各类工作被分成了高低不同的等级。在各类经济工作中，那些大规模的、直接同所有权相关的工作是最富于荣誉性的。其次是直接有助于所有权与金融活动的工作，例如银行业和律师行业。银行工作本身就带有巨大所有权的意味，这一行业之所以具有声誉，毫无疑问是基于这一事实。法律专业本身不含有巨大所有权的意味，但是律师行业除用于竞争的目的外，没有任何实用性色彩，因此它在传统结构中居于很高的等级。一个律师要应付有关掠夺性欺诈的具体活动，有时推波助澜，有时戳穿骗局，因此，人们把这种职业的成功看作在未开化的狡诈气质方面天赋异禀的标志，而这类气质总是令人们敬畏。商业行为的荣誉性并不完整，除非它涉及的所有权成分较大、实用性较低。商业行为等级的高低大致上由它所满足的需要是属于高级的还是低级的来决定，因此经营大众生活必需品的零售行业，只能同手工业和工厂工作相提并论。至于体力劳动，即使是管理机械操作的工作，是否包含荣誉性的成分，也是令人怀疑的。

对于在金钱工作中受到的训练，有必要再进行一些补充说明。随着工业企业规模的日益扩大，在金钱管理的具体工作中含有的欺诈和激烈竞争的特征，已不像以前那样明显。也就是说，随着与经济生活中的这一面接触的人逐渐增多，这类工作已经转化为日常工作，对竞争者进行欺诈或侵夺的意味不再像以前那样明显。但得以摆脱掠夺习惯的那些人，大多数是企业雇佣的下级从业人员。由此可见，这里的补充说明与所有权和管理的职责是没有任何关系的。

至于直接从事生产技术工作和体力劳动的个人或阶级，情况则有所不同。对工业中金钱方面的竞赛与歧视性的动机、策略而言，这些人的日常生活并不是在同等程度上的这样一个习惯过程，他们不断接触的是对机械状况和程序的了解和调整，是对他们在人生目的上的评价和利用。这些人所直接接触的工业操作的教育作用和淘汰作用，足以使他们的思想习惯适应集体生活中的非歧视性目的。因此，这对部分人来说，上述的那种教育作用和淘汰作用加速了纯掠夺习性与掠夺倾向被摒弃的过程，而这些习性与倾向是种族从未开化时代传承而来的。

由此可见，社会中经济生活的教育作用，并不是在一切表现上完全相同的。同金钱竞争直接相关的经济活动，具有保持某些掠夺特性的倾向；而同商品生产直接相关的工业工作，则大体上有一种相反的倾向。但是评判后一类工作时应当注意，这类工作的从事者，几乎都在某种程度上与金钱竞赛事务有关（例如，决定工资与薪水时的争执，购买商品时的讨价还价，等等）。因此这里对各类工作所做的区分，绝不等同于对各种类型的人也做了严格意义上的区分。

有闲阶级在现代工业中承担的工作，足以保持某些掠夺习性与掠夺倾向。那些参与工业操作的阶级的成员，他们所受的训练足以使他们保留某些未开化的气质。但是也应当注意到另一方面的情况，那些处境优裕、免于辛苦劳作的人，在体格和精神结构方面与一般人差别很大，仍然可以使他们的特征存在并传承下去。在那些可以远远避开环境压力的阶级中，返祖遗传特征存在与流传的可能性最大。有闲阶级在某种程度上避开了现代工业形势的压迫，因此它应当能够保存更多的遗留下来的和平的或野蛮的气质。这种异于常态的或具有返祖遗传特征的人，在按照掠夺期之前的倾向来开展生活活动时，不至于像下层阶级那样很快受到抑制或排挤。

事实上，这种情况似乎确实存在。例如上层阶级中有不少人热衷于慈善事业，热情支持并积极参与各种改革和改良活动的，也同样大有人在。他们为这类慈善和改革活动所做的努力，往往带有一些原始野蛮人特有的“温厚”和“散漫”的痕迹。但这类事实是否可以证明，上层阶级比下层级阶级更有返祖遗传倾向，仍然存在疑问。即使贫困阶级在这方面具有相同程度的倾向，也很难找到表现的机会，因为，贫困阶级没有把这方面的意向转化为事实的手段，也没有时间和精力。根据事实的表面证据，是不能使人确信无疑的。

在做进一步的讨论时还应当注意，今天有闲阶级的成员是那些在金钱标准方面取得成功的人，由此推断，他们所具有的掠夺性特征应当在一般水平之上。要想跻身有闲阶级的行列，就得从事金钱方面的工作。而这类工作通过淘汰和适应过程，只接受在掠夺的考验下、在金钱的立场上适于生存的那些后裔。这些人达到了高标准以后，一旦显示出向掠夺时期之前的人性复归

17世纪的欧洲，衣着华丽的城市贵族正在向贫困的农民索要食物。

的倾向，就不免要被排除出去，重新降到较低的金钱等级。要保持有闲阶级的地位，一个家族就得保持金钱气质，否则其资产将化为乌有，其社会地位也将丧失。这样的事例俯拾皆是。

有闲阶级的组成成分处于持续不断的淘汰过程中，那些同积极的金钱竞争格外适应的个人或家族，会从下层阶级中脱颖而出。要爬上较高的金钱等级，一个有抱负的人不但必须在追求金钱的气质上达到相当高的程度，而且必须在这类禀赋方面达到足以克服其上升过程中巨大困难的突出程度。将偶然的意外情况撇开不谈，暴发户总是从千万人中脱颖而出。

自从金钱竞赛开始之后，或者说，自从有闲阶级制度确立以来，对富人队伍的选择淘汰过程就在不断进行。不过，淘汰的真正依据并非一成不变，淘汰过程的结果也不尽相同。在早期的未开化阶段或纯掠夺阶段，是否适应淘汰的检验标准是勇猛（按照这个词语的本义来说）气质。那时，要想跻身有闲阶级，一个有志于此的人就必须具有魁梧健壮、凶猛残暴、蛮横霸道、意志顽强、党同伐异等天赋和品质，要想累积并持续享有财富，这类禀赋必不可少。无论在哪个时期，有闲阶级的经济基础都是对财富的保有，但在早期掠夺文化以后，积累财富的方式方法和保有财富所需要的品质在某种程度上发生了变化。由于淘汰的结果，处于早期未开化阶段的有闲阶级，其主要特征是勇敢地采取攻势、保持清醒的身份意识和肆无忌惮地使用欺诈手段。在那时，有闲阶级的成员通过勇猛的气质来保持自己的地位。到了未开化文化的后期，在准和平的身份制下，人们逐渐有了固定的谋取和保有财富的方式。直接的进攻和不受限制的暴力，在很大程度上已经被精明、狡诈和欺骗的手段所代替，后者成为累积财富最有效的方式。于是，有闲阶级成员需要另一套不同的秉性和性格倾向。这时，蛮横的攻势态度以及与此相关的健壮的体格、顽强的身份观念，仍然是这个阶级最突出的特征。在我们的传统观念中，这些特征仍然是典型的“贵族品质”。但是跟这类品质相关联的，还有些在性质上不那样咄咄逼人的追求金钱的品质，例如深谋远虑、谨小慎微和狡猾奸诈。随着时间的推移，随着金钱文化的现代和平阶段到来，就适应金钱上的目的来说，上述后一类秉性和习惯的有效性在不断提高。这时，要想跻身有闲阶级之列，保持在有闲阶级中的地位，就必须具有在淘汰过程中日益居于重要地位的这类品质。

时至今日，淘汰的依据已经发生了变化。现在，要想取得进入有闲阶级的资格，所必需的品质只是金钱方面的品质。现在依然存在的未开化的掠夺特性是意志的顽强和目标的始终如一，这个特性是掠夺时代成功的未开化者与被他所取代的和平的野蛮人之间的区别。但是，不能说这一特性是在金钱方面成功的上流社会人士与工业阶级的普通群众之间的区别。普通群众在现代工业生活中所受的训练和淘汰，使这一特征同样具有重要的决定性意义。意志顽强，可以说是使这两个阶级跟另外两种类型的人——一种是没有任何技能的废物，一种是下层阶级中的无赖——有所区别的标志。在天赋资质方面，金钱工作者与无赖之间的对比，类似于工业工作者与善良无能的寄食者之间的对比。一个典型的金钱工作者正如一个典型的无赖一样，把财力和人力肆无忌惮地拿来达到自己的个人目的，毫不顾及别人的心情与愿望，也不顾及他的举动所造成的更深远的影响，不同的只是他的身份观念较强，在努力达到更为远大的目标时意志更加坚定，眼光更加深远而已。这两类人气质上的另一个相同之处是爱好比赛和赌博，喜欢从事无目的的竞赛。典型的掠夺性格也奇妙地表现出与无赖的相似之处。无赖总是带有浓厚的迷信色彩，对于命运、定数、预兆、预言以及占卜、符咒之类深信不疑，当处境顺利时，这种习性容易表现为一种奴性的虔诚，他在表示这种虔诚时，往往偏重形式，注意形式上的一些细节。这类表现与其说是宗教信仰，不如说是对某种信念的热情表现。就这一点来说，在气质上与无赖有较多相似之处的是金钱阶级和有闲阶级，而不是工业生产者或无能的寄食者阶级。

现代工业社会的生活，或者说，处于金钱文化下的生活，通过淘汰过程发挥作用，促进某一范围内的秉性和习性保持和发展。当今这种淘汰过程的趋向，并不只是复归到某一种特定不变的种族类型，它的趋向是使人类性格发生变化，变化的结果在某些方面和任何过去遗留下来的种型或变体都有所不同。进化的目标并不是单一的。在进化过程中确定为正常的那种气质不同于古代变体的任何一种性格，不同之处在于较强的意志单一性和为目标努力时具有更强的坚定性。从经济理论上来说，淘汰过程的目标在这一限度上总体来说是单一的，虽然在有重要意义的枝节倾向方面与这一发展路线有所背离。总之，除了这一总的趋向以外，发展路线并不是单一的。经济理论在其他方面的发展是沿着两条不同的路线进行的。从个人的才能或秉性的淘汰选择上来看，这两条路线可以称为金钱路线和工业路线。从习性、精神态度或意志的保存来看，可以称前者为歧视性的或自私的路线，后者为非歧视性的或经济的路线。从智力和认识力发展的不同方向来看，前者是关于意向、定量关系、身份或价值的个人观点，后者是关于因果、定量关系、机械效能或效用的非个人观点。

金钱工作主要为使前一类秉性和习性活跃起来，通过淘汰作用使它们保存在人们中间，而后一类秉性和习性主要在工业工作中获得保持并发展。通过详尽的心理学分析可以看出，在这两类秉性和习性中，每一类都只是某一气质倾向的不同形式的表现。由于个人是一个统一体，包含于前一类的那些秉性、意志和兴趣，结合起来成为某一变型的性格的表现。后一类的情况也是如此。上述两种类型可以被视为人类性格表现的不同方面，对某一特定的人来说，总是要一贯坚决地倾向于这一类或那一类的。一般来说，金钱生活的倾向是保持未开化的气质，但不是简单重复，而是以欺诈、谨慎或管理才能，来取代早期未开化时代所特有的那种对于人身伤害的偏爱。这种以欺诈手段代替伤害行为的现象并不十分明确。在金钱工作的范围内，淘汰作用非常坚定地沿着这个方向发展，但在利益竞争范围外，金钱生活教化的效果却不一定相同。现代生活中关于时间与财物的消耗方面的教化，并不是为了断然消除贵族品质或助长资产阶级品质。那些早期的未开化特征，在优越的生活的惯有方式下是有很大发挥余地的。关于这种传统生活方式的具体细节，同这一点有关的，在前几章涉及有闲问题的内容中已经有所涉及，在下面几章里也要讨论更多细节。

从已经谈到的内容可以看出，有闲阶级的生活和有闲阶级的生活方式有助于保存未开化气质，被保存的主要是那些属于准和平的或资产阶级的变体，但在某种程度上也保存掠夺变型的未开化气质。因此，如果不存在干扰因素，就有可能发现社会各阶级在气质上的差异。在上层阶级中应当看到贵族和资产阶级的品质，也就是破坏性的和金钱的性格特征；而在从事机械工业的阶级中，应当发现的是工业的品质，也就是和平的性格特征。

总的来说，在不确定的情况下，情况确实如此。但这一检验标准并不能适应所有情况，也不像人们想象的那样确定无疑。为什么会这样，有几种可以指出的原因。任何阶级多多少少都要参与到金钱斗争中：个人的成功或生存有赖于金钱性格特征的具备，对所有阶级来说都是如此。不论何处，只要是金钱文化主导的地方，塑造人们的思想习惯和决定对立的各宗族的生存命运的淘汰过程，大致上是在适于获利的基础上进行的。因此，如果没有金钱效能总体上与工业效能互不相容这一点，由于一切工作的淘汰作用，金钱气质会居于绝对优势。这样的淘汰结果会把所谓的“经济人”确立为人类性格的正常或确定的典型。但“经济人”只顾自己的私利，其唯一特征是谨小慎微，因此，这种人对现代工业来说是没有什么用处的。

现代工业要求人们必须对现有工作具有非个人性质的、非歧视性的兴趣。假使没有这一点，精细的工业操作就不可能存在，实际上这样一个操作制度也不会被构想出来。工作中的这种兴趣，一方面使工人不同于罪犯，另一方面又使工人与工业巨头有所不同。为了使社会生活能够持续下去，劳动是必要的，于是在某些职业范围内发生了有限度的淘汰作用，这对崇尚劳动的精神倾向是有利的。但是也应当承认，即使在工业工作的范围内，金钱性格特征的淘汰也是一个不确定的过程。因此，即使在这一范围内，未开化气质也明显存在。正是由于这一点，现在有闲阶级的特性与一般民众的特性在这方面并没有显著的差别。

社会各阶级中存在着某些后天形成的生活习惯，这些习惯会模仿遗传的性格特征，且十分逼真，被模仿的特征还在整个民族中获得了发展，这就使关于精神结构方面的阶级差别问题更加模糊不清。这类后天形成的习惯，或模仿而来的性格特征，绝大多数属于贵族特性。有闲阶级一直处于荣誉的示范地位，其以下各阶级接受了有闲阶级的生活理论的许多特征，以致整个社会坚定不移地不断培养这类贵族特征。由于这个缘故，这类性格特征在广大民众中有了较好的生存机会。假如没有闲阶级的训导和示范，这类特征是不会有很好的机会生存并发展的。家庭仆役阶级是这类贵族的人生观以及古老的性格特征得以不断流传的重要渠道。这类人通过和他们的主人阶级的不断接触，耳濡目染，形成了美和善的观念，然后他们把这样的先入之见传播给同样出身卑微的同伴们，上层阶级的思想观念就这样被传播到整个社会，如果没有这种媒介，观念不会传播得如此迅速。常言道，“有其主必有其仆”，这句话的意义比字面上要深刻得多，上层阶级文化中的许多因素之所以会如此迅速地为民众所接受，原因就在于此。

还有一类现象足以缩小金钱品质遗存中的阶级差别。金钱斗争产生了一

18世纪的法国女佣。

个在人口中占很大比重的营养不良的阶级。这个阶级缺乏生活必需品，或者说缺乏体面消费项目中的必需品。无论是哪一种情况，其都会为了获得用来满足日常需要的资料而加强了斗争，不论这种需要是物质层面的还是更高层面的。这时，个人为了避免不幸遭遇而辛勤劳作，竭尽全力以实现自己的歧视性目的，狭隘的利己主义色彩越来越浓厚。在这种情况下，工业的性格特征由于没有表现机会而日趋退化。因此，有闲阶级制度，通过强制实行一种金钱礼俗方案，尽量从下层阶级那里汲取生活资料，由此发挥了使金钱的性格特征得以在广大民众中保存的作用。结果是，下层阶级同化于原来只为上层阶级所独有的那些性格类型。

因此，从气质上来看，上层阶级与下层阶级之间并没有多大的差别。但是，之所以没有很大的差别，还是因为有闲阶级一贯的示范作用，是因为有闲阶级制度所依据的明显浪费和金钱竞赛的普遍原则为人们所广泛接受。这个制度的作用足以降低社会的工业效能，阻碍人类性格适应现代工业生活要求。这个制度从保守的方面影响着一般的或有效的人类性格，主要有两种方式：一种是通过阶级内部的传承或有闲阶级血统向阶级以外的渗透，直接传播古老的性格特征；另一种是保存并强化古老制度的传统，从而在有闲阶级血统的渗透范围之外，增加未开化性格特征留传的机会。

上述特征在现代人类性格中是否存在，人们在收集和分析与这一具体问题相关的重要资料方面，简直一无所获。因此这里所持的观点，除了对一些日常事实的散漫观察以外，无法获得具体资料的支持。要追求论证的完整性，就不得不求助于对日常事实的这类观察，即使像这里所做的那样略举概要，在这方面的叙述似乎也难免平淡和烦琐。在以下几章里还要进行一种片段叙述，在这里先请读者见谅。

第十章

遗留到现代的尚武精神

有闲阶级与其说是生存在工业社会里，不如说是依靠工业社会生存。它与工业的关系是金钱性质的，而非工业性质的。人们之所以能跻身这个阶级，是通过金钱秉性的发挥，这种秉性不是关于适用性的，而是关于营利性的。因此，构成有闲阶级的人类素质，存在一个持续的淘汰更换过程，淘汰的依据是对金钱工作的适应程度。但这个阶级的生活方式大部分是由过去遗传而来的，其中包含许多早期未开化阶段的习惯和观念。这种古老的、未开化的生活方式，通过一种较为缓和的方式对下层各阶级起到强制性的示范作用。这种生活方式和习惯通过淘汰和教育发挥作用，又反过来影响人类素质的结构，其作用主要是使早期未开化时代——即重视掠夺生活的时代——的性格特征、习惯和观念得以保持。

关于那种掠夺时期所特有的古老人类性格，其中最直率、最明显的表现是纯粹的好战倾向。当掠夺活动作为集体的生活方式时，这种倾向往往被人们称为尚武精神，或者像在近代那样，称为爱国精神，在欧洲的文明国家里，传统的有闲阶级与中产阶级相比，更具有尚武精神，这一说法大概无须论证就可以得到人们的认同。实际上，有闲阶级也以此为豪，这无疑是有理由的。在一般人心中，战争是光荣的，英勇作战具有无上的荣耀，而赞美这种英勇作战的精神，本身就是好战者掠夺气质的最好证明。对战争的狂热是掠夺气质的指标，这在上层阶级，尤其在传统的有闲阶级中最为盛行。此外，有闲阶级表面上最重要的职务是从事政治事务，而就其起源和发展的内容来说，这也是一种掠夺性事务。

对于具有习惯性的好战心理这一荣誉，唯一能勉强与传统有闲阶级抗衡的是下层无赖阶级。在和平时期，广大工业阶级的作战兴趣比较低。这部分普通民众构成了工业社会的实力，他们在没有受到鼓动时，实际上对除防御战争以外的任何战争都是反感的，甚至当受到挑衅，不得不采取防卫态度时，他们的反应也是有些迟钝的。在比较文明的社会里，或者更确切地说，在工业已经达到高度发展的那些社会里，普通民众崇尚战争的进攻精神在逐渐退化。但这并不意味着，工业阶级中含有不可遏制的尚武精神的人已经为数不多，也不是说，广大民众在一时的挑拨之下，不会燃起对使用武力的热情，正如今天在欧洲不止一个国家和美国出现的情况一样。但是，除了出于一时冲动的情况，除了有掠夺类型的古老气质的人，除了上层阶级和下层阶级中有类似禀赋的人，任何现代文明社会的一般群众在这方面都具有相当大的惰性，以致除了遇到实际侵犯时的反抗以外，不可能实现其他战争。现在一般普通人的习惯和秉性倾向是，使人们的活动力向不像战争那样惊心动魄的其他方面发展。

这种气质上的阶级差别，部分是因为各个阶级在后天性格特征的遗传上存在差异，但在一定程度上也是因为与种族起源相一致的差异。有些国家的人口构成在种族上比较单纯，而在另一些国家，构成其社会各阶级的种族成分之间存在明显差异。关于上述气质上的阶级差异，前一类国家不如后一类国家那么明显。关于这方面还可以注意到一点：在后一类国家中，与世袭贵族的上流社会代表人物比起来，有闲阶级中的后起分子在尚武精神的表现上略逊一筹。这些不久前才从普通民众中脱颖而出的暴发户，之所以能跻身有闲阶级的行列，是因为他们发挥了某些与古代意义下的尚武精神所不同的秉性和习性。

除了正式的战争活动以外，决斗制度表现出一种高度好战性，而且决斗是一种有闲阶级制度。决斗实质上是解决意见分歧的最终手段，是一个相当慎重的武力措施。在文明社会，只有当传统的有闲阶级存在时，决斗的风行才算是正常现象，并且只流行在这个阶级范围之内。但也有例外的

两位绅士正在证人的见证下决斗。决斗是欧洲旧时的一种习俗，当两人争执不下、互不退让时，约定时间、地点，请证人到场，然后用武器决出胜负。传统欧洲贵族决斗前，如一方脱去白手套则代表这是一场生死决斗。俄罗斯著名诗人普希金就死于决斗。

情况：①陆军和海军军官，他们通常是有闲阶级成员，同时经过特殊训练后形成掠夺的习性；②下层阶级中的无赖，他们由于遗传或教化，形成同样的掠夺倾向和掠夺习惯。只有出身高贵的绅士和粗暴的莽汉，才以打斗作为解决意见分歧的正常手段。一个普通人，只有当一时被激怒或酒后失常，以致抑制了对挑衅性刺激的习惯性反应时，才会毫不犹豫地诉诸武力。这时他退回到了本能更为简单、较少差别的表现形态，也就是说，他在一时之间不假思索，回归到了古老的习性。

决斗制度本是解决争端和严重问题的最终方式，后来渐渐变成了一种义务性的、无故的私斗，成为一种保持个人声誉的社会职责。关于有闲阶级的这类习俗，在德国学生中风行的决斗就是一个典型的例子，这是好战的骑士风度的一种奇特的残余。下层阶级中的无赖，或者说假性有闲阶级中的暴烈分子，也有着类似的、虽然在性质上不那么正式的社会责任——为了保持他的男子气概，他有义务同他的同辈进行无故的格斗。社会各阶层的男孩中，都盛行着类似的风气。男孩在与其伙伴们日复一日的相处中，非常清楚地了解到彼此之间是如何以个人的相对战斗力来评定等级的。在孩子们的团体中，除非例外，否则不愿或不能受邀参加格斗，是无法保有荣誉的可靠基础的。

这里所说的情况适用于某种不十分明确的成熟限度以上的男孩。至于小孩，当他在日常生活中还未能脱离母亲的怀抱，需要密切监护时，这里所说的一切都对他不大适用。在这样的幼年时期，他还没有显露出进攻和对抗的性格倾向。由这种和平的性格转变到男孩的攻击倾向，在极端情况下甚至转变为恶意的顽皮，是一个渐进的过程。在儿童成长的最初阶段，不论是男性还是女性，这种积极的和攻击性的自决态度都比较少见，那种要使他自身以及他的利益与他的家族的利益相分离的倾向也并不显著，他对于谴责、害羞和胆怯却表现得比较敏感，需要与友好的人接触。通常情况下，男孩的这种幼年特征会逐渐而又相当迅速地消失，这种早期气质会转变为纯粹的男孩的气质。尽管也有例外情况，即男孩生活中的掠夺特征根本没有出现，或者最多是细微、隐约地显露出来。

对女孩来说，这种向掠夺阶段的转变，很少会达到男孩那样的完整程度，而且在多数情况下，根本不会经历这一转变。在这样的情况下，从幼年到青年和成熟阶段的转变，就只是一个从幼年时代的目的和倾向转变到成人生活的目的、职能和关系的过程，是渐进的、无间断的。总之，在女孩的成长过程中，很少存在掠夺间隔期，即使存在，女孩在这一期间的掠夺倾向和疏离态度也不像男孩那样明显。

对男孩来说，这种掠夺的间隔期是明显存在的，而且会持续一段时间，大多在成年时结束（如果当真算是结束的话）。这个说法也许需要多加考虑。有些人并没有发生从男孩气质到成人气质的转变，或者仅仅发生部分转变，类似的情况是很常见的。这里所谓的“成人”气质，指的是在现代工业生活中成年人所具有的一般气质，这些人在集体生活过程的目的上具有相当的适用性，因此可以说是工业社会中有效的、普通的组成部分。

欧洲民族在人种结构上是多种多样的。在某些情况下，即使是下层阶级，也大部分由扰乱安宁的长颅金发型白种人构成，而在另一些情况下，含有这一种族成分的主要是传统的有闲阶级。同上层阶级或前一类民族中的各阶级的孩子们相比，后一类民族中的工人阶级的男孩们，其好战习性似乎淡薄一些。

上述关于工人阶级男孩气质方面的推论，如果经过进一步充分与严密的考察后可以断定是正确的话，将为好战气质是一个相当明显的种族特征这一观点提供有力论据。由此看来，存在更多好战气质的，是构成欧洲各国的统治阶级或上层阶级的种型，即长颅金发型白人，而不是那些国家里的普通民众，即构成被统治阶级或下层阶级的种型。

人们也许会认为，男孩的气质同社会中不同阶级所具有的尚武精神的强弱没有什么联系，但至少它可以证明这种好战冲动的历史非常悠久，比工业阶级一般成人所具有的习性起源更早。在儿童生活中表现的这种气质，以及许多其他特质，暂时、具体、见微知著地再现了成人性格发展的某些状态。

按照这种理解，男孩对侵占的偏好以及把自己的利益同他人相隔离的意向，应被看作某种性格一时的复归倾向，因为在早期未开化文化下，也就是纯掠夺文化下，这类性格是正常的性格。和其他方面一样，在这一点上有闲阶级和无赖阶级的性格表明，继续存在于成人生活中的那些性格特征是童年时代和青年时代的正常特征，也就是早期文化阶段正常的或惯有的特征。除非能完全在种族根源上找到依据，否则将一无所长、狂妄自大的无赖和讲求虚文、拘泥细节的君子与一般群众区分开来的性格特征，应当被看作精神发展处于停顿状态的一种表现。同现代工业社会中普通成年人达到的精神发展阶段相比，可以说这是一种未成熟状态的标志。我们马上会看到，上层阶级和最下层阶级的代表人物的这种幼稚的精神状态，除表现为残酷的侵占与隔离倾向外，还表现在其他古老的性格特征方面。

在正式的少年时代到成人时代的过渡期间，也就是在年龄稍大的学生中，流行着扰乱安宁的捣乱行为，这是一种无目的的、游戏性的行为，带有几分组织性和计划性，这毫无疑问可以说明好战气质的未成熟本质。一般来说，这类捣乱行为只限于青少年时期。随着年龄的增长，由少年逐渐转入成人生活后，这类行为的发生频率和剧烈程度均逐渐降低，这就使一个集体在个人的生活过程中，大体完成了一次从掠夺的生活习惯转变到比较安宁的生活习惯的重现。在很多情况下，在个人还没有脱离这种幼稚状态前，他的精神发展就陷于停顿，不再继续演进，这使他的好战气质始终存在。因此，在精神发展上终于达到成人状态的个人，一般都要经过一个暂时的、古老的性格阶段，而这类性格特征是与那些战争、比赛爱好者的永恒的精神水平相一致的。当然，每个人在成年以后在这方面达到的精神成熟程度和健全程度参差不齐，有些人没有达到一般水平，就成为现代工业社会中无法消解的天然人性的沉渣，成为进一步提高工业效能和集体生活充实程度的淘汰适应过程中的落伍者。

这种精神发展上的停滞状态，不但表现在成年人直接与年轻人共有的那种凶暴的侵占习性上，而且会间接鼓动年轻人进行这类捣乱动作，促进凶暴

十字军是由天主教士兵组成的军队。为了抵御伊斯兰教的扩张，教皇乌尔利王二世于1096年发动了十字军东征。征募十字军一事激起欧洲骑士的热烈回应，这一方面源于骑士本身狂热的信仰；另一方面源于教皇的一项保证，即只要为“圣战”而死就可赎清信仰意义上的罪孽。

习性的形成，并使之在年轻一代后来的生活中继续存在，这就阻碍了社会向更为和平的气质上的进一步发展。如果富有这种侵占习性的人处于在社会中引导年轻成员习性发展的地位，那么他对保留和复归尚武精神所产生的影响是极其深远的。例如，近来有很多牧师和其他“社会支柱”，对于“基督少年军”[1]以及一些类似的准军事组织的教导，就含有上述意味。近来竭力在高等教育机构中发展“大学精神”和大学体育运动等，也具有同样的意味。

1 基督少年军是一个基督教青少年团体，在世界各地都设有分支。该团体由威廉·史密斯爵士于1883年在苏格兰格拉斯哥自由学院教堂成立，其宗旨是在青少年之间扩展“基督的国度”，同时促进服从、虔诚、纪律及自爱等良好行为，以达成“基督化的人格”。——译者注所有掠夺气质的表现都应当被列入侵占一类。这些现象部分是争强斗狠的态度的简单、直率的表现，部分是为了博取勇猛的声誉而进行的有目的活动。一切运动竞赛都属于一般性质的侵占一类，包括田径运动、射击、斗牛、钓鱼、职业拳赛、快艇竞赛等，甚至不以消耗体力为明显特征的竞技比赛也不例外。各种比赛活动，在对抗竞赛的基础上，通过各种手法，逐渐演变为以机巧与诡诈为依据，但这种转变是无法在任何一点上划出一条明确的界线的。对比赛的喜爱，是基于一种古老的精神素质，是由于具有比较强烈的掠夺竞赛习性。在一般称为运动竞赛或竞技的活动中十分显著的是，冒险侵占和损害对方的强烈倾向。

人们在各种竞赛中所流露的气质，实质上是一种儿童时代的气质，上面提到的各种掠夺竞赛都带有这种气质，运动竞赛与其他竞赛相比更是如此，或者至少更为显著。因此，对比赛的偏爱，是人们精神特质的发展处于停滞状态的显著标志。在一切比赛活动中，总不免带有很大的伪装因素，一旦我们注意到这一点，那些运动爱好者的童年气质就会格外明显。儿童，尤其是男孩子们习惯进行的各种比赛和侵占活动都带有伪装性质，而成人的运动竞赛也同样带有伪装性质。这并不是说所有比赛活动都含有同等比例的伪装成分，而是说一切这类活动中都明显存在着伪装成分。在真正意义上的体育活动和运动竞赛中，这一成分的存在比在室内进行的技巧竞赛中更为明显，尽管这个通则不是在任何情况下都完全适用。在各种户外运动中，普遍存在着伪装成分，例如我们会看到，即使是非常温和、诚实的人，外出打猎时也会携带过量的武器和其他装备，目的是满足他们完成想象中的任务这样一种虚荣情绪。他们进行狩猎时，总会摆出些戏剧性的夸张姿态，昂首阔步，神气十足，不论是潜行还是突击，总不免做出些装腔作势的动作。体育运动的情况与此相同，总是带上几分嚣张和做作，在表面上带几分神秘色彩，这些足以表明这类活动的戏剧性特征。当然，这一切都会使人想到那种孩子气的伪装现象。此外，体育运动中的行话，大部分是带有杀气的词语，是从战争术语中模仿而来的。要知道，在任何活动中使用特种行话，除了用作秘密联系的必要工具以外，也可以用于任何活动，这可以视为一种迹象，表明所说的这类活动实际上具有伪装的性质。

比赛活动还有一个与决斗以及类似的扰乱安宁的活动不同的特征，那就是除了侵占与强烈的冲动以外，其间还可以容许其他动机的存在。虽然就任何特定事例来说，其间很少有其他动机，但是沉迷于这类活动的人时常会举出其他理由作为借口，这说明其他动机有时候也可以附带存在。喜欢从事户外运动的人，诸如喜欢打猎、钓鱼的人，往往以热爱自然或需要精神调节等作为他们嗜好这类活动的动机。无疑，这类动机是存在的，它们是这类户外运动令人喜爱的原因之一，但这些不是主要诱因。这类表面的要求可以通过其他更便捷、更充分的方式得到满足，不必借助蓄意的行动来夺取生物的生命——这些生物是为户外运动爱好者们所喜爱的“自然”的主要点缀。实际上，这些人的活动产生的最明显的效果，就是把他们能力范围内的所有生物置于死地，使自然景色长期陷入一片荒凉。

然而这些户外运动爱好者们认为，在现在的习惯制度下，要接近自然并获得精神上的调节，只有遵循他们的做法才能获得最大的满足，这个说法是有依据的。过去的掠夺性有闲阶级，已经通过示范作用树立了某些礼仪准则，现在这个阶级的代表人物仍煞费苦心地保持着这些准则。按照这些准则，他们不能以其他方式接近自然，否则就要受到非难。从掠夺文化时期流传到现在的渔猎等活动，一向被认为是光荣的，是日常有闲生活中的最高形式，结果它们逐渐成为在礼俗上获得充分认可的唯一的户外运动方式。就打猎和钓鱼这类活动的直接动机来说，也许确实存在精神调剂与户外生活的需要这类动机。在蓄意屠杀借口的掩蔽下使追求这些目标成为必要的、深层次的起因的，是一种旧的习惯势力，除非甘愿冒着损伤声誉和自尊心的风险，否则是不可以违反这个习惯势力的。

其他活动的情况也大致相似，其中体育比赛是最好的范例。按照荣誉生活的准则，那些活动、运动和娱乐的方式是被认可的，当然这里也存在这方面的传统习惯。那些体育运动的爱好者或欣赏者认为，这些活动是消遣和

“发展体育”的最恰当的方式，传统习惯也支持这种看法。凡是不能列入明显有闲的活动，都被荣誉生活准则排除在有闲阶级的生活方式之外，因此，这类准则也倾向于通过习惯势力把这些活动排除在一般社会的生活方式之外。同时，无目的的体育运动则被认为是单调乏味、令人生厌的。因此，像上文已经提到过的那样，即使是其提出的目标只是出于伪装的某种活动方式，也要求助于在表面上说得过去的某种借口。各种体育活动都能满足这一要求，因为这类活动在本质上是无用的，同时有一个表面的、伪装的目的。除此之外，它们还提供了开展竞赛的余地，因此具有吸引力。一种活动，为了符合礼仪上的要求，必须要与有闲阶级的荣誉浪费准则相一致，然而，任何活动，作为一种习惯的——即便是部分的——生活表现，若要持续下去，就必须达到某种适用性的客观目的。有闲阶级准则要求严格且具普遍的无用性，工作本能则要求有目的的活动。有闲阶级的礼仪准则在于，把一切实用性或目的性的活动方式从已有的生活方式中逐渐淘汰出去，而工作本能的作用在于，一往直前地倾注于一个可能获得暂时满足的直接目的。工作本能发挥作用是比较迟钝的，只有当某一特定行动中内含的无用性已经反映到意识复合体中，成为一个与生活中正常的、有目的的趋向相抵触的要素时，才会对行为者的意识产生干扰和制止的作用。

个人的思想习惯构成了一个有机复合体，这个复合体必然趋向生活过程的便利与适用。如果把不求实际或系统浪费作为生活的目标，把它纳入这个有机复合体并将其同化，那么不久就会出现一种剧烈的反应。但是如果能把注意力局限在动作灵敏或竞赛努力这些直接的、不必做深入思考的目的上，那么有机体的剧烈反应也许可以避免。诸如打猎、钓鱼、体育竞赛等户外活动，提供了发挥掠夺生活中动作灵敏和竞赛性的凶猛与狡猾等特征的机会。只要个人的反思能力相当薄弱，或者对自己动作的最终目的认识模糊，或者他的生活实际上受自然冲动的支配，那么各种户外活动暂时的、不加思考的目的性，就可以通过优势的表现，大体上满足他的工作本能。如果他的主要冲动，属于掠夺气质那种不做深刻思考的竞赛性性格倾向，那么情况更是如

19世纪的英国贵族们正在希顿公园赛马。英国是现代赛马运动的发源地，自英格兰国王查理二世在位期间兴起的国王杯赛流行后，组委会逐渐规定明确了哪几类马匹能参加比赛。

此。同时，礼仪准则将使他认识到，上述各种户外活动是在金钱方面无可指摘的生活的表现。任何一种活动，之所以能成为正派消遣中传统的、习惯的方式并保持这一地位，是因为它能同时适应内含的浪费性与表面的目的性这两种要求。对于敏感的、有良好教养的那些人说来，由于其他消遣方式和运动方式在道义上是不被允许的，因此各种竞赛运动成了当今最适当的消遣方式。

但是，那些提倡体育竞赛的上流社会成员，对他们自己和所接触的一些人证明他们在这方面的态度正确时，总是说这类竞赛是促进各方面发展的一个宝贵手段。这类竞赛不但可以增强参加者的体格，而且能够培养参加者和旁观者的尚武精神。对于体育竞赛的适用性问题，大概每个人首先想到的竞赛都是足球，无论人们对体育竞赛有助于体格或精神发展这一点表示赞成还是反对，在他们心头首先浮现的都是这种体育竞赛形式。因此这一典型的体育活动可以作为一个范例来说明体育活动与参赛者身心发展之间的关系。有人这样说，足球与体育的关系好比斗牛与农业的关系，这个说法未尝没有理由。要保持这类消遣方式的适用性，需要勤勤恳恳地进行训练和培养。所使用的资料，不论是畜类还是人类，必须经过审慎的选择和训练，以保持并加强某些在野生状态下所特有的秉性和习性，这类特征在驯养状态下会逐渐退化。这并不是说，在畜类和人类两种情况下，训练的结果都是对野生或未开化的身心习惯进行全面而彻底的恢复。实际上这是对未开化性格或野生性格的单方面恢复，也就是恢复和加强偏于破坏和损害方面的野生特征，至于有助于在野生环境中自我保存和生活充实的那些特征，则不做相应的发展。对足球这类活动进行训练，其结果是加强了凶暴和狡诈这类外来习性。早期的未开化气质在这种训练中得到鼓励与发扬，而气质中的某些部分则受到抑制，从社会要求和经济要求的方面来看，这些部分恰恰是野蛮特性中的优点。

从体育竞赛的训练中获得的体力——如果这种训练能够取得这种效果的话——对于个人和集体来说都是有利的，因为这种训练有助于经济的适用性。随着体育运动而产生的精神特征，同对集体利益发生的作用对比起来，情况截然不同，它在经济上也是对个人有利的。在任何社会中，只要居民在一定程度上具备这类特征，情况都是如此。现代的竞争，大部分是以这类掠夺的性格特征为基础的自决过程。这类性格特征以非自然的形式渗入到现代的和平竞赛中，而对一个文明人来说，具有一定程度的这类特征几乎是一个必要条件。但对竞争的个人来说，这类特征虽然是不可或缺的，却对社会没有什么直接用处。就个人对集体生活目的的适用性而言，竞赛效能即使有用也是间接性的作用。在不与其他社会敌对的时候，凶暴和狡诈这类习性对社会没有用处。而且，它们之所以对个人有用，只是由于有很大一部分的这类性格特征活跃地存在于他所处的人类环境中。任何个人，如果在这类特征方面没有一定的禀赋，就会像一只没有角的小牛在有角的牛群中一样，处于不利地位。

之所以要拥有和培养掠夺的性格特征，除了经济上的原因以外，还有其他原因。在审美或道义方面，对未开化秉性也普遍存有偏好，而上述一些特征可以十分有效地满足这种偏好，因此，这些特征在审美或道义方面的适用性，也许可以抵消它们可能产生的经济方面的非适用性。但就这里的讨论目的来说，这一点是与本题无关的。因此，从整体上来看，关于运动竞赛的价值或适当性，或者关于它在经济依据以外的价值方面的问题，这里不准备做进一步的讨论。

在一般人的心目中，运动生活培养的那种刚毅的气质是值得赞扬的。用意义有些泛泛的口头语来说，这类值得赞扬的品质是含有自信自强、亲睦友好等成分的。但是从不同的角度来看，这样值得称道的品质通常也可以说成是凶狠残酷或党同伐异。一般人之所以认可和赞扬这类勇猛的品质，之所以把这类品质称为勇猛，完全是因为这类品质对个人有用。社会中的成员，特别是那些在爱好准则方面可以起示范作用的阶级，在这类习性方面拥有大量禀赋。在他们的影响下，缺少这类习性会被看成是一个缺陷，而在这类习性方面具有一定禀赋则成为一个了不起的优点。掠夺者的性格特征没有在现代普通民众中绝迹。这类特征依然存在，任何时候以任何原因在情感上有所触发，就能使它们极其明显地表现出来——除非感情上的这种触发，同构成我们日常工作并有助于日常一般利益的那类活动相冲突。从经济方面来看，任何工业社会的普通民众之所以能摆脱这类顽强习性的束缚，并不是因为这类习性已不复存在，而只是因为它们被部分地、暂时地废弃不用，退居下意识动机的隐藏状态。这类习性仍然以不同强度存在于每个人的意识中，在积极形成人们的动作和情感方面具有活跃力量，只要受到的刺激超过了日常的强烈程度就会发动。在任何情况下，只要个人没有从事与掠夺文化格格不入的工作，其日常的兴趣与情感没有被这类工作所剥夺，上述一类习性就会体现出来。有闲阶级及其附属阶级的某部分人就处于这样的情况。新加入有闲阶级行列的人很容易爱上运动竞赛活动，因此，任何工业社会如果累积了大量的财富，足以使很大一部分人免于从事生产工作，那么各种运动竞赛和爱好这类活动的热情就会得到迅速发展。

有一个极其平凡而常见的现象，也许足以说明掠夺冲动并非均衡地存在于一切阶级中。例如携带手杖的习惯，如果仅仅作为现代生活中的一个特点来看，充其量不过是一件日常琐事，但对这里的论点来说却具有重要意义。这个习惯在各阶级中广为流行，特别是在有闲阶级、运动竞赛爱好者和下层阶级的无赖阶级中——也就是说，在一般的理解中，手杖是和这些阶级联系在一起、不可分割的。此外或许还可以加上那些从事金钱工作的人们。而一般从事工业工作的人则没有这样的习惯。还需要指出，妇女们照例是不携带手杖的，除非她们体弱多病，而那是另一种不同的用途和情况。当然，这种习惯在很大程度上是一个礼俗问题，但是礼俗的依据，依然是在礼俗上起示范作用的那个阶级的倾向。手杖有助于达到自我表现的目的，它表明持杖者的双手在做有用劳动以外的事情，可以证明其有闲。但手杖也是一种武器，可以适应未开化时代男子的切身需要。只要一个人还残留一点凶暴的气质，那么他手里握着这样一件具体的原始攻击武器，就会感到莫大的安慰。

由于文字表达方面的关系，这里所讨论的一些秉性、习性和生活表现，在字里行间难免带有一种不以为然的语气。然而，对于所提到的各种人类性格或生活过程的任何一面，这里并没有加以反对或赞扬的意思。这里只是从经济理论观点的角度，来讨论一般人类性格方面的各种因素，并依据其对于集体生活过程的便利性的直接经济关系来对我们讨论的一些性格特征进行衡量并划分等级。也就是说，这里是按照经济的观点来理解这类现象的。对于这类现象的评价依据是，当人类集体对环境以及对集体的目前与将来的经济形势要求下的制度结构做进一步调整时，这类现象在这个调整过程中产生的阻碍或者促进作用。对这些目的来说，从掠夺文化阶段遗留下来的那类性格

拄着手杖的威廉·鲁斯布姆。他于1899—1904年任荷属东印度群岛总督。

特征已经不那么适用了。即使在这个方面，有一点也不容忽视：掠夺者那种奋发的进取态度和持之以恒的精神，是一笔拥有很大价值的遗产。这里试图分析这类秉性和习性的经济价值，同时也略微涉及其比较狭义的社会价值，而不再讨论它们在其他观点下的价值。对于这类比较原始的尚武精神的残余，如果以公认的道德标准来评价，或者更进一步，以审美的或诗意的标准来评价，那么与现代工业生活方式的平淡无奇相对照，可能会获得与这里截然不同的价值。但所有这些都与这里的研究主题无关，那么没有必要就这些问题发表意见。这里只需注意一点：所有不符合当前研究目的的其他标准，对于我们对人类性格的这类特征，或有助于这类特征发展的一些活动所作出的经济评价，绝不能有任何影响。不论是那些积极参加运动竞赛的人，还是那些只对运动竞赛持旁观欣赏态度的人，这个说法都是适用的。这里就运动竞赛倾向所提出的观点，同样适用于随后要谈到的关于宗教生活的种种评述。

上文附带提到了这样一个事实：用日常用语来讨论一类秉性和活动，不免会带上些反对或辩解的意味。这一点具有重要意义，它说明了一个胸无成见的普通人，对运动竞赛以及一般侵占活动中表现出来的一些习性所持有的习惯态度。一些长篇论著在维护或赞扬运动竞赛以及主要属于掠夺性质的其他活动时，不免充满一种隐约的反对语气，关于这一点，如果以这里的内容为讨论依据，也许是同样方便的。关于从未开化生活阶段遗留下来的多数其他制度，在一些代表著作中，也可以看到同样的辩解态度。这里可以举几个人们认为有必要加以辩解的古老制度：有关财富分配的现有制度以及由此形成的身份制度和阶级差别；属于明显浪费项目下的所有或几乎所有的消费方式；族长制下的妇女地位；关于传统教义和信仰方面的特征，尤其是在教义方面以及对公认教义的直接理解下的那些通俗表现。因此，这里要说的关于赞扬运动竞赛以及竞赛特性时所采取的辩解态度的一些话，只要在措辞上进行适当变换，也同样适用于我们的社会遗产中其他有关因素所提供的那些辩解论调。

通常人们总认为运动竞赛以及作为竞赛特性基础的掠夺冲动和思想习惯是不完全与常识相切合的。虽然辩解者本人在表达这种感觉时大都比较含糊，一般不是明确地说出来，但是通常可以从他的语气当中体会到。“就大多数行凶者来说，他们是十分下流的人。”在道德家的观念中，这一格言表明了对掠夺气质及其公开表达和运用的训练效果的评价。掠夺性格对集体生活的有效程度，思想成熟的人通过冷静的观察究竟会持有怎样的看法，从这句格言里似乎可以找到一些线索。人们总是对牵涉到习惯性掠夺态度的一切活动都抱有反感的态度，因此那些为复兴掠夺习性而辩护的人，那些为加强这类习性的活动而辩护的人，就有了举证的责任。社会上存在赞成上述这类消遣方式和冒险行为的强烈感情，但是同时也存在认为这种感情缺乏正当依据的想法。人们通常会用以下看法来作为必要的正当理由：虽然运动竞赛这一活动实质上具有掠夺性，发挥着分化社会的作用；虽然在其直接影响下导致的一些与现代工业社会不相适应的习性的恢复，是同工业不太适应的，但是间接、更深一层来看——通过一种不大容易理解的对立归纳法或对抗刺激法——却可以认为运动竞赛培养了一种有利于实现社会目的或工业目的性格和思想习惯。也就是说，运动竞赛虽然实质上具有歧视的侵占性质，但由于某种间接的、未知难解的原因，结果却促进了一种有利于非歧视性工作的气质的发展。人们试图依据经验来证明这一切，或者把它看作经验归纳的结果，任何人只要留心关注就必然会明白。在对这一论点进行论证时，人们故意精明地避开了做出由因到果的推论时站不住脚的依据，只是表明运动竞赛有助于养成上面所提到的“勇敢品质”。但是需要在经济理论上加以解释，证明其正当性的，也恰恰是这些勇敢品质，于是应当在这里开始的一系列证明，却在这里中断了。用最笼统的经济术语来说，这种辩解努力表明的是，无论事理上的压力是如何不可抗拒，运动竞赛实际上促进了可以宽泛地叫作“作业”的事物的发展。这就是运动竞赛的效果——在这一点上，如果思想丰富的辩解者没能说服自己或者别人相信这一点，是不会感到满足的。而一般来说，也应当承认他是得不到满足的。他对自己在这个问题上的辩解的不满情绪，通常表现在他进行辩解时急躁蛮横的语调，以及渴望他人同情和支持其观点时的急切心情。

但是，为什么需要辩解呢？如果支持运动竞赛的感情在民众中间普遍而有力地存在，为什么这一事实不能算作充分而正当的理由呢？人类在掠夺文化与准和平文化下经受了尚武精神的长期教化，已经把一种表现为凶暴和狡诈的气质遗留给现代人。既然如此，为什么不承认这类活动是正常和健全的人类性格的正当表现呢？除了表现在这一代人情感当中的，包括刚勇这一遗传性格在内的一系列习性所构成的规范以外，还有什么别的规范吗？我们说，人们要进一步诉求的一个隐藏规范就是工作本能，这是一种比掠夺的竞赛习性更基本、更古老的本能。虽然绝对地说，掠夺的竞赛习性也是极其古老的，但它只是工作本能的一个特殊发展、一种变形，相对来说是后起的，经历的时间比较短暂。竞赛性的掠夺冲动——或者完全可以说成是运动竞赛本能——是从原始的工作本能演化和分化而来的，与工作本能相比，其本质上是不稳定的。掠夺竞赛，因此也就是运动竞赛生活，是经受不住这个生活隐藏规范的考验的。

有闲阶级制度有助于运动竞赛和歧视性侵占这类活动的持续存在，但这一促进作用用三言两语是无法解释清楚的。从已经列举的例证看来，有闲阶级与工业阶级相比，在感情和意向上似乎更倾向于好战的态度和精神。关于运动竞赛，情况似乎大体相同。但是对于有关运动竞赛生活的普遍情绪，有闲阶级制度主要通过礼仪生活准则间接发挥作用。这种间接效果几乎毫无疑问地表现在促进掠夺气质和掠夺习惯的持续存在上，甚至对于高级有闲阶级的礼法所排斥的那类竞赛生活的变体，如职业拳击、斗鸡以及在竞赛习气下的其他粗俗表现也是如此。不管最近确证的详细礼仪规范怎么说，有闲阶级制度已经认可的礼法准则，总是绝不含糊地表明，竞赛和浪费是正当的，而与之相反的事物是不光彩的。处于社会下层中阴暗角落的人们，不可能充分理解或完全掌握礼仪准则的全部细节，因此，他们便在不假思索的情况下运用那些显著的基本礼仪准则，对于准则的适用范围或得到认可的详细例外情况，却不去深究。

酷爱运动竞赛是有闲阶级一个非常突出的特点，这不但表现在有闲阶级成员的直接参与上，而且表现在他们对体育运动在感情和精神方面的支持上，这是有闲阶级与下层社会中的无赖阶级所共有的特征，也是整个社会具有强烈的掠夺气质的体现，也就是具有返祖遗传性格的人所共有的特征。在西方文明国家的民众中，缺乏掠夺本能并对一切体育运动和竞技都不感兴趣的人是很少见的，但工业阶级中的普通人，对运动竞赛的爱好不是那么热烈，还没有达到可以恰当地称为具有运动习惯的程度。对这类工业阶级来说，运动竞赛是偶尔的消遣，而不是生活中的一个显著特征。因此，不能说这部分普通民众促进了运动竞赛这一性格倾向的形成。在工业阶级的普通成员中——甚至可以说在绝大多数的成员中——爱好运动竞赛的倾向不是完全不存在的。普通工业阶级对运动竞赛的爱好带有潜意识的性质，多少只是把它作为偶尔寄兴的消遣，而不是

拳击也被称为“勇敢者的运动”。早在古希腊和罗马时代就有许多有关拳击的记载。现代拳击运动于18世纪起源于英国，当时比赛不戴拳套，亦无规则和时间限制，比赛直至其中一方丧失继续比赛的能力时才停止。图为19世纪美国的拳击比赛。

把它作为生活兴趣中一个不可或缺的、持续存在的爱好，更不可能把它作为构成思想习惯有机复合体的一个主要因素。

这种表现在今天的运动竞赛生活中的性格倾向，也许看起来并不是一个具有重大影响的经济因素。仅就其本身而言，这种性格倾向对工业效能，或者对一个人的消费，并没有什么重大的直接影响，但是，以这一倾向为典型特征的人类性格类型的广泛流行和发展，却是个具有一定重要意义的问题。不论是在经济发展的速度方面，还是在这种发展所产生的结果的性质方面，这种性格类型都会影响集体的经济生活。无论如何，既然大众的思想习惯在一定程度上受这种性格类型支配，这一事实必然会对集体经济生活的范围、趋向、标准和观念以及集体生活对环境的适应程度，产生重大影响。

应当指出的是，构成未开化性格的一些其他特征也有类似的影响。从经济理论上来说，可以把其他未开化特征看作掠夺气质的伴生变异，尚武精神就是这类性格的表现。这类特征在很大程度上根本不是经济性质的，也没有多少直接的经济意义，但是它们有助于表明具有这类特征的个人所适应的经济演化阶段。因此，其重要意义在于它可以作为检验含有这类特征的性格对当今经济要求的适应程度的外在标准。但其自身作为众多秉性中的一种，对增加或减少个人的经济适用性具有一定程度的重要意义。

在未开化阶段，尚武精神主要表现在两个方面——暴力和欺诈。这两种表现形式，在不同程度上存在于现代的战争、金钱工作和运动竞赛中，这两类秉性都是在运动生活和严肃的竞赛生活中被培养和加强的。谋略或狡诈是运动竞赛的必要因素，这一因素同样存在于战争和狩猎中。在这些活动中，谋略往往发展为奸险和欺诈。在任何体育比赛或一般竞赛的程序方法中，欺诈、做作和恐吓总是占有十分稳固的地位。每种竞赛都要聘请裁判员，制订许多精密的技术性规则，以控制可容许的欺诈手段和谋略优势的限度和细节。这些都充分说明，用阴谋诡计来战胜对手的做法并不是竞赛中偶然存在的特点。必然的是，进行这类竞赛活动会导致欺诈习性的进一步发展。如果那种促使人们爱好运动竞赛的掠夺气质在社会中流行，那就意味着狡诈风气也会盛行，人们会全然不顾他人的利益——无论是个人利益还是集体利益。无论用什么借口，也无论是否在法律或习惯的掩护下，欺诈都是一种狭隘的自私心理的表现。关于运动竞赛的这一特征，其经济价值已经显而易见，这里没有必要进行详述。

还应当指出，从事体育和其他竞赛的人，最容易感染到的外貌特征是极度的机敏狡黠。因此，不论在推动竞赛活动方面，还是在赋予机敏狡黠的参赛者在同伴中的声誉方面，奥德修斯的天赋和功绩绝不比阿喀琉斯逊色。当一个少年经过入学考试，踏进了任何一所著名的中学或大学后，要使其性格同化于一个职业的运动选手，第一步通常是使他养成一种狡黠的姿态。凡是

阿喀琉斯与特洛伊首领赫克托耳战斗的场景。

对体育比赛、竞技活动有强烈兴趣的人，总喜欢保持这种机敏狡黠的姿态作为外貌特征，他们在这方面是从来不肯放松的。在下层懒汉阶级的成员中，这种狡黠姿态也往往表现得非常突出，那种戏剧性的夸张态度，与一个谋求体育荣誉的年轻选手常有的态度非常相似，这里再一次表明这两类人在精神上是一脉相通的。顺便指出，有些人草率地把这类年轻人的态度叫作“无法无天”，上述性格表现正是这方面最明显的标志。

可以说，一个狡猾、乖巧的人对社会没有什么经济价值，除非其在与社会上的其他成员打交道时使用欺诈手段。他的功用并不在于能对一般的生活过程有所推进，就其直接经济意义来说，这种品质所起的作用，充其量是对集体的经济实质有所转变，使之向与集体生活过程背道而驰的方向发展。这与医学上良性肿瘤的情况十分相像，其变化的趋向超过了划分良性与恶性的那个不确定界线。

凶暴与狡黠这两种未开化的性格特征，构成了掠夺气质和掠夺的精神态度，两者都是狭隘的自私心理的表现，它们使个人在生活中追求歧视性成就变得得心应手；两者也都具有很高的审美价值，因为它们都是金钱文化的结果。但两者在集体生活的目的上是一无是处的。

第十一章

相信命运

赌博习性是未开化气质的另一个附属特征，是性格的伴生变化，普遍存在于热爱运动、战争以及竞赛活动的人们身上。这一特征有直接的经济意义。一般认为，它的过分发展对任何社会来说都是实现总体最高工业效能的一个障碍。

将赌博习性看作完全属于掠夺型人类性格的一个特征是不太准确的。赌博习性中的主要因素是相信命运，从本质上来看，这种信念应当可以追溯到人类进化过程中的掠夺文化阶段以前。对命运的信赖，大概在掠夺文化时期就已经发展到目前的形态，从而成为运动竞赛气质中赌博倾向的主要因素。它之所以在现代文化中以这样的形态出现，主要是因为掠夺阶段的熏陶。但相信命运实质上是比掠夺文化更古老的一种习性，是万物有灵观念的一种表现形式。这种信念似乎是更早时期的一个特征，这种文化的实质从那个时期流传到了未开化文化阶段，然后经过那个阶段的变化，在掠夺训练所赋予的那种形态下，流传到了人类发展的后期阶段。但无论如何，应当把它看成是一个古老的性格特征，从非常久远的过去流传下来，与现代工业操作的要求多少有些不相适应，而且对实现集体经济生活的最高效能来说，多少是一个障碍。

相信命运虽然是赌博习性的基础，但并不是赌博习性所包含的唯一因素。人们对力量与技术上的竞争还有一个更深层次的动机，如果没有这一动机，相信命运决不会成为竞赛生活中一个显著特征。这个更深层次的动机是一种期望，即预期可以获胜者或预期可以获胜的那一方的参加者，希望以失败者为代价来增加自己这一方的优势。下的赌注越大，金钱上的得失越大，

18世纪的阿姆斯特丹，人们争相挤进彩票公司大门的场景。

获胜者一方所获得的胜利越显著，失利一方在失败中所遭受的痛苦和耻辱也就越大，尽管赌注本身也是一个不容忽视的重要因素。但事实不止如此，下赌注时一般还有这样的目的——赌注本身就足以帮助下注者取胜，虽然这很难用言语来表明，甚至没有被明确认识到。赌博参与者还存在一种感觉，即为了这个目的所花费的物质和提心吊胆的心情，也会对结局产生影响。这里有工作本能的一种特殊表现，支持这种表现的是一种更为明显的感觉，即基于万物有灵观念下的事物的一致性。当强烈的意向和能动力量调和并加强了事物内在的习性时，获得这种意向和力量支持的一方必然能获得胜利。我们在竞赛中支持自己认为会获胜的那一方，直率地表现出这种下注的动机和心情，这一点无疑具有一种掠夺特征。表现在赌注上的相信命运的态度，是随着原有的掠夺冲动而来的。因此可以确定，就相信命运的态度表现为下赌注这一形式而言，应当把这种表现视为掠夺性格类型中的一个主要因素。从本质上来讲，这种信念是一种古老的习性，实际上是早期的、未经分化的人类性格。后来，这种信念被掠夺的竞赛大力推进，分化为赌博习性的特有形态，这种信念在这样高度发展的特有形态下，应当被视为未开化性格的一个特征。

相信命运是现象的顺序关系中一种“偶然的必然性”感觉。这种信念具有多种多样的变化和表现，其一旦在任何社会中流行到了相当显著的程度，就会对社会的经济效能产生非常大的影响。因此，这种信念的起源和内容，它的各种派生表现与经济结构、职能的关系，都需要进行进一步的详细探讨，同时也要深入分析有闲阶级与这种信念的成长、分化与持续存在的关系。从掠夺文化下的未开化民族那里，或者从现代社会中一个运动竞赛者那里，可以非常容易地看到这种信念充分发展的完整形态，其中至少含有两个可区别的成分。这两个成分应当被看作同一基本思想习惯的两个不同状态，或者在其演变过程中两个连续状态下的同一心理因素。这两个成分是信念在同一发展过程中的连续状态，这一事实并不妨碍两者共同存在于一个人的思想习惯之中。两者之中比较原始的形态，或者说比较古老的状态，是一种早期的万物有灵信念，或者是对各种关系和事物持有的一种万物有灵的意识，这种信念使人们将类似于人的性格赋予各种事物。在古代人眼中，在他们所处的环境中，一切突发的或明显是相因而生的事物，都具有一种类似于人的个性。他们认为一切事物都有意志力，或各种习性，这些习性渗入了起因的

17世纪的法国，一群赌徒正在玩骰子。

复合体并成为它的组成部分，从而不可思议地影响着事态的发展。命运和机遇（偶然和必然性）对于运动竞赛者来说，是一种模糊不清或不太完整的万物有灵观念。这种观念常常以非常模糊的方式与事物和局势发生联系，但通常也具有一定程度的明确性，因此，在涉及命运与机遇的问题时，这种观念会导致人们倾向于借助某些工具或器物来获得帮助，但实际上这种观念往往产生哄骗和诱导的作用，有时候甚至会扰乱人们的判断。在比赛中，参与者几乎都有随身佩带符咒或护身符之类的习惯，他们认为这些东西或多或少会有些效用。此外还存在一些同样普遍的情况：在比赛中，人们一旦在下了赌注的那些选手或比赛用具上发现了不祥的预兆，就会本能地感到恐惧；对某一选手或某一方下了赌注后，会认为这确实而且应当会增强那个选手或那一方的力量。在他们看来，他们对某一方“吉星高照”的祝愿或相关举措是有实际意义的，不仅仅是玩笑而已。

这种相信命运观念的简单形态，就是对事物和局势的不可思议的目的性倾向的本能感觉。各种事物和局势都有一种归结到某一特定目的的倾向，无论人们认为这个目的是偶然产生的还是特意追寻的。从简单的万物有灵观念出发，这种信念通过不被察觉的演进过程，逐渐转变到上面提到的第二个派生形态，也就是对于一种不可思议的超自然力的十分明确的信念。超自然力通过与之联系在一起的有形事物发挥作用，但在个性特征上，是不能把超自然力与普通事物混为一谈的。这里使用“超自然力”这个词语，并不在所谓超自然力量的性质方面含有更深层次的意义，只是指万物有灵信念的进一步发展。这里所说的超自然力，并不一定要视为完全意义上的人格化的动力，而是带有一定程度上的人格属性的一种动作力，它会在比较随意的状态下影响所有冒险事业，尤其是竞赛活动的结果。例如，人们对“哈民查[1]”或“吉普塔[2]”的广泛信奉，使冰岛的英雄故事及德国早期的故事增色不少，这个例子证明了超自然倾向这一观念对事物发展进程的影响。

信念的这种表现或形态，在习性倾向上是很少被人格化的，尽管其在不同程度上也被赋予了个性，而且有时候人们会认为这种个性化的习性倾向会屈服于环境——主要是精神的或超自然的环境。决斗的断讼法就是这类信念的一个显著例证，在这种情况下，这类信念在这里处于十分深入的分化阶段，当人们怀着这类信念并求助于超自然力的时候，这种超自然力就已经在神人同形的观念下被人格化了。这里将超自然力视为被邀请来的公断人，要按照某种约定的依据，如参与者各方的公正或合法，来裁决竞赛的结果。当前流行着一种信念，举例来说，这种信念可以通过公认的一句格言来说明——“凡是知道自己理直气壮的人，就会有加倍的力量”，即使在现代的

1　挪威神话中的幸运之神，人们认为它可以给信奉者带来好运。——译者注

2　北欧神话中的神灵。——译者注

文明社会里，这句话仍然对一个不做深入思考的普通人具有重要意义。这里存在着一种与上述类似的观点，即在事态的演进中存在一种不可预测但势必如此的趋向。作为一个晦涩难懂的因素，这一点可以在当前信念的某些迹象中追根溯源。对“哈民查”的信奉或者认为冥冥之中自有神力主宰的这类信念，在现代人的潜意识中是模糊不清的，或者说是不确定的，并且在任何情况下，似乎总是与不明显属于万物有灵性质的心理动因混合在一起。

上述对习性倾向的两种万物有灵论的理解，后者是通过心理过程或种族遗传由前者转化而来的，这里出于研究目的，没有必要对这方面的心理演变过程以及种族遗传问题做进一步深入的探讨。在民族心理学或宗教教义、教派演变的理论研究中，这个问题也许是非常重要的。对于一个更具基本性的问题，即两者在发展顺序上是否作为相继发生的状态而相互关联，情形也是如此。在这里提到这些问题，其目的是要说明，这里的讨论兴趣并不在这些方面。就经济理论而言，关于相信命运或事态的超因果趋势或事态的习性倾向，这些方面的这两个成分或状态实际上属于同一性质。它们作为思想习惯，会影响到个人对于其所接触到的一些事物之间关系的习惯看法，从而影响个人对工业目的的适用性，因而具有经济上的重要意义。由此可见，除了任何万物有灵信念下有关美感、价值或仁慈的问题之外，它们在个人适用性方面所具有的经济意义——涉及个人作为一个经济因素，尤其是作为一个工业的动因——有其值得讨论的地方。

上文已经提到，在今天复杂的工业过程中，个人要获得最高的适用性，就必须具有随时从因果关系的角度来理解事实并使之相互关联的秉性和习惯。不管从整体还是细节上来看，工业过程都是一个定量的因果关系过程。对工人或对一种工业过程的指导者所要求的“智慧”，不是别的，只不过是必须能够较为熟练地从量上来理解和适应因果关系。拙劣的工人缺少的正是这种理解与适应上的熟练程度，如果对工人的教育目的在于提高他们的工作效能，那么这种教育所追求的目标就是增进这种熟练程度。

如果工人先天的禀赋或后天的培训使他无法依据因果关系或事实来了解

事态和事态的演变，那么他的工业效能或工业适用性就会降低。这种因喜欢按照万物有灵的观点来理解事实而使效能降低的情况，如果从整体上来看，即将具有万物有灵倾向的某一民族作为一个整体，就尤为明显。与其他制度相比，万物有灵的观点对经济的妨碍在现代大工业制度下更加明显，其影响也更为深远。在现代工业社会中，工业是由互相制约的机能和作用构成的一个整体系统，这一倾向日益明显，因此，从事工业的人要想提高效能，就必须完全摆脱偏见的影响，从因果关系上来理解各种现象。在手工业制度下，一个工人如果具有熟练的技巧与充沛的体力，并且刻苦耐劳，那么这些优点就会在很大程度上抵消他在细心习惯上存在的偏见和弱点。

传统农业与手工业有着类似的情况，两者对劳动者的要求在性质上非常接近。在两种产业中，劳动者自身都是它们主要依靠的原动力，而可利用的自然力量则被认为是不可捉摸的、偶然的动力，它的运作方式超出了劳动者所能控制或自由处理的范围。在一般的理解中，这类生产方式不同于工业过程。在工业过程中，必须依据因果关系来理解整个机械过程的决定性趋向，工业的进行与工人的动作必须与之相适应，而在这类生产方式中，则较少出现这样的情况。随着工业方法的发展，手工业者的那些长处越来越难以抵消其存在的智力不足或接受因果关系时的迟疑不决。工业组织越来越显示出一种机械结构的性质，工业人员的职能是辨别和选择那些会产生有用效果的自然力量。工人在工业中的地位发生了变化，从肩负原动力变为抉择和评价量的关系和机械事实。他要对其所处环境内的因果现象有迅速理解和公正评价的能力，这方面的经济意义越来越重大。任何存在于他思想习惯复合体中的成分，如果掺入了与上述能力不相容的偏见，将越来越成为一个重大干扰因素，足以降低他的工业效用。如果不以量的因果关系为依据来观察日常事态而是存有偏见，那么即使偏见非常轻微或并不明显，这种偏见也会对民众的习惯态度产生累积性影响，从而明显降低一个社会集体的工业效能。

万物有灵的心理习惯，可能以一种初始的万物有灵信念的早期未开化形态出现，也可能以后期较为完整的形态出现，从而对事物的性格倾向加以神

17世纪的染布工。

人同形观念下的人格化。不管是这种活跃的万物有灵观念，还是那种求助于超自然力或神力的指引的习惯，在工业上大体具有同样的意义。就个人的工业适用性受到的影响来说，在这两种情况下受到的影响是属于同一类的。但是，当个人处理所处环境中的事物，习惯应用万物有灵观念或基于神人同形观念的那一套法则时，其结果会因直接、迫切或专一程度上的不同而有所差别，而这种思想习惯能控制或塑造个人的思想复合体到什么程度，是以上述差别为依据的。在各种情况下，万物有灵的思想习惯使人们对于因果关系的了解陷于模糊状态，但是同神人同形观念的较高形态相比，早期比较肤浅、不明确的万物有灵观念，对个人智力过程的影响也许更加广泛、深入。当万物有灵习性只是以原始且朴素的形态存在时，其应用范围和限度是不明确的，或者说是没有明确界限的。因此，凡是在个人能够接触到生活中物质资料的地方，这一习性就会在个人生活的方方面面深刻地影响他的思想。万物有灵观念的后期、较为成熟的发展形态，经过神人同形观念的雕琢而明确界定后，其应用范围已经相当明确地局限于那类虚无缥缈的事物，于是那些范围不断扩大的日常事实，不再借助于表现万物有灵观念的那个超自然力来解释。要借助于高度完整的、人格化的超自然力来理解和处理日常生活中的各种琐碎事件，并不是一个便利的手段，因此很容易形成一种习惯，即从因果关系的角度来解释许多琐碎或世俗的现象。但是，由此得到的临时解释，只是因为对琐碎的事件漫不经心，才得以明确存在，个人一旦受到特殊刺激或产生困惑，就会恢复对原有观念的忠诚态度。当出现特殊要求，也就是说，当特别需要充分而直接地求助于因果规律时，他如果具有神人同形的信念，就往往会求助于超自然力，把它作为一个万能的解释方法。

这种超越因果的倾向或动力，作为一个解释疑难问题的手段是非常有效的，但这种效用完全属于非经济性质。如果它在一致性和专门化方面达到了很高的程度，并具有了神人同形的神性，它就成了一个避难所和安乐窝。当一个人遇到一些难以用因果关系解释的现象而感到困惑时，神力就会为他提供一个摆脱困难的手段，但除此之外，神力观念还有许多长处。从审美、道德或宗教利益的观点来看，甚至从政治、军事或社会政策的比较直接的观点来看，神力有许多明显、公认的优点，然而这些都不是这里应当讨论的。这里要讨论的问题是，当我们把对这种超自然力的信念，视为影响信仰者的工业适用性的一种习惯时，它并不那么迷人，也不具备迫切的经济意义。而且，即使在这个狭隘的经济范围内，也不得不把讨论局限于这种思想习惯对信仰者在工业上的适用性的直接影响，而不是扩展开来，将其较为深远的经济效果也包含在讨论范围内。同这种神力相连，能使生活提高到怎样的程度，这是一个问题；这类更深层的经济效果是很难探究的，当我们试图对深远的经济效果进行探讨，从而论证其经济价值时，势必会纠缠于当前的一些偏见，使探讨在当前一无所获。

万物有灵的思想习惯对信仰者的直接影响是降低他的有效智力，而这方面的智力对现代工业具有极其重要的意义。不管人们信仰的超自然力或超自然倾向属于较高的形态还是较低的形态，总是会在不同程度上产生影响。对未开化者和运动竞赛者的命运观念和习性倾向来说，情况确实是这样的。对这类人通常具有的、在高度发展形态下的、对神力的信仰来说，情况也是这样的。发展较为充分的神人同形的信仰，迎合了宗教观念比较浓厚的文明人的心理，对这些信仰来说，上述说法也必然是适用的，但是这一推论的可靠程度难以确定。人们普遍坚持的较高形态的神人同形信仰，会造成工业效能的下降，也许是比较轻微的下降，但也是不容忽视的。即使在西方文化中，那些高级形态的信仰，也绝不是超因果倾向这一人类意识的最后残余状态。除了这类信仰形态之外，同样的万物有灵意识还表现在各种淡化了的神人同形信仰上，如18世纪对自然秩序与天赋权利的诉求，如表面上算是后达尔文主义概念的、属于现代典型的、关于进化过程的修正倾向，等等。以万物有灵来解释各种现象是一种谬论，理论学者将其称为“有理性的愚蠢”。从工业的或科学的角度来看，这样的观点对于理解和评价事实是一个极大的障碍。

万物有灵的思想习惯，除了在工业上的直接影响以外，对经济理论也有某种重要意义，（a）这一思想习惯可以非常可靠地证明，还有其他一些经济上具有实际重要意义的古老性格特征同时存在，甚至在某种程度上相当有力地存在着。（b）基于万物有灵习性而获得发展的神人同形信仰，构成了宗教上的礼俗，这类礼俗所产生的结果有两方面的重要意义：①影响了社会对商品的消费和一般爱好准则，这一点在上文中已经提到；②引起并保持对上级关系的习惯性认可态度，从而强化流行的身份和效忠方面的观念。

就上面提到的两个方面来说，那些构成个人性格的思想习惯，从某种意义上算是一个有机统一体。在生活习惯的表现上，如果某一方面发生了显著的变化，则在这类表现的其他方面，或在其他各类活动中，也会随之发生并发性变化。这些不同的思想习惯或生活习惯体现了个人单一生活过程中的所有方面，因此，由于回应某种刺激而形成一种习惯，必定会影响到对其他刺激做出反应时的性格。人类性格上的任何转变，都是人类性格整体上的转变。基于这个原因，或者在更大的程度上还基于一些这里难以深入探讨的、更模糊晦涩的理由，人类性格的不同特征之间出现了某些关联性变化。例如，虽然未开化民族的生活属于充分发展的掠夺型，但他们一般也具有强烈而普遍的万物有灵思想、完整的神人同形信仰和强烈的身份意识。另一方面，在未开化文化以前或以后的各文化阶段，关于神人同形信仰和对有形事物的万物有灵倾向的现实意识，在各民族的生活中表现得并不突出。总的来说，和平社会里的身份意识比较薄弱。还应当注意的是，在掠夺期之前或野蛮的文化阶段，活跃而略带专门化意味的万物有灵信念存在于即使不是全部也至少是大部分民族中。同未开化民族或已经过蜕化的蛮族相比，一个原始的野蛮人对于万物有灵的信仰似乎没有那么认真。在他那里，万物有灵的信仰演化成一些稀奇古怪的神话，而没有演化成顽固的迷信思想。未开化文化所表现的，是运动竞赛精神、身份制度和神人同形信仰。在当今的文明社会里，在个人的气质中，也可以看到这方面的变形。那些赋有掠夺性未开化气质的现代代表人物是运动竞赛的重要组成部分，他们大多相信命运的主宰，至少对事物具有强烈的万物有灵意识。正是因为这一点，他们才会热爱赌博。这类人关于神人同形信仰的情况也是如此。这类人信奉某种宗教，通常信奉的是在神人同形观念上朴素而连贯的那类教派，只有为数不多的运动竞赛者，才会从神人同形观念比较淡薄的那些教派，如“唯一神教”或“宇宙神教”中寻求精神上的慰藉。

神人同形观念和尚武精神是相互关联的，同这一点密切相关的事实是，神人同形观念即使不足以发动也至少足以保持有利于身份制的那种心理习惯。就这一点来说，在这种信念下的训练效果究竟以何处为终点，以及在这种遗产特征下的并发性变化的迹象究竟以何处为开端，都是无法断言的。那些掠夺气质、身份意识和神人同形的观念，在其最充分发展的形态下，都是属于掠夺文化的。当这三种现象出现在那个文化水平的社会时，它们彼此之间存在着某种互为因果的关系。当这类现象在当今个人和各阶级的秉性与习惯中相互关联地重新浮现时，其情况足以表明它和属于个人性格特征或习性

《圣母与圣子》，意大利威尼斯画派画家乔凡尼·贝利尼绘于1455年。

的那些心理现象之间存在着同样的因果关系或有机关系。上文已经提到，身份关系作为社会结构的一个特征，是掠夺性生活习惯的结果。就其来源而言，身份关系实质上是掠夺态度经过加工后的表现。另一方面，对有形事物中不可捉摸的超自然习性倾向，神人同形观念为这一概念附加了一个详细的身份关系准则。因此，就这一观念起源的外在事实而言，可以把这种观念视为在古代人中普遍流行的万物有灵观念的产物，是通过掠夺的生活习惯而明确界定，并有了一定程度的改变，结果形成的是一种人格化的超自然力，这种超自然力经过充分补充，有了掠夺文化下的人们所特有的全部思想习惯。

在这里进行讨论的、与经济理论有直接关系的、较为显著的心理特征可以概括如下：①掠夺性竞赛性格，上文中已经讨论过，这里我们称之为尚武精神，这种思想习惯只是人类所共有的工作本能的未开化变体，这一特殊形态是人们在作歧视性对比的习惯支配下逐渐形成的；②身份关系，是在这样的歧视性对比下按照公认标准加以品评与分级的一种表现形式；③神人同形观念，至少在其最初生气勃发的时候是一种制度，其特有因素是一种身份关系，在这种关系中人类居下，人格化的超自然力居上。记住这一点，在认识人类性格与人类生活中这三种现象之间存在的密切关系时就应当不存在什么困难，对其中某些主要因素而言，彼此的关系可以说是等同的。一方面，身份制度与掠夺性生活习惯是工作本能在歧视性对比习惯下所采取的形式的一种表现；另一方面，神人同形观念和宗教信仰习惯，是人类对有形事物性格倾向所持有的万物有灵观念的一种表现，这种表现是在本质上属于同一歧视性对比习惯的支配下逐渐加工完成的。因此，竞赛生活习惯和宗教信仰习惯这两个范畴，应当被看作人类性格的未开化类型和它的现代未开化变形的补充因素，两者都是对各种不同类型的刺激发生反应时形成的基本上属于同一类型的那种秉性的表现。

第十二章

宗教信仰

随意列举几项我们现代生活中的某些事态，就足以说明神人同形的观念与未开化文化、气质之间的有机联系，同样还可以说明，这类信仰的存在和功效及其礼仪形式的盛行是如何与有闲阶级制度以及作为这个制度基础的动力产生联系的。这里在谈到宗教信仰或通过这类信仰而表现出的一些精神特征和智力特征时，没有任何对这方面的行为予以褒扬或贬损的意图，属于神人同形观念的现有教派的一些日常现象在经济理论上是有意义的，因此可以从这个观点进行讨论。这里将深入探讨关于宗教礼仪的一些可以感知的外在特征，而关于宗教生活在精神和道德上的价值，则不在目前的研究范围之内。当然，关于那些信仰所依据的教义的真理和美感问题，这里也不进行讨论，甚至那些比较深远的经济意义，这里也无法进行讨论，这类问题过于深奥，含义过于深刻，用如此简短的篇幅是无法容纳的。

在前一章里，我们已经谈到了金钱的价值标准对于一些评价过程所产生的影响，这种评价过程是根据与金钱利益无关的标准来进行的。这种关系并不完全是单方面的，经济的评价标准或评价准则，也会受到经济以外的价值标准的影响。我们对各种事物的经济意义的评价，在一定程度上是由那些较为重大而明显存在的经济利害关系所构成的。甚至有这样一种观点认为，经济利益只在它有助于这些更高层次的、非经济的利益时，才有其重要意义。因此，这里出于研究的目的，必须考虑如何把经济利益与属于神人同形观念的各教派的各种现象的经济意义分离开来。要使自己摆脱比较通行的观点，尽可能地撇开与经济理论无关的那类更高层次的利益关系所造成的偏见，是需要花些工夫的。

15世纪50年代的天使报喜画。天使报喜是常见的基督教画作素材，在基督教中指天使向圣母玛利亚告知她将受圣灵感孕而即将生下耶稣。

上文在讨论运动竞赛气质时曾指出，有形事物或事态具有一种万物有灵习性的倾向，为运动竞赛者的赌徒习性提供了精神土壤。以经济的观点来看，这种观念同万物有灵信念及属于神人同形观念的各教派在各种形态下所表现的实质上具有同样的心理因素。就经济理论必须讨论的那些显著的心理特征而言，那些充斥在运动竞赛习性成分中的赌博精神，经过难以辨别的发展，逐渐转变为在宗教信仰中获得满足的心理。也就是说，从经济理论的角度来看，爱好运动的性格已经逐渐转变成宗教信徒的性格。如果一个赌徒的万物有灵观念能够获得些一贯性的传统的支持，那么这样的观念就会发展成对超自然力或超物质力的一种非常明确的信念，其中还含有一些神人同形的观念。在这种情况下，通常存在一种明显的意向，即通过某种亲近的、可调和的有效方式来达成与超自然力的妥协。这里的可调和与诱导成分，与较为粗浅的信仰方式有很多共同之处——即使不是在历史根源方面，也至少在心理内容方面存在很多共同之处。显而易见，赌徒的那种信念慢慢变成迷信的活动和信念。这就可以断言，这种信念与那些较为粗陋的神人同形的观念之间存在着密切联系。

由此可见，在运动竞赛气质或赌博气质中，包含着构成一个宗教信徒或宗教仪式奉行者的主要心理要素，其中一个主要的共同点就是，相信在事态的演进中有不可思议的习惯倾向或超自然力的干预。对赌博这类行为而言，对于超自然力的信仰，可能且通常不那么有条理性；对于被归因于超自然力的思想习惯和生活方式，换句话说，对于它的品性和干预事态时的意志，情况尤其如此。一个运动竞赛者所觉察到的，有时候会因此感到恐惧而尽力避开的时运、机会、凶征、吉兆等，在他看来是超自然力的表现，而他对这种超自然力的个性或人格的见解，却并不是那么明确和完整。他赌博活动的根据，很大程度上只是一种本能的感觉，即感到在事物或局势中存在着一种无处不在的、超物质的、独断随意的力量或习惯倾向，而这种力量很少被看作人格化的主要动因。一个赌徒往往既是这一朴素意义上的命运信从者，又是某一公认教派的非常虔诚的信徒。与神的不可思议的力量和主观独断的习性相一致的那部分，往往是他非常容易接受的教义内容，而神恰恰也是通过这一点来博得他的信赖的。在这种情况下，他的万物有灵信念有两个、有时不止两个可以区分的形态。实际上，在任何运动竞赛团体的精神气质中，都可以找到一整套连续不断的、属于万物有灵信念的状态。这一连串万物有灵观念包含了各种形态，一端是属于运气、机会和偶然的必然性的最原始形态，另一端则是神人同形的神力的充分发展形态，介于这两端之间的是处于不同阶段的各种综合形态。与这种超自然力的信念并存的有两种意识，一种是出于本能要使行为与所推想的幸运要求相符合的意识，另一种是对神的不可思议的意旨抱有相当虔诚的顺从态度的意识。

在这方面，在运动竞赛气质与无赖阶级的气质之间存在着一种关系，两者都与倾向于神人同形的气质有关。与社会中的普通民众相比，无赖和运动竞赛者，这两类人更容易成为某种公认教派的信徒，也具有更为明显的宗教信仰倾向。另外，值得注意的是，与社会中没有宗教信仰的人比起来，这两类人物中没有宗教信仰的成员，更容易成为某一公认教派的皈依者。那些运动竞赛的代言人并不否认这一显而易见的事实，尤其是在为比较质朴的掠夺性体育竞赛进行辩解的时候——经常参加体育运动的人，在某种程度上特别热心于宗教事业，甚至有些人十分坚决地把这一现象视为竞赛生活的一个优点。我们还可以看到，运动竞赛者和掠夺性的无赖阶级所遵循的信仰，或这些阶级中的新皈依者所遵循的信仰，一般不是那种所谓的高级宗教，而是与纯粹的神人同形观念有关的教派。古老的掠夺性人格不能满足一些宗教上深奥难解的概念，在这类概念中，人格化观念逐渐消失并转变为定量的因果关系概念。以造物主、万能之神、宇宙之灵或心灵之主为归属的、纯理论的、深奥难懂的基督教教义，就是这方面的例子。与一般运动员和无赖阶级的心理习惯相投的那种性质的教派，这里也可以举出例子，如属于地上教会[1]的一个支派的“救世军[2]”。这个团体的成员，在某一程度上是从下层阶级的无赖中招募来的，他们中的有些人过去曾从事运动竞赛活动，这类人在这个团体的军官级别中所占的比例，要远远超出他们在社会总人口中所占的比例。

关于大学中的体育运动情况，这里可以提供一个恰当的例子。有些研究大学生活中宗教活动情况的人坚持认为，任何学生团体中最优秀的体育运动人才都是笃信宗教的，至少跟那些对体育运动或其他竞赛活动的兴趣较弱的学生比起来要略胜一筹。对于这种看法似乎没有争论的余地，这也是根据理论可以得出的结论。这里顺便指出，从某种观点来看，这种情况也给大学中的运动竞赛生活、一般的体育竞赛活动以及这类活动的参与者增添了光彩。

1　又名战斗教会，指具有战斗精神的教会。基督教中某些比较积极甚至激进的教派，通常自居为神的代言人，要以维护正义和真理的名义与“世间一切邪恶”做斗争。——译者注

2　救世军是一个成立于1865年，以军队形式作为其架构和行政方针，并以基督教作为信仰的国际性宗教及慈善公益组织，以街头布道和慈善活动、社会服务著称。它被称为“以爱心代替枪炮的军队”。它的创办人希望能够把基督教传给穷困的人，并通过了解穷人们的物质及心灵需求来给予帮助。救世军总部位于英国伦敦，在全世界有几千个分部，分布在大约七十多个国家，约有成员两百多万人，其中美国人较多。——译者注

大学生运动员致力于宣传宗教，并以此作为一种职业或副业，这种现象并不罕见。人们还可以观察到，他们在从事这类活动时，往往宣传的是某种神人同形色彩比较浓厚的教义。他们在宣传教义时，也往往强调存在于神人同形观念中的神与人之间的个人身份关系。

在大学生活中，体育活动与宗教信仰之间存在着密切的关系，这是众所周知的事实，但还有一个非常明显的特点没有引起人们的注意。在爱好运动竞赛活动的学生中普遍存在的那种宗教热忱，非常容易表现在对不可思议的神力的绝对虔诚和衷心顺从上。因此，这种热忱非常容易与那些世俗的宗教组织结合在一起，而这类组织，如基督教青年会（或基督教青年奋进会），是致力于传播通俗教义的。这些世俗宗教团体，似乎是为了加强以上论点，要牢固地确立运动竞赛气质和古老的宗教热忱之间的密切关系一样，它们花费很大一部分精力来专门提倡体育竞赛以及性质相近的凭机遇、凭技术的各种竞赛。这类运动竞赛活动甚至被看作取得上天恩宠的有效手段。因为，这类活动显然可以作为教会招募新成员的手段，以及使之在皈依后保持宗教虔诚的途径。也就是说，通过运动竞赛这类活动来促进万物有灵的习性和竞赛的习性，有助于构成并保持一种性格，而这种性格是与比较通俗的宗教信仰在精神上彼此相适应的。因此，在一些世俗的宗教组织中，这类运动竞赛成了引导皈依者更加充分地发展宗教意识的手段，而这一点是一个真正的基督教徒才可以享有的光荣。

竞赛和低级的万物有灵习性的训练实际上有助于达到宗教目的，一个使这种说法毋庸置疑的事实是，许多教派的负责人也开始模仿一般世俗宗教组织在这方面的榜样。有些宗教组织，特别是那些在信仰生活实践方面与世俗宗教组织最接近的，在与传统教义有关的方面，已经从某种程度上采取了这类措施或与之相似的措施。我们可以看到，在教会的认可下人们组织了“基督少年军”和其他同类组织，目的是培养青年教会成员的竞赛习性和身份观念。这类“假性军事组织”足以使竞赛和歧视性对比的习性得以强化，从而使青年成员对人与人之间的主奴关系的认识和赞同，在原有基础上进一步巩固。要知道，虔诚的信徒最懂得如何服从，最清楚如何心悦诚服地接受惩戒。

但是，通过这种做法养成并保持下来的思想习惯，只能构成神人同形信仰内容的一半。还有一个万物有灵的观念，它是宗教生活中的补充因素，是由教会认可的另一系列活动来培养和保持的。那是含有赌博性质的一类活动，教会市场或用抽签来销售货物的方法，就是这类活动的典型例子。这类凭抽签取货的方法以及很小的类似的赌博机会，似乎更能迎合宗教组织中普通成员的心理诉求，其效果似乎超过那些宗教观念比较淡薄的人，由此可以看出这类活动对于宗教信仰本身的恰当程度。

这一切似乎都在表明：一方面，使人们倾向于运动竞赛和使人们倾向于神人同形信仰的是同一种气质；另一方面，运动竞赛习惯、也许特别是体育运动习惯，有助于那些从宗教信仰中得到满足的习性的发展。反过来说，养成宗教信仰的习惯，似乎也有利于体育运动以及一切竞赛活动习性的发展，这类竞赛活动使歧视性对比和相信命运的倾向得以发挥。实际上，属于同一范围的习性倾向在精神生活的这两个方面都能表现出来。在掠夺本能与万物有灵观点主导下的未开化人类性格，通常倾向于这两个方面的表现。掠夺性心理习惯必然会加强人们的个人尊严意识和个人相对地位观念。只要一种社会结构的制度以掠夺习性为主，那么就可以说这种社会结构是以身份制为基础的结构。上与下、尊与卑、主与奴以及各阶级之间统治与服从的关系，是普遍存在于掠夺社会生活方式中的规范。神人同形的信仰就是从那个生产发展阶段遗留而来的，是在相同的经济分化——分化为消费者和生产者——方式下塑造的，其中也渗入了统治与服从这个强有力的原则。这些教派把某些思想习惯归之于神，而这些思想习惯却是与这类信仰形成时的经济分化阶段相适应的。这种想象中的神人同形的神，被认为在一切涉及先后顺序的问题上都是非常严谨的，是要坚决居于主宰地位、任意行使其权力的，是习惯于诉诸武力并已成为最后的仲裁者的。

在后来进一步成熟的神人同形教义中，神威灵显赫且拥有无边权力，

古希腊神话中战争女神雅典娜的雕像。作为女战神，她的智慧和力量都超过男战神阿瑞斯。赫西俄德的《神谱》这样描述她：“宙斯从自己头脑里生出明眸女神特里托革尼亚[1]。她是一位可怕的、喧腾呐喊的将军，一位渴望喧嚷和战争厮杀的不可战胜的女王。”雅典娜代表战争中的策略，在特洛伊战争的最后时段，她教导奥德修斯使用木马计取得战争的胜利。

神所具有的统治习性在思想表达上更为简练，从而产生了“天父”这类说法。超自然力在人们的想象中具有的精神态度和习性倾向，仍然属于身份制度的范围，但是已经蒙上了准和平文化阶段所特有的那种家长的色彩。还需要注意的是，即使在这种高级的信仰形态下，人们借以表达虔诚之心的那些宗教仪式，其一贯目的仍然是通过颂扬神力的伟大和光荣并表白自己的忠诚和顺从来求得神的恩宠，从而使神赦免罪孽。人们普遍认为，他

1 雅典娜的别名。——译者注

们企图接近的那种不可思议的权力是有身份意识的，上述向神邀宠或礼拜的行为，其目的就是迎合这种意识。现在最流行的祈祷方式，仍然含有一种歧视性对比的意味。皈依者们如此忠诚地爱戴着一个具有古老性格特征的、神人同形的神，其用意就是要表明皈依者自己也有相似的古老性格特征。从经济理论的角度来看，凡是属于人对神的这种以下对上的效忠关系的，都应当被看作个人奴性的一种变体，而这种奴性恰恰是掠夺的与准和平的生活方式的重要组成部分。

在未开化者的意识中，神似乎是个好战的领袖，具有统治一切的傲慢态度，由于从早期掠夺阶段到现在这段文化时期所特有的生活方式变得更温和、更沉静了，于是关于神的观念也变得更加柔和了。但是，尽管对神的想象经过了这样的改变，尽管通常归之于神的那些比较粗暴的行为特征和性格特征已被大大削减，对于神的性格和气质的一般理解，现在仍然存有未开化概念的大量残余。于是就出现了这样的情况：当描绘神的情况以及神与人类生活过程的关系时，一般的演说者和作家现在仍可以有效使用一些词汇和语法作明喻，而这些词汇和语法是从有关战争和掠夺的生活方式的词汇以及有关歧视性对比的语法中模仿而来的。即使在一些不那么好战的现代听众面前——他们信奉比较温和的教义变体，演说者也可以使用这类词语，并取得良好的效果。一般的演说者可以有效使用带有未开化意识性质的形容词和比喻，这说明现代人仍然热烈地赞赏属于未开化特征的品质和优点，也表明宗教思想与掠夺性心理习惯之间具有某种程度的一致性。现代的宗教信徒，看到有人把残暴行动和复仇情绪归于他们所崇拜的对象时，会产生反感情绪，如果确有这样的情况发生，也只是在深思熟虑后才引起的。我们通常看到的情况是，用血腥的形容词来描述神，往往被认为有很高的审美价值与光荣意义。也就是说，在我们未加深思并理解其含义的情况下，这类形容词所带来的联想是非常合我们的胃口的。

我的眼已看到主降临的荣光，
他正要踏平存有愤怒葡萄的地方，
他的快剑已释放出致命的寒光，
他的真理在前进！[1]

一个宗教信徒的主导思想习惯是在古老的生活方式下运行的，对现代集体生活的经济要求来说，这种生活方式已经基本上没有用处了。现代经济组织要与现代集体生活的要求相适应，就这一点来说，身份制已经消亡，个人奴役关系也已经失去了它原有的效用和地位。就社会的经济效能来说，个人效忠的情感以及基于这一情感的一般习性是古老性格特征的残留，它阻碍了人类制度对当前环境的适当调整。最能与和平的工业社会相适应的是实事求是的气质，在这种气质的支配下，人们把有形事物作为机械序列中的各环节来认识其价值。正是因为有了这样的态度，人们认识事物时才不会本能地产生万物有灵的习惯倾向，对于一些错综复杂的现象，才不会求助于超自然力来进行解释，不至于依赖冥冥之中不可预测的神力来左右事态的发展，以适合人类的使用目的。要想满足现代形势下最高度的经济效能的要求，就必须习惯于以定量的、不带丝毫感情色彩的动因和关系，来理解世界的进程。

从现代经济要求的立场来看，或许在任何情况下都应当把宗教信仰看作早期群体生活状态的残余，看作精神发展陷入停滞状态的一个标志。当然，这一点也是无可厚非的。当社会的经济结构在本质上仍属于身份制时，当社会上一般人的心理态度仍然是个人统治与个人服从的关系所构成的，且不得不与这种关系相适应时，或者出于任何其他原因，如传统关系或遗传秉性，整个民族都有强烈的宗教倾向时——在这些情况下，任何的个人宗教心理习惯，如果其还在社会平均水准的范围内，就只能被视为一般生活习惯中的一个项目。由此看来，我们不能把一个虔诚对待宗教的社会里一个虔诚对待宗教的个人，看作一

1 这是美国爱国歌曲《共和国战歌》中的部分歌词。这首歌在南北战争期间十分流行。——译者注

个古老性格特征复归的例子，因为他的步调是与普通人相一致的。但是，从现代工业形势的角度来看，对宗教格外虔诚，以致明显超越社会中一般笃信程度的宗教热情，那么不妨把它看成是一种隔代遗传特征。

当然，从其他一些不同的立场来看待这些现象，结果也同样合理。这类现象可以从多个角度来解释，从而使这里的推论转变方向。站在宗教利益或信教者的立场，也可以说，现代工业生活培养的精神态度不利于宗教精神的自由发展，这个论点同样具有说服力。理直气壮地对工业操作的近代发展提出反对也未尝不可，例如工业操作的培训有促进“实利主义”的倾向，虔诚的信仰之心将受到摧残。从审美的角度也可以提出大致相似的论点。但这里讨论的唯一目的是从经济角度对这类现象进行评价，不管上述这些看法以及其他一些类似的见解在各自的立场上多么正确、多么有价值，在这里都没有必要进行讨论。

在我们这样一个宗教氛围还十分浓厚的社会里，把宗教信仰作为一个经济现象来讨论，必然会引起人们的不快，但神人同形观念和热忱的宗教信仰有其重大的经济意义，那么不妨以此作为一个请求读者谅解的理由，在此对该问题进行深入的探讨。宗教信仰之所以具有重要的经济意义，是因为把它作为气质上的一种附属性变化的标志带有一定的掠夺性，这表明在工业上存在着一些有害的性格特征。宗教信仰表明了人们持有的精神态度，这种精神态度会对个人的工业适用性产生影响，因此其自身就有了一种经济意义。但宗教信仰还有更直接、更重要的经济意义，那就是它能引起社会的经济活动的改变，特别是在商品的分配和消费方面。

我们可以从商品和劳务的宗教方面的消费，看到宗教信仰最显著的经济意义。任何宗教崇拜所需的在仪式设施上的消费，例如庙宇、教堂、圣墓、祭品、法衣、纪念日的华丽服装等，并不直接服务于物质生活的目的。因此这些物质设施（不含有贬损的意味），大体上可以看作明显浪费的项目。在这方面所消耗的个人劳务，如教士教育、教士服务、圣地朝拜、斋戒、禁食、宗教节日生活、家庭祈祷等，其情况大体上也是如此。此外，宗教信

圣徒马修和弗朗西斯意大利锡耶纳画派乔万尼·迪·保罗绘于1435年。

仰——上述的消费就是在举行宗教仪式时产生的——足以使神人同形信仰所依据的那些思想习惯的传播得以扩展和延续，也就是说，宗教信仰对于身份制下人们所特有的那些思想习惯有推动作用。对现代环境下最有效的工业组织来说，宗教信仰在某种程度上成了一个障碍；对现代形势要求下的经济制度的发展来说，宗教信仰是处于对立面的。对这里的研究目的来说，这一类消费直接的和间接的影响，都具有削弱社会经济效能的性质。因此，从经济理论方面来看，从其直接后果来考虑，在侍奉神人同形的神时所产生的物质与劳力上的消耗，意味着社会活力的减弱。至于这类消耗在深层的、间接的、道义的方面可能产生什么影响，在此不能做出直截了当的回答，对这一问题也不准备进行深入的讨论。

这里应当注意的是，宗教信仰上的消费与其他目的上的消费相对照时表现出的一般经济特征。指出进行宗教信仰方面的商品消费的一般动机和目的，有助于了解这种消费本身的价值，也有助于了解与之相适应的一般心理倾向的价值。用来供奉一位神人同形的神的消费，和用来供奉未开化文化阶段中上层阶级的有闲绅士——如酋长或族长——的消费，即使二者的动机不完全相同，也极为相似。那些富丽堂皇的建筑物无论对一位酋长还是对一位神灵来说都是必需的。这类建筑物及其附带的装潢、设施，其品质和等级都必须不落俗套，显示出极大的明显浪费成分。我们还能注意到，宗教建筑物在结构和装饰方面必须带些古风。仆从的情况也是如此，不论是侍奉酋长的仆从还是侍奉神的仆从，在其主人面前都必须穿着特制的装饰性外衣，这类服装的经济特征是超出一般水平的明显浪费；另一个从属特征是，这类礼服必然要带些古老的风格。与未开化文化阶段的君主的仆从或朝臣的服装相比，教士的服装在这方面表现得格外突出。此外，神灵的圣殿与君主的朝堂有明显的相似之处。在这些场合，人们的服装必须具有某种礼仪上的严肃性。从经济的角度来看，其主要特征就是，在这些场合穿着的衣服应当尽量消除任何生产工作的痕迹，也要尽量消除平时惯于从事的实用性工作的痕迹。

每到宗教节日——也就是专为上帝或超自然有闲阶级中某些较低等级的成员设立的纪念日，明显浪费和不带有生产劳动迹象的礼仪上的要求，不仅扩展到服装方面，而且小范围地扩展到饮食方面。宗教节日是为了纪念上帝和圣徒，一切禁忌都是为他们实行的，节日期间免除实用性劳动也是为他们的荣誉性考虑，因此，在经济理论上，显然应当把宗教节日看成是为他们执行代理有闲的日子。在这些日子里执行的宗教性代理有闲的典型特征是，严格禁止一切对人类有用的活动。每逢斋戒日，那些有助于消费者生活上的享受和充实的消费，都会受到严格限制。受到进一步限制的是营利性的工作，以及足以（在物质上）促进人类生活的一切活动。

在这里顺便指出，那些非宗教性的节日也具有同样的来源，不过在性质上比较间接。它们是从真正的宗教节日逐渐演化而来的。节日所纪念的首先是神，后来有些帝王和伟人在某种程度上被归到圣徒的行列，他们半神圣性的诞辰也就成了群众的节日，随后又推广到一些重大事件或突出事迹上，旨在对这些事件表示推崇，加以纪念，使其盛名永垂不朽。以代理有闲作为增加某一现象或某一事迹的荣誉的手段，似乎最近在使用这种手段方式上的进一步演进达到了极点。有些社会特意把执行代理有闲的日子规定为劳动节。设立这个节日的目的是，借助强制停止生产性劳动的那种古老的、掠夺性的方式，来增加劳动这一活动的光彩。脱离劳动显然是金钱力量的表现，这样的举措使一般劳动也染上了金钱力量的荣誉。

宗教节日和一般节日，其本质都是向民众征收的一种献礼。献礼用代理有闲的形式提供，因为节日是为了某个人或某件事的荣誉而专门设立的，所以献礼产生的荣誉效果当然要归于那个人或那件事。这样少量的代理有闲，是超自然有闲阶级的所有成员的一种慰劳品，对他们的荣誉来说，这一点不可或缺。一个一点供养都得不到的圣徒，确实是一个倒霉的圣徒。

除了由一般人执行这种少量的代理有闲以外，特殊阶级的人士，包括不同等级的教士和献身于神的神圣的仆役，也要把全部时间都贡献给类似的工作。教士阶级不但要摒弃一切世俗劳动，特别是那些有利可图的、对人类有贡献的、今世的、能产生幸福的活动；而且应当更加严格地执行清规戒律，在执行禁止谋取尘世利益这一禁令时，即使在不涉及生产工作的情况下，追求财富也是不被允许的。一个教士追求物质财富或关怀世俗事务，是与上帝奴仆的身份不相称的，或者说得更直白些，是与他所侍奉的上帝的尊严不相称的。“披着教士的外衣去谋求自己的名誉和财富，是一切可耻行为中最可耻的。”

有些动作和行为有利于充实人类的生活，有些动作和行为有利于增进神人同形的神的荣誉，一个对与宗教信仰有关的事物怀有高尚情趣的人，不难在这两者间划出一条清楚的界线。在典型的未开化体系中，教士阶级的活动完全属于上述的后一类。经济范围内的任何事物，在一个德行极高的教士看来，都是不值一提的。但这一规律好像也有例外的情况，比如某些中世纪教团的成员从事某些具有实用性的工作，但从实质上来讲，这一事实并没有打破这一规律。因为这些教团成员的地位处于教士阶级的边缘，不算名副其实的教士。还有一点值得指出，这类教团的教士，其纯洁性十分可疑，他们因暗中纵容其成员从事谋生性质的活动，背离了他们所处社会的礼俗而声名狼藉。

教士不应当染指机械生产工作，而应当大肆消费。不过必须注意的是，教士采取的消费方式不应明显利于自身的享受或生活的充实，而应符合有关代理消费的通则，这类通则已经在前文中有所说明。一个教士吃得肥肥胖胖、满面红光是有失体统的。实际上，许多比较严肃的教派都禁止教士阶级执行除代理消费之外的其他消费，甚至实行禁欲，要求其清苦修行。即使在现代工业社会里，那些依照教义的、最新组织起来的现代教派，也认为不能对一切轻浮行为和人世享乐怀有高度热情，这些都是与正派的教士生活不相容的。这些上帝的仆人，如果其生活目的不是宣扬上帝的光荣，而是满足自己的私欲，就会使人感到非常不愉快并被视为一个根本的、绝对的错误。这些人虽然属于奴仆阶级，但他们的主人是至高无上的，借其主人的光，他们才能有很高的社会地位。他们的消费是代理消费，在高级的宗教崇拜中，他们的主人不需要任何物质利益，因此他们的工作就是纯粹的代理有闲。“你吃也好，喝也好，不论你做什么，都是为了主的光荣。”

还有一点，俗人也可以成为神的奴仆，他们在这一点上与教士阶级没什么不同，因此，在这个限度内，他们的生活也染上了代理消费的性质。这个推论的应用范围十分广泛，特别适用于宗教生活中那些态度比较严肃或带有禁欲主义倾向的改革或复兴运动，这类运动的参加者认为人类是在其所信从的神的奴役下生活的。也就是说，在教士制度日趋衰微，或关于人世生活中神力无所不在的那种感觉特别活跃的地方，一般的俗人会被看作神的奴仆，其生活是为了增进其主人的荣誉而执行的代理有闲的生活。在

15世纪时期，荷兰奢侈的宗教仪式。

这样复归传统的情况下，人们与神的关系复归为直接奴役的关系，并把这种关系作为宗教态度中的主要因素。这时人们着重强调的是一种严肃的、不舒适的代理有闲，甚至是忽视了明显浪费的代理有闲，人们把它作为博得恩宠的手段。

这种关于宗教生活方式的阐述是否完全正确，也许是存在疑问的，因为在许多具体细节上，大部分现代教士的生活方式与这里所描述的并不相同。有些教派的信仰或举行的仪式已经在某种程度上背离了旧有的方式，那么这里所描述的生活方式就不适用于这类教派中的教士。至少在表面的或没有限制的情况下，这类教士关心一般俗人以及他们自己的现世福利。他们表现在家庭内部，甚至往往表现在大庭广众之下的生活方式，不论是在其表面的严肃上还是在其使用设备的古老风格上，都与俗人没有非常明显的差别。对那些处于最边缘地带的教派来说，情况更是如此。针对这类反对意见，我们需要指出一点，这类反对意见涉及的不是宗教生活理论上的矛盾，只是这部分教士的行为不完全符合那种生活方式而已。这类教士只是全体教士中有缺点的那部分人的代表人物，他们的生活方式不能代表全体教士的生活方式。我们可以把属于这类教派的教士看作性质杂陈、不纯的教士，或者是处于转化或改造过程中的教士。教士中这一非正规部分所属的组织，其宗旨除了万物有灵和身份观念这类因素之外，还有一些不稳定的因素。因此，可以想象，这类教士在宗教职务上所表现的一些特征必然是不纯的，必然是与相异的动机、传统混杂在一起的。

为了避免受到非难，一个教士应当做什么，不应当做什么，可以取决于在宗教礼仪方面有高雅意识、有辨别力的人的爱好，也可以取决于任何社会中习惯在这个问题上进行思考和批评的那部分人的看法。即使是极度世俗化的教派，对于应如何区别宗教的生活方式和俗人的生活方式，也是有主见的。如果某教派的教士背离了传统习惯，行为不够严肃、稳重，服饰不够简洁、古朴，那么任何一个敏感的人都可以觉察到，他们已经超出了正派生活方式的范围。就可容许的放任限度来说，在职的教士要比普通的教外人士严格得多，大概一切社会或一切属于西方文化的教派都是如此。如果教士本人在宗教礼法上没有明确意识到这个限度，那么社会上流行的宗教礼法观念就会强制他遵从，否则他将难以继续担任自己的职务。

这里还需要补充一点，任何教士团体中的成员，都很少为自己的利益而公然要求增加薪水，如果一个教士公开做出这样的表示，他的教众就会认为这是一个有违礼仪的举动，从而感到极度不快。另外，如果有人在庄严的讲道坛上戏谑玩笑，那么除了对宗教持有嘲讽态度的人和非常愚昧的人之外，大概所有人都会本能地感到痛心；假如一位牧师在生活中露出了轻佻浮滑的形迹，除非这种举动是无伤大雅的、戏剧性的，否则一定会受到鄙薄。在圣所中，在教士职务中，所用到的词语应当有所选择，与日常生活有关的词语越少越好，那些涉及现代工商业的词语也应当尽量避免。同样，如果一个说教者非常详尽、津津有味地谈论生产问题或其他纯粹的世俗问题，会被人们认为是不雅观的，因为这很容易触犯人们的宗教礼俗观念。一个有良好教养的教士，对于涉及尘世幸福的问题，只能在一定限度内进行泛泛的讨论，超出这个限度，做出过于深入的讨论，是不被宗教礼法允许的。布道者在处理这类涉及人世和世俗意义的问题时，应当带有一定程度的笼统和超然的态度，这样可以暗示，布道者是代表他神圣的主人发言的，而神圣的主人对这类俗务的态度至多是默许的。

还应当注意到，这里谈论的教士指的是一些非正规教派的教士，这些教派的生活符合典型的宗教生活的程度，是参差不齐的。一般来说，在这方面差异最大的是那些比较新兴的教派，特别是那些成员主要为中下层阶级民众的教派。这些教派的动机并不单纯，其中大量混有人道主义、博爱或其他不能算作宗教表现的动机，例如，这类组织的成员往往显示出对求知欲望和享乐欲望的极大兴趣。这类非正规的或别派的运动，通常都含有各种不纯的动机，其中有些动机与教士职务所依据的身份观念相抵触。有时候，这种动机甚至和身份制度大相径庭。在这种情况下，教士制度遭到破坏，至少已经受到部分破坏而日渐衰微。这样一种组织的代言人，最初只是该组织的仆人或代表人，而不是某一特殊教士阶级中的成员，也不是一位神圣主人的代言人。只有通过接连几代的、逐渐专业化的过程，这样的代言人才能重新获得教士地位和宗教上的正式职权，他的生活才能同那种严肃的、古老的、代理性的生活方式相符合。宗教仪式，在这样的转变后从衰弱的状态复原时，也是类似的情况。当人类的宗教礼法观念在有关超自然的兴趣问题上重新获得首要地位时，教士的职务、宗教生活的方式以及宗教仪式的规格也逐渐地、不经意地恢复了原貌，只是在细节上多少有些变化。此外，还有一个附带的现象：这样的组织在财富上有了增长之后，会染上更多有闲阶级的观点和思

中世纪时期的佛罗伦萨，为婴儿洗礼的盛大场面。

想习惯。

依照上升的宗教阶级系统排列，在教士阶级之上，还存在一个超人类的代理有闲阶级，如圣徒、天使等——或者是属于其他信仰中的同等神明。以精密的身份制为依据，这类神明还可以被分成不同的等级。身份原则贯穿尘世和灵界的整个宗教系统。宗教体系中属于超自然的等级的成员，为了他们的荣誉，一般也需要代理消费和代理有闲方面的贡献。在许多情况下，次一级的成员相应地成为上一级成员的侍从者或从属者，为他们执行代理有闲，其代理方式与上面所说的组长制下的从属性有闲阶级相似。

这里谈到的关于宗教信仰及其所含的气质上的特点或对商品和劳务的消费，与现代社会的有闲阶级之间存在怎样的关系？又与以这一阶级为代表的现代生活方式下的经济动机之间存在怎样的关系？如果不经过深思熟虑，这个问题似乎很难解释清楚。因此，这里简要评述与这一问题有关的某些事实，希望能对读者有所帮助。

上文提到，就现代集体生活的目的来说，特别是涉及现代社会的生产效能时，那类属于宗教气质的特征只能带来阻碍而不能有所帮助。也应当看到，现代工业生活足以促使那些直接进行工业操作的阶级，将这类性格特征从他们的精神结构中有选择地排除出去。大体上可以这样说，在属于所谓实际工业界的那些成员中，宗教的热情正在减退，或者说已处于逐渐消失的状态。同时也应当看到，不作为一个工业因素、直接或全面地参与社会的生活过程的那些阶级，其情形会有所不同，在那些阶级中，上述秉性或习性显然活跃地存在着。

如同前面已经指出的那样，上述后一类阶级依靠工业操作生存，但并不生存在工业操作中。这些阶级大体上有两种类型：①正式有闲阶级，他们不会受到经济形势的压迫；②贫困阶级，包括下层阶级中的无赖，他们面对着来自经济形势的巨大压力。就前一阶级来说，那类古老的性格特征和心理习惯之所以依然存在，是因为没有强大的经济压力迫使这个阶级的思想习惯去适应正在变化的新形势；而后一类阶级是因为其成员营养不良，缺乏调整思想习惯所需要的那种剩余精力，也因为其缺乏取得和适应现代观点的机会。淘汰过程在这两类阶级中基本上是朝同一方向前进的。

按照现代工业生活的观点，事物和现象通常被习惯性地纳入机械顺序的定量关系中。贫困阶级的成员，不但缺乏必要的余闲来充分了解和吸收这个观点所涉及的最新的科学知识，从而被同化，而且通常处于对财力雄厚者的依附或从属地位。这一事实阻碍了他们从身份制下所固有的一些思想习惯中解放出来。其结果是，这些阶级在某种程度上保留了某些一般习性，这类习性的主要表现是强烈的个人身份观念，而宗教信仰是这类观念的一个明显特征。

在属于欧洲文化的比较古老的国家里，只要存在着一个勤劳的中产阶级，传统的有闲阶级和穷苦的人民大众就会比这个中产阶级更有宗教热忱。但是某些国家是由上述性格偏于保守的两个阶级组成的。当这两个阶级在数量上占有绝对优势时，他们的性格倾向就塑造了民众的普遍习性，从而完全压制了弱小的中产阶级在性格方面可能存在的分歧，笃信宗教的态度将被有力地普及到整个国家。

当然，这里并不是说，某些社会或阶级的强烈的宗教信仰，往往与我们所熟悉的这一或那一宗教信条的道德准则的具体规范高度一致。宗教心理习惯在很大程度上未必含有严格遵守摩西《十诫》或习惯法的禁令这种意义。如果说那些罪犯与普通人有什么不同，那就是他们在宗教信仰上更加虔诚，在这方面的表现也更加明显——这一点对研究欧洲罪犯生活的人们来说，已是老生常谈。宗教信仰只有在财力处于中等地位的阶级和遵纪守法的广大民众中才比较淡薄。有些人极度重视高级的教义和教派的优点，看来他们不会同意这里所说的一切，他们认为下层无赖阶级的宗教信仰只是一种虚伪的虔诚，最多是一种迷信性的虔诚。这个说法无疑是正确的，而且是完全切中事理的。但是，问题不在于此，就这里的研究目的来说，不论这些经济学、心理学范围以外的差别如何证据确凿，也必须先将它们放在一边。

近来有些牧师抱怨说，教会正在失去技术工人阶级的同情，而且正在失去对这个阶级的约束力量，这种抱怨反映了一个阶级从宗教信仰习性中解脱出来的实际情况。人们还认为，通常被称为中产阶级的那类人，特别是其中的成年男性，对教会的热忱也在逐渐衰退。这些都是公认的现象，只需简单一提，就足以证明这里的基本论点。这种埋怨情绪一般存在于教会的普通成员中，这一点足以使这里提出的论点更具说服力。但是在现代比较发达的工业社会中，其精神态度发生了转变，那么就有必要对事态发展的过程以及造成这种变化的主要力量进行比较详细的分析。由此可以说明，经济力量对人们思想习惯世俗化发挥了怎样的作用。在这方面，美国社会可以作为一个特别有说服力的例证，因为，就同等重要的工业体系来说，美国社会遭受到的来自外界环境的约束是最少的。

除了偶尔脱离常态的情况外，可以简单地谈一谈这个国家当前的宗教情况。在这个国家，一般来说，有些阶级的经济效率很低，他们的宗教信仰倾向非常显著——如南方各州的黑人，大部分下层阶级中的外来人口，大部分

萨满教的招魂仪式。

乡村居民，特别是教育、工业发展比较落后的地区，或者同国内其他地区在工业上接触较少的那些地区的居民。此外还有一个特殊化的或遗传的贫困阶级，或者是被隔离的罪犯分子或邪恶分子，这些人也具有上述倾向。后一类人的宗教心理习惯往往表现为天真的万物有灵的信仰形态，即信从命运和萨满教式的功效，而不一定信从某些公认的教义。另一方面，众所周知，技工阶级对于已经存在的神人同形教义及一切宗教信仰，一般都是很疏远的。这个阶级在很大程度上，直接处于现代有组织的工业所特有的智力和精神的双重压力下，这种压力要求不断了解和认识各种非个人性质的、事实演进过程中的真实现象，无条件地适应因果规律。与此同时，这个阶级既不至于缺衣少食，也不至于过度疲劳，以致毫无余力从事适应新形势要求的精神活动。

美国下层的或有疑问的有闲阶级——一般称为中产阶级——的情况有些

特殊。在宗教生活方面，这个阶级与欧洲的同类阶级有所不同，但这种差别只是程度或方式上的差别，不是实质上的差别。教会仍然可以获得这个阶级在金钱上的支持，虽然这个阶级最容易接受和坚持的教义在神人同形的内容方面比较贫乏。同时还存在一个或许不十分明显的现象：在很多情况下，在由中产阶级组成的会众中，妇女与未成年人的比例越来越大。中产阶级的成年男性显然缺乏宗教热忱，不过他们对于公认的教义是有很深的渊源的，因此对于教义的纲要，他们仍在很大程度上持有相当满意和赞同的态度。因为他们就是在这样的教义下成长起来的，他们的日常生活是在与工业操作的密切接触中度过的。

之所以会在宗教信仰方面出现这种奇特的性别分化，之所以会把宗教信仰这一任务委托给妇女和儿童，至少部分是因为这样一个事实：中产阶级妇女在很大程度上是（代理性的）有闲阶级。下层技工阶级的妇女也是如此，不过不那么明显。她们生活在早期生产发展阶段遗留下来的身份制之下，因此保留着那样一种心理习惯和思想习惯，从而使她们倾向于用古老的观点来看待现代的一般事物。工业操作倾向于强烈地破除那些对现代工业来说已经过时了的思想习惯，而她们与工业操作之间没有直接的有机关系。也就是说，文明社会中的妇女，在很大程度上由于其所处的经济地位而具有一种保守性，她们特有的虔诚信仰就是这种保守性的突出表现。对现代男性来说，族长制下的身份关系绝不是他们生活的主要特征；妇女的情况则不然，特别是上层中产阶级的妇女，她们被旧习惯和经济环境局限在“家庭范围”之内，因此对她们来说，这种身份关系是最真切、最现实的生活因素。于是就形成了一种心理习惯，这种心理习惯与宗教信仰相适宜，与以个人身份为依据来解释的一般生活事实相适宜。在日常家庭生活中，妇女们对事物的逻辑和推理过程，转入了超自然的领域，于是她们所熟悉并感到满意的一系列观念，对男性们来说，在很大程度上是模糊不清、难以理解的。

中产阶级的男子不是没有宗教信仰，虽然他们一般不以一种积极的、热情洋溢的形态表现出来。同技术工人阶级的男子相比，上层中产阶级的男子通常对宗教信仰持有一种比较自得的态度。也许可以这样解释其中的原因：中产阶级妇女所处的情况与中产阶级的男子所处的情况类似，只是在程度上稍有差别而已。中产阶级在很大程度上是免受新形势压迫的阶级，而且家长的身份关系依然存在于夫妇生活中，存在于使用仆役的习惯中，这种身份关系或许足以使他们保持古老的心理习惯，在其思想习惯与宗教分离、逐渐世俗化的过程中，这种身份关系或许会发挥一种阻碍作用。美国中产阶级的男子和经济社会的关系通常是密不可分的，虽然作为补充还要提到，他们的经济活动在一定程度上往往也带有族长制的和准掠夺的性质。金钱职业是在这一阶级中有荣誉的、与这个阶级本身的思想习惯的形成有很大关系的职业，这一点在前文中已经提到。在这类职业中，有很多关于强迫命令和强制服从的地方，其中类似掠夺性欺诈的狡猾做法也不少。这些都属于掠夺的、未开化的生活阶段，而宗教信仰对这样的生活状态是最习以为常的。除此之外，出于荣誉方面的原因，这个阶级对宗教信仰也很有兴趣。关于信仰上的这一动机值得深入探究，这一点将在下文展开。

在美国社会里，除了南部各州以外，不存在任何有影响力的传统有闲阶级。在南部，这一阶级对宗教信仰是比较热衷的，在这一点上，他们与美国其他地区处于同等金钱地位的任何阶级相比，表现得更为明显。众所周知，与北方同等地位的人相比，南方人信从的教派一般比较旧式。南部的宗教生活也带有更浓厚的古风，与此对应的是，南部地区的工业发展也比较落后。目前，特别是到最近为止的这一段时间，与美国全国的一般情况比起来，南方的工业组织方式是比较古老的。那里的机械装备贫乏而简陋，生产情况接近于手工业，比较明显地存在统治与服从的关系。还需要注意一点，由于那个地区独特的经济环境，当地的居民，不论是白人还是黑人，都具有比较浓厚的宗教热忱，这一点与他们的生活方式有很大关系——他们的生活方式在许多方面不免使人想到未开化阶段的工业发展状态。那些富有旧时代作风的恶习，如酗酒、争吵、决斗、赌博、斗鸡、赛马、家族仇恨、男性的纵欲（众多的混血儿就是一个证明），等等，在那个地区比在其他地区更盛行，也很少受到责难。那里的荣誉观念也比较强烈，这是运动竞赛习性的一种表现，是掠夺性生活遗留下来的。

很难说北方比较富裕的阶级——也就是美国真正的有闲阶级——具有传统的宗教信仰态度。这一阶级是最近才成长起来的，存在的时间较短，在宗教方面还不具备完整的遗传习性，甚至还没有来得及形成本国独特的传统信仰方式。但是，这个阶级中仍然有一种对某一已有教派的明显的信从倾向，至少表面上看来是这样，有时显然是诚心地信从。此外，在这个阶级中，每逢举办婚礼、丧礼或其他类似的隆重典礼，人们总喜欢以某种宗教仪式来增进庄严的气氛。这种对某一教派的信从态度，也许是对宗教习惯的一种复归倾向，也许是出于一种“保护性拟态”作用，其目的是在外表上同化来自外来观念的荣誉准则，至于更偏向哪一方，这里无法断定。从上层阶级所信从的教派在仪式上的特殊发展过程来推断，这里似乎存在着一些真正的宗教信仰倾向。上层阶级的信徒比较愿意加入那些重视宗教仪式和豪华壮观的宗教陈设的教派，这种倾向是比较明显的。同时，在以上层阶级成员为主的教堂里，也存在着这样一种重视宗教仪式的倾向，而不看重宗教仪式和陈设中所包含的智力特征。即使是在那些仪式和陈设方面发展较差的教派所属的教堂，情况也是如此。毋庸置疑，之所以会在仪式方面有这样的特殊发展，部分是因为对属于明显浪费性的那些壮丽场面的偏爱，部分也是因为信徒们对宗教信仰的虔诚态度。如果后一点是可信的，那么这里所表现的就是一种形式比较古老的宗教习性。当社会处于原始的文化阶段，智力上的发展不健全时，所有社会都可以看到这种在宗教信仰方面重视壮观场面的现象。这是未开化文化一个十分突出的特征。在宗教信仰中，那个时候相当普遍地存在着这种通过感官接触、直接诉诸感情的现象。在今天上层阶级的教派中，也明显存在着对这种质朴的、感情的诱导方式的复归倾向。在信从者主要为下层有闲阶级和中产阶级的教派中，也可以看到这类现象，只不过没有那么明显而已。宗教仪式上的复古表现是各式各样的，应用富丽堂皇的场面，大量使用彩色灯光、交响乐队、香料等象征符号，在进场和退场时列队歌颂，礼拜

基督教的教堂穹顶画。

时使用丰富多变的跪拜动作，这些都可以看作对神圣舞蹈之类的古老崇拜仪式的一种初步复归倾向。

不只上层阶级的教派对壮观的宗教仪式场面有复归倾向，最重视这一点的是在财富上和社会地位上处于较高水平的那些阶级。社会中的下层阶级信从的教派也明显存在高度重视外表仪式、象征和壮观场面的倾向；从这些阶级的前身及其文化水平来看，这种情况是可以预料到的。就这些阶级来说，宗教仪式和神人同形观念的盛行，主要不是古老习性的复归，而是这一习性的不断发展。宗教仪式及其相关特征在发展方向上不是一成不变的。在美国社会中，早期流行的一些教派，一开始是注重仪式和道具使用方面的严肃和朴素的，但是大家都清楚，随着时间的推移，这些教派在不同程度上采用了许多曾被他们拒绝的、营造壮观场面的措施。大体上来说，这方面的发展与信徒们财富的增长、生活的改善是同时进行的，那些在财富和荣誉上处于顶峰的阶级，在这方面表现得最明显。

至于宗教信仰在财富方面分层的原因，上文在谈到思想习惯的阶级差别时已经大致进行了阐述。宗教信仰上的阶级差别，只是普遍现象中的一个特殊表现。下层中产阶级宗教信心的松懈，或许可以笼统地说成是这个阶级宗教热情的缺乏，这一点在从事机械工业的城市市民中表现得最明显。就现在的一般情况来讲，从事工程师或机械师这类职业的人，不再有对宗教完整无缺的虔诚心。这类机械工作可以说是一个现代事实。早期的手工业者所适应的生产目的，与机械工人当前所适应的生产目的，在性质上是相似的，但前者在宗教信仰的熏陶下不像后者那样倔强执拗。自现代工业的操作方式流行以来，各部门工作从业者由于经受智力方面的训练，其思想习惯已经发生了很大的变化；机械师在日常工作中所受的训练，也改变了他们思考日常工作范围以外的事物的方式和标准。人们一旦与完全非个人性质的、高度组织化的工业化过程浑然一体，万物有灵的思想习惯就会被打乱。工人的任务越来越集中在考察和管理一系列机械的、没有感情色彩的程序上。只要个人在工业过程中是主要的、独特的原动力，只要手工业者个人的技巧和力量是这个过程中不容否认的一个特征，那么依据个人动机和习性来解释各种事物和现象的习惯，就不会因为连续不断的严重干扰和破坏而趋于消失。但是在近代工业发展的过程中，工业操作所依赖的机械设备和原动力，是非人格化的、非个人性质的。这时在工人意念中通常存在的概念依据，以及他们通常理解各种事物的观点，都是对事实顺序关系的强制性认识。这时，就工人的宗教生活而言，由此发生的结果是，倾向于没有敬神意识的怀疑主义。

这样看来，虔诚的信心在比较古老的文化下才得以充分发展。这里当然只在神人同形观念的意义上使用“虔诚的信心”这个字眼，并不含有涉及宗教信仰之外的任何特有的精神态度的意义。可以看到，这种虔诚的信心足以代表人类性格的一个类型，与这种性格比较符合的是掠夺性的生活方式，而不是近代发展的、更为调和的、更为组织化的工业生活方式。这种性格特征在很大程度上是个人身份——统治与服从关系——这个古老的习俗观念的表现，因此这种性格特征与掠夺文化和准和平文化下的生产结构相适应，与现代生产结构则不相适应。还有一点，在现代社会里，有些阶级的日常生活远离工业的机械操作，他们在宗教信仰和其他许多方面都是最保守的，因此这种性格得以极其顽强地持续存在于这类阶级中。而有些阶级经常直接接触现代工业过程，他们的思想习惯受到工艺要求上的约束力的支配，因此，对这些阶级而言，那种对现象的万物有灵的解释，以及进行宗教信仰活动所依据的个人身份关系，都在衰退乃至消亡。还需要指出一点，这一点与这里所做的研究格外有关。现代社会里，有些阶级在财富和有闲这两个方面都有极为明显的增进，对这些阶级来说，宗教信仰习性在范围方面和精致程度上都在不断发展。在这里和在其他关系上一样，有闲阶级制度的作用是，保持并不断发扬那种古老的人类性格，以及社会近期的生产发展中要加以排斥的那些古老的文化因素。

第十三章

非歧视性利益的残存

由于经济要求的压迫和身份制的衰退，神人同形教派以及属于这类教派的宗教信仰礼俗，有越来越多的部分，随着时间的推移而逐渐趋于瓦解。在这个瓦解的过程中，某些其他动机和冲动开始逐渐与宗教信仰态度混合在一起，而这些动机和冲动的来源不是神人同形的信仰，也不是个人的服从习性。这些在后期信仰生活中与信仰习惯混合在一起的附属性冲动，并不都与信仰态度或对现象演进中的神人同形信念的理解完全一致。它们的来源不同，在不同方向上对信教生活方式产生影响。它们在许多方面侵犯了个人服从或代理性生活的基本准则，归根结底，那种基本的准则乃是宗教礼俗与教会及教士制度的实际基础。正是由于这些异质的动机的存在，社会的、工业的身份制逐渐瓦解，个人服从准则失去了来自传统的持续支持。外来的习性和倾向侵入了这个准则占有的活动领域，于是不久就出现了这样的情况：教会和教士组织被部分转用于其他目的，而这类用途与过去教士制度全盛时代的宗教生活旨趣，在某种程度上是相互抵触的。

这类异质性的动机影响到宗教信仰方式后期的发展，其中值得一提的包括仁爱、社会和谐或欢乐，或者从更宽泛的意义上来说，是人类团结与同情观念的种种表现。即使有些人已经准备放弃宗教结构的实质，但由于这种外来使用方式的存在，宗教结构得以在名义上和形式上持续存在。那些动机中还有一个更为特殊、更为普遍的相异因素，足以在形式上支持宗教生活方式，这个因素就是不带有宗教意味的、对环境美的调和观念，在消除了其中神人同形概念的内容之后，这一观念作为近代崇拜行为中的残余被保留下来。由于这一观念与服从动机相混合，因此对教士制度的维持很有帮助。冲

17世纪的欧洲，人们在加工羊毛。

动或是美的调和这一观念，在本质上是属于经济性的，但是在工业发展的后期，很大程度上对塑造个人经济目的上的心理习惯产生了影响。它在这方面最显著的影响是，非常明显地减轻了利己主义倾向，而上述利己的倾向是从早期的、比较强盛的身份制传统遗留下来的。由此可见，美的调和这一观念的经济意义在于它对宗教信仰观念的阻碍作用：前者通过消除自我与非我之间的对立，足以减轻——即使不是消除——利己主义倾向，而后者作为个人统治与服从观念的表现，足以加强这种对立，从而坚决主张个人利益和人类生活的整体利益之间存在差异。

宗教生活中的这种非歧视性残余——与环境或与人类生活过程相和谐的观念——以及仁爱或友好交往的冲动，足以在普遍意义上塑造人们实现经济目的的思想习惯。但这类习性产生的作用是模糊不清的，难以对其效果进行详细的研究。不过可以确定的是，这类动机或倾向的作用，往往与上文中提到的有闲阶级制度的一些基本原则格格不入。歧视性对比这一习性是有闲阶级制度的基础，同时也是在文化发展中与那种制度混合在一起的、神人同形信仰的基础，而这一习性与这里所说的一类性格倾向是不相容的。有闲阶级生活方式的实际准则是，在时间与物质上的明显浪费和脱离工业操作，而这里所提到的性格倾向，在经济方面反对的是浪费和不求实际效果的生活方式，不论在经济方面还是其他方面，这类性格倾向都有积极参与并投入生活过程的愿望。

很明显，这类习性，以及当环境有利于它们的表现时或它们居于主导地位时所形成的生活习惯，是与有闲阶级的生活习惯背道而驰的。但不那么明显的是，有闲阶级的生活，在其发展的后期，是否有持续抑制这类性格倾向或消除这类性格所表现出的思想习惯的趋势。有闲阶级生活方式下的积极训练，在破坏这类性格倾向方面发挥了很大作用。这种积极训练，通过规范和淘汰作用，在生活的各种场合，都有利于浪费准则和歧视性对比准则占主导地位并普遍盛行。但有闲阶级的训练也存在消极效果，其趋向并不是非常明确地背离他自己的基本准则。有闲阶级准则在为了达到金钱体面上的目的而规范人类活动时，坚持的是脱离工业操作。也就是说，按照这个准则，使社会中贫困成员全力以赴的那类活动是被禁止的。对于妇女，特别是工业发达社会中的上层和中层阶级的妇女，这一禁令达到了极端严格的程度，即使是通过准掠夺方式下的金钱职业参与竞赛性的累积，也决不被允许。

金钱文化或有闲阶级文化，最初只是作业冲动下的一种竞赛性变体，但在其最近发展中，由于排除了有关效能，甚至有关金钱地位的歧视性对比的习性，逐渐破坏了它自己的根据。有闲阶级的成员，不论男女，在某种程度上不需要与其同类进行竞争而谋求生存。这就使这个阶级的成员，即使不具备可以让他们赢得竞争的资质，也不但可以继续生存，而且可以在一定限度内随心所欲地生存下去。也就是说，在有闲阶级制度最近的、充分的发展下，这个阶级的成员无须具备并不断运用掠夺时代的胜利者所特有的那类资质就可以生存下去。因此，对于不具备这类资质的个人来说，上层有闲阶级的成员与处于竞争制度下的广大民众相比，生存机会更大。

在上文讨论古老性格特征的遗存情况时，我们看到，有闲阶级的特殊地位，为早期古老文化阶段所特有的那类性格特征的保存，提供了极为有利的机会。这个阶级避开了经济要求的压力，因此在某种程度上也避开了迫使人们适应经济形势的那些力量的无情冲击。关于在有闲阶级中以及在其生活方式下存在的那些与掠夺文化有关的性格特征和类型，上面已经进行了讨论。有闲阶级制度对这类秉性和习性的存在十分有利。不但有闲阶级的、处于保护状态的金钱地位形成了一种有利形势，使那些不适应现代工业过程的人得以生存，而且有闲阶级的荣誉准则还要求人们明显地运用某些掠夺性的习惯秉性。使掠夺秉性得以发挥的那类职业是有证明作用的，它们所证明的是财富、门第和免于参加工业操作。在有闲阶级文化下，掠夺的性格特征是从消极和积极两个方面发挥促进作用的，消极方面是有闲阶级脱离生产活动，积极方面是有闲阶级礼仪准则认可这类性格特征。

在掠夺时期之前，野蛮文化下的性格特征的遗存情况与上述情况有所不同。有闲阶级处于受保护的地位，有利于这类性格的存续，但是那些和平与亲善秉性的发展，并没有得到礼仪准则的充分认可。有些人具有掠夺时期之前的文化遗留下来的那类气质，如果他们属于有闲阶级，那么与这个阶级之外具有相同禀赋的那些人相比，他们处于比较有利的地位，因为他们无须在金钱压力下破除这类有助于非竞争性生活的秉性。但是这样的个人难免受到一种精神束缚，这种精神束缚促使他们忽视这类秉性，因为礼仪准则要求他们接受以掠夺秉性为依据的生活习惯。只要身份制依然完整无损，只要有闲阶级除了从事无目的的、徒劳无益的、消磨时间的活动外，还从事其他方式的非生产性活动，就不会产生明显背离有闲阶级荣誉的生活方式。此时如果这个阶级内部出现了非掠夺气质，就会被人们看成是一种偶发性的返祖遗传现象。但是，由于经济的不断发展和进步，大型野生猎物逐渐绝迹，战争活动的日趋减少，专制政体的废除，教士职权的没落，等等，使人类习性得以表现的那些荣誉性和非生产性的出路逐渐被堵塞。出现这种情况以后，局势渐渐发生了变化。人类生活如果不能在这个方面体现出来，必然会在另一个方面体现出来；如果不能以掠夺方式体

19世纪初，正在厨房里劳作的欧洲妇女。

现出来，必然要通过其他方式求得安慰。

上文已经指出，在工业发达的社会中，就脱离金钱压力这一点来说，有闲阶级的妇女比其他团体的人们表现得更为彻底。因此妇女对于非歧视性气质的复归倾向，或许比男子表现得更加明显。但是，在有闲阶级的男性中也可以看到一些活动的范围在明显扩大，这类活动以某些习性为出发点，这些习性不能列入利己主义的范围，其目的并不是歧视性差别。例如，某些人从事企业金钱的管理工作从而与工业产生联系，其中大部分人看到事业有成、工业效率提高，都会感到一种兴趣，从而产生一种自豪感，这种感受，与由于这样的改进能够获得更丰厚的利润，甚至没有一点关系。许多商业俱乐部和工商业者组织都致力于提高（不带有任何歧视性意义）工业效能，它们在这方面的贡献也是众所周知的。

目前，许多组织开始致力于生活中歧视性目的以外的其他方面，它们的意向是从事某种慈善工作或社会改良工作。这类组织通常是半宗教或者拟宗教性质的，参与者有男性也有女性。这方面的例子不胜枚举，为了说明与此相关的一些习性倾向的范围及其特征，这里可以举一些较为明显的具体例子，比如提倡禁酒运动以及类似的社会改革，提倡改良监狱，普及教育，禁止不道德行为，呼吁通过仲裁、裁军或其他手段来避免战争；还有一些在一定程度上具有上述意向的组织，例如大学安置服务中心，邻里协会，基督教青年联合会和青年奋进会之类的团体、组织，妇女义缝俱乐部，艺术俱乐部，甚至商业俱乐部；还有一些略带这种目的的其他组织，例如那些属于半公共性质的慈善、教育或娱乐基金会，其资金不论来自富有的个人，还是来自资金能力较差者的集体捐助，只要是不属于纯宗教性质的机构，就在我们所列的示例范围内。

这里的意思不是说，这类努力完全是出于无关利己主义的其他动机。可以断定的是，在一般情况下其他动机是存在的，不过在现代工业生活环境中，上述一类努力显然比在完整无缺的身份制之下，更加普遍地流行。这种情况说明，在现代生活中，人们普遍怀疑竞赛的生活方式是否完全适当。另一方面，我们也可以看到，在这类工作的诱因中，通常存在着一些不纯的动机，特别是涉及歧视性差别的动机。这一人尽皆知的事实，已成为时常被人谈起的话题。甚至也有这样的情况，许多事业表面上是为了无私的公共利益而创办和进行的，但其实别有用心，其根本目的无疑是为了提高发起人的荣誉，甚至是为了增进这些人的金钱利益。有许多这类组织或机构，其倡导者或赞助者的主要动机显然都带有这种歧视性意义。通过巨额、明显的支出来增加支出者荣誉的那类事业，格外符合这里的评论，例如为大学、公共图书馆或博物馆提供巨额资金。此外，这一评论或许也适用于比较平凡的行为动机，诸如参加显然属于上流社会组织的某些机构或运动项目。由此可以证实这类组织会员们的金钱荣誉，还可以说明，这些会员与改良工作——比如目前流行的大学社团中的对象、那些低一等的人之间存在明显的差别，这也使前者的身份显得高贵，使较低等级的人们出于感谢而铭记于心。但是，尽管如此，这里依然还存在一些非竞赛性的动机。通过这种途径来获取荣誉或声望，这一事实本身就足以证明，非竞赛性和非歧视性利益作为现代社会思想习惯的一个构成因素，人们可以普遍感受到它的存在及其存在的正当性。

应当指出的是，在以非歧视和非宗教利益为基础的、属于近代范围的有闲阶级活动中，女性参与者比男性参与者更为积极，也更为坚持不懈——当然，除去那些需要支出大量资金的事业。妇女无法从事那类需要支出巨额资金的活动，因为她们在金钱上处于从属地位。对一般的社会改良工作，那些朴素的、宗教气氛不那么浓厚的、比较世俗化的教派的教士，总和妇女阶级联合起来。从理论上来看也应当如此。在其他经济关系上，教士所处的地位并不十分明确，介于妇女阶级与从事经济活动的男子阶级之间。按照传统而普遍的礼俗观念，教士和富裕阶级的妇女均处于代理有闲的阶级地位，对这两个阶级来说，构成代理有闲阶级思想习惯的特有关系的是服从关系，也就是说，是以个人为参考依据的经济关系。因此，在这两个阶级中，可以清楚地看到一种从个人关系而不是因果关系来理解的各种现象的特殊倾向。礼仪准则不允许两个阶级从事谋利的事业或生产性工作，因此它们参与当今的工业操作是不被道义所允许的。因为礼仪准则排斥这种世俗的生产活动，所以现代妇女阶级和教士阶级不得不把大部分精力转移到其他不属于利己性的服务上面去。这时礼法没能为他们提供可以表现出要从事目的性活动的那种冲动的途径。有闲阶级妇女一贯被禁止从事生产活动，于是她们努力在企业活动以外的其他方面寻求满足作业冲动的方式。

上面已经提到，与普通的男子，特别是与参与现代工业操作的男子的生活相比，富裕的妇女与教士在这两个阶级的日常生活中含有更多的身份因素。因此，宗教观念，以比现代社会的一般人保存得更好的形态，存在于这两类人的观念中。因此，可以想象，这些代理有闲阶级的成员势必会把对于非营利性事业活动表现出来的很大一部分精力都投入到宗教信仰和宗教事务中。因此，如上一章所说，从某种程度上来看，妇女有了非常明显的宗教信仰倾向。但这里要格外指出的是，这种倾向对这里所研究的非营利性运动和组织的行为以及形成其目的的适应方面产生的影响。如果有了这种宗教信仰的色彩，他们就会把力量集中在经济目的的组织上，降低这类组织的经济效

19世纪初的欧洲，基督教徒在祈祷。

能。有许多从事慈善事业和改良工作的组织，我们不应只关注它们要增进哪一部分人的利益，同样也要关注其宗教性的和世俗性的方面。如果他们把同样认真的态度、同样重大的力量，集中在那些人的世俗利益方面，那么其工作的直接经济价值将会有明显提高，这是毋庸置疑的。当然，也可以这样说——如果恰当的话——出于宗教目的这类改良工作，其直接效力在不受某些普遍存在的世俗性和目的阻碍的情况下，可能有所提高。

由于这类非歧视性事业中掺杂了宗教利益的因素，其经济价值必然会有所减低。但是，还有其他一些相异的动机足以减低其经济价值，这些动机十分明显地阻碍着工作本能的这种非竞赛性表现的经济趋向。如果从多方面进一步考察就可以发现，事实还不仅仅如此。这类事业的目的在于改善某些个人或阶级的状况，如果这种改善指的是生活上的充实、便利，并以此作为衡量的标准，那么这类事业的经济价值根本就是有疑问的。例如，目前在大城市中为改善贫困居民生活状况而进行的种种努力，其中大部分负有文化上的使命，即希望通过这种方式使上层阶级文化中的某些因素更快速地渗入下层阶级的日常生活中。以“贫民救济社”之类的组织为例，它们在某种程度上关注贫民工业效能的提高，教导他们如何更恰当地利用现有的工具，但同时，它们通过告诫和示范，把上流社会一些礼仪、习惯的具体细节传授给他们。经过进一步的观察不难发现，表现在这类礼节上的经济实质，只不过是对时间与物品的明显浪费。那些好心人在对穷苦人民进行教化时，总是在有关礼节和仪容方面的问题上认真细致、小心翼翼、坚持不懈。他们往往在生活作风上值得人们仿效，在日常消费的具体细节上极为循规蹈矩。这种对于时间消费和商品消费方面的教导，怎样估计其在文化上的效果都不过分。对于学到了这种高尚的、光荣的典范的个人来说，其经济价值也是不可小觑的。在现代金钱文化环境中，个人的荣誉，也就是个人的成功，在很大程度上依赖于其消费态度和消费方式上符合标准的程度，由此可以证明其在时间和物品上的习惯性浪费。但是，应当指出训练这种高尚生活方式的深层次经济意义，其产生的结果在很大程度上只是用代价较高或成效较差的方法来实现相同的物质效果，而在经济观理论上，物质效果就是实际经济价值的依据。文化宣传在很大程度上只是灌输一种新的爱好，或者不如说是灌输一种新的礼仪方案的教育，在以身份原则和金钱礼俗原则为依据的有闲阶级意识的指导下，这一礼仪方案适应了有闲阶级的生活方式。这个新的礼仪方案源于生活在工业操作范围以外的部分人精心设计的礼法，它们被硬塞进下层阶级的生活方式中。不难想象，对这些下层阶级来说，这个硬塞进来的方案远不如他们原有的那套方案符合生活的要求，尤其是与在现代工业生活的压力下由他们自发形成的礼仪方案相比，硬塞进来的方案根本不可能在适应程度上超过原有的方案。

从礼仪上看，上述所谓的新方案比它要取代的方案体面些，这里所说的一切当然不是怀疑这一事实。这里质疑的只是这种改良工作在经济上的利益——也就是从改革的效果上来看、有相当把握可以确定的、在直接和物质的经济意义上的那类经济利益，并不是从个人的角度而是从集体生活便利的角度出发的。因此，评价这类改良工作的经济利益，不能仅仅从其实际工作的表面价值来考察，即使这类工作主要是为了达到经济上的目的，不含有利己主义或歧视性观念。由此形成的经济改革，在性质上主要是明显浪费方法的变换。

但是，这类工作受到金钱文化下所特有的一些思想习惯的影响，关于这类工作中不存私意的动机和进行工作准则的性质，还需要做进一步探讨，仔细观察后，也许要对已经做出的结论进行斟酌。在前一章里我们已经看到，金钱文化下的荣誉准则或礼仪准则坚持把习惯性的徒劳无益作为体面正派生活的标志。这种情况不但养成了轻视实用性工作的习惯，而且会在指导追求社会声望的属于任何集体的人们的行为上产生更为明显的后果。于是形成了一种传统，这个传统要求人们不应过于庸俗地熟悉与生活方面的物质需要有关的任何操作方式或细节。我们可以通过捐助或救济委员会之类的工作，在令人钦佩的情况下表示出对平民福利的关怀。我们不妨表示出对平民文化福利的热情，包括一般性的或是某些具体方面的福利，我们可以通过各种方法来提高他们的爱好，或为他们提供精神改良的机会，从而博得人们的钦佩之情。但是对于平民生活的物质环境或平民阶级的思想习惯，我们不应公然表示出非常了解，以免走入歧途，把这类慈善性机构的努力引向物质方面的实用性目的。这种不愿意公开承认非常了解下层社会具体生活情况的态度，当然，在不同的个人身上，其明显程度也是很不同的，但总的来说，这种态度普遍存在于在这里讨论的这一类机构中，并深刻地影响着这类机构的行动方向。熟悉平民的生活是一件不体面的事，人们唯恐被冠以这样的坏名声，这种态度在这类机构的惯例和成规的构成中所发生的累积作用，使人们逐渐丢掉了这类机构成立的最初动机，甚至，人们最终倾向于以金钱价值为标准的原则。因此，历史悠久的这类机构，其促进平民阶级生活便利的最初动机，已逐渐演变为表面上的动机，为平民服务的实际工作也有名无实。

上述关于从事非歧视性工作的这类机构在功效方面的情况，适用于以同样动机从事这类工作的个人，尽管，用于个人时要进行更多的斟酌。不论是在生产方面还是在消费方面，用浪费性支出和不熟悉粗俗生活的有闲阶级准则来衡量价值的习惯，对于希望做一些公共福利事业的个人来说，必然是牢固存在的。如果有人忘记了自己所处的身份地位，致力于为改善平民生活而做些实际有效的工作，那么社会常识——也就是金钱的礼俗观念——就会立刻否定他的工作，并将其纠正过来。一些热心公益的人，纯粹（至少在表面上）是为了人类生活某方面的利益而捐献出一部分遗产，在这类遗产的管理情况中就可以找到这方面的例证。目前，这类遗产捐赠的用途，最常见的是用于设立学校、图书馆、医院和贫病者收容所。在这些情况下，捐款人的公开目的是在指定的用途下使人类生活有所改善，然而势必造成的结果是，在工作的执行过程中会存在很多其他动机，这些动机往往与初始动机相抵触，导致从捐款中划出的很大一部分资金，在这些动机的影响下改变了它的具体安排和用途。例如，某些捐款是专门用来建立弃儿教养院或病弱者休养所的，然而这一捐款在具体应用时就转到了荣誉性浪费支出方面，这种情况并不少见，简直令人惊讶，甚至让人觉得可笑。捐款中很大一部分会用来造一座大楼，外面使用的都是没有丝毫艺术价值但价格昂贵的石块，上面雕满了千奇百怪、互不相称的花纹，再加上城垛式的围墙和角楼，高大的门面和堡垒式的入口，看起来仿佛未开化时代战争用的要塞。建筑内部的情况同样表明，这一切都是以明显浪费和掠夺侵占的准则为依据来进行的。我们没有必要再深入下去，只要提出一点，例如，窗户的布置没有高度符合其表面目的，为室内的受助者谋求便利或享受，而是便于使室外偶然到来的观光客感受到室内金钱的奢华；室内一切细节上的布置，都要尽可能地符合这种金钱美感的迫切要求。

当然，这一切并不是说捐款者本人会不满这样的安排，也不是说，如果由他自己来主持，会有完全不同的举措；即使不采取捐赠的方式，直接由捐赠者本人来指导，通过直接付款等方式来监管这类福利事业，其管理目的和方式也不会有什么出入。此外，即使用不同于上述方式的手段来处理基金，也不会令受助者或其安乐与虚荣都未受到直接影响的局外旁观者感到满意。经营这类事业时，如果为了适应设置最初基金的实际目的，直接对现有资金作最经济、最有效的使用，也不会符合任何人的要求。一切与此有关的人，不论其影响是直接的和自私的，或只是处于旁观地位，都认为很大一部分的支出应被用于高层次的或精神上的需要，而这种需要起源于掠夺侵占和金钱浪费下的歧视性对比的习性。这里只是要说明，竞赛准则和金钱荣誉准则对社会常识的渗入程度如此之深，以致即使表面上完全在非歧视性利益的基础上进行的福利事业，也不能摆脱或抗拒。

情况甚至是这样，正是因为假定的非歧视性动机的存在，才使这类公益性事业具有荣誉的价值，成为增进捐款者荣誉的一个手段，但尽管如此，这一点并没有妨碍歧视性利益对经费支出的指导作用。在上述的任何一种机构中都会充分而具体地显示出，源自竞赛或歧视的动机有效地存在于这类非竞赛事业中。在这样的情况下，当这类荣誉性布置的痕迹显露出来时，一般总要以各种名义进行掩饰，将这种布置说成是属于审美、伦理或经济利益范围内的。这类源于金钱文化标准的特殊动机，会暗暗发挥作用，转变非歧视性努力的有效服务方向，但主事者的良好用意不会因此而受到扰乱，也不会由于其工作在本质上徒劳无益而心烦意乱。这类动机的影响可以一直追溯到非歧视改革事业的整个范围，而这类事业是富有阶级公开的生活方式中一个非常重要和突出的特征。关于这个现象的理论方面已经十分清楚了，没必要再进一步举例说明，关于属于这些事业的高级学术研究机构，将在另一章里进行比较详尽的探讨。

在机器大工业形势的压力下，有闲阶级处于受保护的地位，似乎有复归到掠夺时期之前的野蛮文化所特有的那类非歧视性冲动的倾向。这种复归倾向包含两个方面，一方面是作业观念，另一方面是懒散和亲睦的习性。但是在现代生活方式中，以金钱或歧视性的价值为基础的行为准则，阻碍着这类冲动的自由发挥，并且因为这些行为准则的明显存在，以非歧视性利益为依据的努力转而服务于金钱文化所依据的那类歧视性利益。就这里的研究意义来说，金钱礼仪准则本质上可以归纳为浪费、不求实际和凶暴的原则。如同存在于其他各种活动中一样，礼仪上的要求牢固地存在于社会改良工作中，并对事业的管理、经营细节发挥着淘汰和监督的作用。礼仪准则通过在细节上对管理方式和方法进行指导和修改，在很大程度上使一切非歧视性愿望或努力失去效力。这个不求实际的、普遍的、非个人性质的、冷酷的原则总是持续存在并发挥阻碍作用，使许多残存的、属于工作本能的、掠夺时期之前的性格倾向，不能得到有效表现，但是这个原则的存在并不能阻止这类性格倾向的遗传，也不能阻止它们作为一种冲动而不断再现，从而使他们得到表现的机会。

在金钱文化后期的进一步发展中，这种通过脱离工业操作来避免社会反感的要求被执行得极其严格，甚至一切竞赛性事务也在被禁止之列。在这个进展时期，与工业或生产性职业相比，金钱文化对竞赛的、掠夺的或金钱的这类职业价值的重视程度有所降低，因此它消极地促进了非歧视性格倾向的保持。上文已经提到，这种脱离对人类有实用价值的一切工作的要求，对上层阶级妇女比对其他阶级格外严格；某些教派的教士也许是这一规则的例外，但这种例外是表面上的而非实质上的。上层阶级的妇女必须过不求实际的生活，其严格程度比金钱等级和社会等级相同的男子还要趋于极端。坚持这种生活习惯的理由在于，上层阶级的妇女不仅是高等有闲阶级，而且是代理的有闲阶级。对上层阶级的妇女来说，她们要在双重意义上彻底脱离生产劳动。

在社会结构和社会职能这一问题上，有些著名的作家和演说家的观点足以反映社会上有识之士的共同看法。他们曾反复、恰当地说明：在任何社会里，妇女所处的地位都是社会文化水平最明显的指标，进一步说，妇女所处的地位是社会中任何一个阶级在这方面所能达到的最明显指标。这一说法在针对经济发展阶段时，或许比针对其他方面的发展更为准确。同时，在任何社会中或在任何文化下，妇女在公认的生活方式中被指定的地位，在很大程度上表现出了某些传统，这类传统在早期发展阶段的环境中形成并发展，只能部分适应现在的经济环境或现在人们的性格、思想习惯的要求，而生活在现代经济环境中的妇女，她们的活动是受现在的性格和思想习惯影响的。

在上文对经济制度的发展作一般讨论、对代理有闲和服装问题作专门讨论时，已经附带提出了这样一个事实：在现代经济结构中妇女所处的地位，与同阶级的男子相比，更广泛而彻底地和工作本能的刺激相冲突。但是在妇女的气质中，含有较大成分的爱好和平、反对无所事事这一本能。因此，现代工业社会中的妇女对于公认的生活方式与经济局势的要求这两者之间的矛盾具有更为强烈的意识，这绝非偶然情况。

种种“妇女问题”可以清楚地表明，在现代社会，特别是在现代社会的上层阶级中，妇女被一系列常识所支配，这类常识是在早期发展阶段的经济环境中形成的。就文化、经济和社会关系来说，现在的人们仍认为，妇女的生活在本质上、并且在一切正常情况下是一种代理性生活，其体现的功过荣辱应当属于对这个妇女居于占有或保护地位的某一个人。因此，如果一个妇女的行为违犯了公认礼法的某一禁条，人们就会觉得，这将直接有损于这一女子所属男子的声誉。当然，对于妇女意志薄弱或性情乖张等问题，当然是见仁见智，看法并不一致；但社会对于这类情况进行常识性判断时，不会有多少犹疑，不管在什么情况下，如果出现男子的保护权受到损害的问题，人们对于男子方面的这种观念的正确性，很少产生疑问。另一方面，如果男子发生了不端行为，却不大会损害那个与他相关的女子的名誉。

因此，幸福与优美的生活方式——也就是我们所习惯的生活方式，指的是派给女子的那个“领域”，是一个附随于男子活动力的领域，如果妇女超出了给她们制定的传统责任的范围，人们就会认为她不守妇道。如果涉及公民权利或参政权问题，我们在这方面的常识——也就是说，我们的一般生活方式在这个问题上的合理表达——会告诉我们，在国家政权或法律方面，女子不宜直接参与，而应当通过她所属的那个家族的家长来协调。热心于自决、自主或自我中心的生活，是与一个女子的女性风度不相称的。按照我们

《卢克蕾提亚的肖像》，1664年，荷兰画家伦勃朗·梵·莱茵绘。公元前509年，当时的罗马国王专制暴虐，他的儿子——塔克文王子在罗马附近驻防。他听说有一个叫作卢克雷提亚的贵族少妇非常美丽，于是经常造访。终于有一天，塔克文王子忍不住了，他带着随从来到卢克雷提亚的家里。担心她不服从，就手持匕首，当场割伤了女仆的咽喉，然后威逼卢克蕾提亚服从了他的心意。

卢克蕾提亚把自己被强奸的事告诉了同为贵族又掌握兵权的丈夫、父亲与哥哥，让他们为她报仇，随后自杀身亡。她的丈夫、父亲和哥哥随即发动了兵变，带着愤怒的罗马军人和市民们，拿起刀剑驱逐流放了国王及其全家，建立了罗马共和国。

的常识，女子直接参与社会事务，不论是政治方面的事务还是经济方面的事务，都会对社会秩序构成一种威胁，而这一点表现的正是我们在金钱文化传统的指导下形成的思想习惯。“那些‘把妇女从被男子奴役的中解放出来’之类的呼吁，从相反的意义上，用伊丽莎白·凯迪·斯坦顿[1]那句简单明了、富于表现力的话来说，‘简直就是胡说八道’。两性的社会关系是由上帝决定的。我们的整个文明，也就是说，其中一切美好的东西都是以家庭为基础的。”这里所谓的“家庭”，是以一个男性为首的家族。这种见解——通常表示得十分明显——是关于妇女身份问题的普遍观念，不但文明社会中的一般男性有这种看法，妇女也是如此。妇女对于礼法上的要求极为敏感，虽然很多妇女对于礼法强行规定的细节感到不适，情况也依旧如此，但是她们通常会认识到，出于事态的必然性和规范的神权，当前的道德秩序把妇女置于附属于男子的地位。总之，按照妇女自己对美与善的理解，妇女的生活目前是，而且在理论上必然是男子生活的次一级的表现。

虽然人们普遍认为，妇女所处的地位既适当又自然，但很多人持另一种观点，即认为关于保护制和代理生活的整个安排以及其间的功过的看法，总不免是个错误。或者至少有这种认识：即使在一定时间和空间范围内，这一观点是自然成长的产物，是一个适当的安排，即使这一观点有明显的审美价值，但它还是不能充分适应现代工业社会里更多日常性的生活目的。即使是具有良好教养的、占有重要地位的上层阶级和中层阶级的妇女，基于她们对传统礼法持有的冷静、严肃的观念，那种身份关系从根本上来说是正确的，并且永远都是正确的，因此这种身份关系可以迎合她们的兴趣。即使这些人的态度是保守的，一般也会认识到在这方面的事物的现状与其应有的状态之间，存在一些具体问题上的细微差别。还有一些比较不羁的现代妇女，由于年纪较轻或者教育、气质关系，不接受从未开化文化流传下来的身份传统。

1　伊丽莎白·凯迪·斯坦顿（1815—1902年）是美国女权运动的先驱领袖之一，也是一个极为优秀的作家及演说家。她于1869年发起成立全国妇女选举权协会，为争取妇女权利而努力一生。——译者注

她们也许对自我表现冲动和作业本能有着过度的复归倾向，于是她们不安于现状，产生了强烈的不满情绪。

那些要把妇女的地位恢复到远古时期的、盲目而散乱的努力，统称为“新妇女运动”。在这一运动中，至少有两个可以分辨的因素或动机，且它们都是经济性质的。这两个因素或动机用“解放”和“工作”这种含糊的口号表达出来。人们认为这两个词语所代表的，都是与普遍存在的不满情绪有关的一些想法。尽管有些人看不出在当前的形势下导致不满的真正理由，但他们也认识到了这种不满情绪是广泛存在的。在工业最发达社会里，最为强烈、频繁地提出应当补救这种不满情绪的，正是富裕阶级的妇女。这就是说，社会中已经存在着一种要求从身份、保护或代理生活的一切关系中解放出来的强烈意识。有些妇女的生活方式是从身份制传下来的，被强加了浓厚的代理生活的色彩，有些社会处于高度的经济发展阶段，离适应传统生活方式的环境最远；在上述情况下，那种不满情绪被明显地表现出来。按照荣誉准则，部分妇女被排除在一切有实用性的工作之外，过着有闲和明显消费的生活——要求解放的意识正是从这部分妇女中产生的。

很多评论家对新妇女运动的动机存有误解。最近，一位著名的社会现象评论家对美国新妇女运动的情况做了概括：“她受到丈夫的宠爱，她的丈夫是世上最忠实的、工作最勤奋的人。……她在教育程度及其他方面都优于她的丈夫。她受到了无微不至的爱护和照顾，可她还是不满足。……盎格鲁撒克逊的‘新妇女’是现代最荒谬的产物，注定会成为这个世纪最糟糕的落伍者。”这番话也许很有道理，但是一味谴责只会使妇女问题更加模糊。作为一个新妇女感到不满的，正是这个典型的描绘中所指出的情况，而这些情况本该使她感到满足。她是娇生惯养、备受宠爱的，她被允许甚至被要求进行大量的、明显的消费——为她的丈夫或其他自然监护人进行代理消费。她免于参加那些粗鄙的实用性工作，甚至被禁止从事那类工作，以此来为她的自然（金钱）监护人的荣誉执行代理有闲。在传统上，这类职业是非自由人的

《指环》，美国画家约翰·怀特·亚历山大绘于1911年。

标志，与要求进行有目的活动的人类冲动不相容。妇女自身有工作本能，并且有理由相信，她的工作本能是超出平均水平的，对这一本能而言，徒劳无益的生活或消费是惹人生厌的。她在面对经济环境中直接的、无居间协调的刺激时，一定要发挥她的生命力。对妇女来说，那种按照自己的方式过自己的生活的冲动，那种要比在间接的情况下更进一步直接地参与社会工业过程

《两个年轻的农妇》，法国印象派画家卡米尔·皮萨罗绘于1892年。

的冲动，也许比男子更为强烈。

如果妇女始终处于辛勤劳作的地位，那么一般情况下她会相对满足于自己的命运。她有具体且目的明确的事情要做，没有时间和精力通过遗传得来的自决自主习性，获得抬头的机会。当妇女普遍从事劳作的阶段过去后，当代理有闲成为富裕阶级的妇女公认的职责后，金钱礼俗准则的规范力量就会发挥作用，要求她们遵守不求实际的礼仪，这样可以长期防止那些趾高气扬的妇女在感情上向自决自主和“讲求实用的领域”转移。在金钱文化的初期阶段更是如此。虽然从本质上来说，那时有闲阶级的闲暇在很大程度上仍然是一种掠夺活动，是对统治力的积极维护，其中含有足够的歧视性的实际目的，足以使人们把这种活动认真地作为一种职业，毫无羞愧地从容参与。在一些社会里，这样的情况显然一直持续到现在。这种情况仍以不同的程度存在于很多人身上，个人对身份观念认同的强弱不同，工作冲动禀赋的强弱也不同，因此这种情况存在的程度也就各不相同。但是有些社会的经济结构已经高度发达，不再适合以身份为依据的生活方式，以至于人们不再认为个人服从关系是唯一“自然的”人类关系。在这样的情况下，那种从事目的性活动的古老习性将在不怎么顺从的个人中逐渐抬头，掠夺文化和金钱文化遗留在我们生活方式中的那些近期的、比较肤浅和短暂的习性与观点也将令人厌烦。当掠夺文化阶段与准和平阶段的教化形成的性格习惯与人生观念，不再密切适应于后期已经发展了的经济局势时，上述那些习性和观念在那个社会或社会的那个阶级中，就会失去控制力量。在现代社会的一些工业阶级中，这一点在表现得尤其明显。对于那些阶级来说，有闲阶级的生活方式，尤其是身份因素，已经在很大程度上失去了约束力量。在上层阶级中也发生了类似的情况，尽管在方式上有所不同。

掠夺文化和准和平文化遗留下来的习性，是人类的某些基本秉性与精神特征的相对短暂的变体。这些秉性和特征形成于早期原始类人猿文化阶段所进行的长期训练之中，人们当时接触的物质环境比较简单、稳定，过着一种和平的、较未分化的经济生活。当由竞赛生活引起的某些习性不再能适应当前的经济要求时，一个瓦解过程开始了，一些后期形成的、不怎么普遍的思想习惯，不得不在一定程度上让步于那些相对来说更为古老、更为普遍的精神特征。

因此在某种意义上，新妇女运动标志着一种向更为广泛的人类性格复归的倾向，或者可以说是人类性格在较少分化的形态上的表现。这样的人类性格类型，应当被视为原始类人猿特有的性格形态，从其主要特征的实质而非形式而言，它们所属的文化阶段也许是“次人类”的阶段。这种社会发展显示了向经济演进中早期的、未分化阶段所特有的精神态度复归的迹象，就此来说，这里所谓的运动或演化特征在这一点上的特有表现，也存在于近代社会发展的其他方面。从歧视性利益的支配向古老性格的这种普遍复归倾向，不是无据可查的，尽管这类迹象不多，也不能令人非常信服。身份观念在现代工业社会里的普遍衰退，在某种意义上，就可以看成是这方面的迹象。另外，在人类生活中，对于徒劳无益的活动的不满情绪，对于不惜牺牲集体或其他社会团体的利益而追求个人利益的活动的不满情绪，都是上述迹象的体现。还有一个明显的倾向，即反对将痛苦加诸他人，反对一切掠夺性活动，即使歧视性利益的表现，并不会对社会或对提出这种反对意见的个人造成明显的物质损害，这类反对的表示也是非常明显的。甚至可以这样说，在现代工业社会里，典型的人类性格是有利于和平、亲善和经济效能的性格，而不是那种有利于自私、凶暴、欺诈和统治生活的性格，这是一个普通的、在态度上毫无偏见的人都会有的看法。

有闲阶级在这种人类的原始类人猿性格的再现中所产生的作用，既不是一贯支持，也不是持续阻碍。对那些具有浓厚原始性格特征禀赋的人来说，有闲阶级使附属成员处于受到保护的地位，摆脱金钱竞争，由此直接增加了这类人的生存机会，但在间接方面，由于有闲阶级准则要求对商品和劳务执行明显的浪费，因此那些人在全体民众中的生存机会有所减少。浪费的礼仪准则，吸收了人们在歧视性竞争中的剩余精力，使他们再无余力在非歧视性生活方面有所表现。对礼仪教化来说，其不那么具体的、精神上的影响，不但在同一方向上起作用，或许在实现同一目的的过程中，也发挥了十分有效的作用。由于礼仪生活准则附属于歧视性对比原则的具体细节，因此这类准则始终要制止一切非歧视性的努力，支持自私自利的观念。

第十四章

高级学识是金钱文化的一种表现

学校训育的目的在于使属于某些范畴的、适当的思想习惯在后代中得以保存，这得到了社会常识的认可，并且融入公认的生活方式之中。在教师和教育制度传统的指导下形成的思想习惯是具有经济价值——也就是影响个人适用性的；与那些不是在这种指导下，而是在日常生活的教化下形成的思想习惯相比，这种价值是确实存在的。公认的教育方案和学校训育的任何特征，不管是在有闲阶级的偏好准则的指导下形成的，还是在金钱价值准则的指导下形成的，都应当被认为是出于有闲阶级制度的指导。教育方案具有的这类特征的经济价值，是这个制度的价值的具体体现。因此，不论是训育的目的和方式，还是教师所教授的知识体系的范围和性质，凡是源于有闲阶级生活方式的教育制度的特征，这里都要进行研究。然而，学识本身，特别是高级学识，其受有闲阶级观念的影响最为显著。这里所做的研究，其目的不是详细核对那些足以表明金钱文化影响的资料，而是要说明有闲阶级观念对教育方式产生影响的方式和趋向，因此这里的研究主要是考察那些有助于实现这里的研究目的的、高级学识的某些显著特征。

学识的起源和初期发展，与社会中的宗教仪式有着极为密切的关系，与为超自然的有闲阶级服务的那些仪式的关系更为密切。原始崇拜中意在向超自然力献媚的仪式，并不利用社会时间和劳动力来达到生产的目的。因此，这类仪式应当被看作超自然力执行的代理有闲，人们试图通过这类仪式表达对神力和超自然力的崇拜，并以此来博得神的恩宠。大部分早期学识的内容，就是在对超自然力的礼拜中得来的一些知识和经验。因此，在性质上，这方面的训练与为一位现实中的主人提供服务所需的训练非常相似。从原始社会的祭祀教士那里得来的大部分知识，都是宗教典礼仪式方面的，也就是如何以最适当、最有效、最令人满意的方式接近、礼拜超自然力。人们学习的是怎样使自己成为神灵前一个不可或缺的侍奉者，使自己可以恳求甚至要求神灵对事态的进程有所主张或不要干扰某一计划的实行。人们试图通过对神的侍奉和逢迎来取得便利，以达到赎罪或获得神的赦免、恩宠的目的。在教士的教学内容中，关于对主人的有效服务，除了上述的情况以外，看来是后来才逐渐掺入了其他成分。

教士作为不可思议的神的侍奉着，逐渐处于神与一般未受训练的普通民众之间的中介者的地位，他们具有超自然信仰的礼仪知识，因此有资格参拜神灵。不论其主人是尘世的还是超自然的，对处于这样地位的中介者来说，通常都会觉得自己具有现成的手段，很容易给民众留下这样一种印象：他可以让不可思议的神灵按照他的请求来做事。于是过不了多久，可以用来解释神奇效果的、某些自然作用的知识，加上一些巧妙的手法，逐渐成为教士学识的重要组成部分。后来，这种知识逐渐被视为所谓的"不可知的"知识，正是由于它具有神秘性，才适合于教士的用途。对学识的培养成为一种制度，看来就是起源于此，后来它渐渐脱离了巫术仪式和萨满教式的母体，但分化的过程却相当迟缓，甚至直到现在，在先进的高等学校所研究的学识中，这一分化过程也还没有充分完成。

同过去的一切时代一样，为了打动甚至欺骗无知识的人，学识中的神秘因素目前依旧是一个非常有吸引力且有效的因素。在一个目不识丁的人看来，一位学者的声望很大程度上取决于他与那种神秘力量的密切程度。举一个典型例子来说：直到19世纪中叶，对于马丁·路德、梅兰希顿[1]、皮德·达斯[2]等神

1　菲利普·梅兰希顿（1497—1560年），德意志宗教改革家、人文主义者。马丁·路德提出《九十五条论纲》后，他积极响应，成为路德的得力助手。路德去世后，他成为路德宗的领导人，通过编写教材，培训师资等方式，改组柯林斯堡、耶拿、莱比锡、杜宾根、罗斯洛克等大学，更新了德国教育制度。他将德国的人文主义思想纳入了宗教改革的轨道，并力图调和科学和信仰。——译者注

2　皮德·达斯（1647—1707年），17世纪挪威最伟大的诗人和牧师，他将一切事物都视为上帝的创造物。一生创作了许多圣歌和诗篇，其中以诗作《诺尔兰的号角》最为著名。——译者注

马丁·路德像。

学权威，甚至尼古莱·格朗德维格[1]这样的近代神学家，挪威的农民依然本能地认为他们的学识是一种魔术。这些人，以及许多次一流的知名人士，无论已经故去的，还是依然健在的，都曾被冠以魔术大师的称号。在这些善良和天真的人心中，凡是在宗教界处于高位的人，总是十分精通神秘学和魔术的。同时存在着这样一种普遍看法，即高深的学识和"不可知的"性质之间存在的密切联系，可以在大体上说明有闲阶级生活在智力方面的偏好。虽然不只有闲阶级持有这种观点，但是今天的有闲阶级中仍有许多人对各种各样的神秘学很感兴趣。有些人的思想习惯不是在现代工业的接触中形成的，但他们仍然认为，"不可知的"知识即使不是唯一真正的知识，也是最根本的知识。

由此可以看出，在某种意义上，学识最初是教士代理有闲阶级的副产

1 尼古莱·格朗德维格（1783—1872年），丹麦著名诗人、思想家，同时也是牧师、历史学者及人权教育的先驱。——译者注

品，直到近期依旧如此。在系统化的知识体系不断扩充以后不久，秘传知识和公开知识就有了区别，这一点在教育史上可以一直追溯到很久以前。如果说这两种知识有什么实质性的差别，那就是前者不具有任何经济上或工业上的意义，后者则主要包括用于实现物质生活的、关于工业操作和自然现象的知识。至少后来在一般人眼中，这个分界线是高级学识与低级学识之间的正常界线。

这一点具有重要意义，它不但证明知识阶级与教士这个行业之间存在着密切的从属关系，而且说明为什么这些人的活动在很大程度上属于讲求礼貌和教养的、明显有闲的范畴，为什么在原始社会中，知识阶级在形式、惯例、品位、等级、仪式、礼服以及一般学术用具等方面，是非常认真、非常考究的。这不难想象，它说明掌握初期形态的高级学识必然是有闲阶级的工作，尤其是侍奉超自然有闲阶级的那个代理有闲阶级。这种对学术用具的偏好，更加直接地显示了教士职务与学者职务之间的接触点或联结关系。就其起源来说，学术以及教士职务主要是一种交感的魔术的派生结果，因此这种在形式上与仪式上使用的魔术用具，对于原始社会的知识阶级来说极为重要。仪式和道具在魔术用途上有神秘的效果，因此它们的存在是魔术与科学处于初期发展阶段的一个重要因素，这一点是理所当然的，其情况极其类似于重视象征的手法。

象征仪式应用传统工具，在动作上或要达到的目的上，通过灵巧的表演引起交感的效果。当然，与科学、甚至神秘学的训育相比，这方面的感觉在魔术活动中更为明显。但据我所知，即使是对学术价值有高深见解的人，其中也很少有人认为科学仪式上的用具是不值一提的。任何人只要回顾一下我们文化中学术发展的历程，就能清楚地看到，在其后期发展过程中，人们是如何重视这类仪式性的事物。甚至在今天，这类遗风依然在学术界盛行，例如使用制服、制帽，举行入学典礼、入会典礼、毕业典礼，授予学位、职衔、特权，等等，都说明了学术界存在某种带有宗教色彩的使徒传统。这类特征，如学界使用的仪式、服装，带有宗教色彩的各种入会仪式，通过按手礼流传某些职衔和美德，等等，其直接根源无疑是教士阶级的一些习俗。但是，如果进一步追溯这类特征的根源，就会发现，专职的教士阶级形成后，一方面与兴妖作怪的术士不同，另一方面与侍奉尘世主人的仆役不同，上述特征的根源，就是教士阶层在分化过程中所形成的一些习俗。这些习俗及其依据的概念，就其起源和心理内容来说，在文化发展过程中所属的时代，并不比爱斯基摩巫医和术士盛行的那个时代晚。就这类习俗在宗教信仰以及高等教育制度中所处的地位来说，它们是人类性格发展过程中极早期的万物有灵观念的残余。

可以说，就当前以及近期的教育制度来说，对这类仪式特征给予重视的，主要是那些高等的、人文的、古典的教育机构和学术机构，而不是教育系统中低等的、工艺的、实用的部门。即使教育系统中低等的、较少荣誉性的部门具有这类特征，也显然是从高等教育机构那里模仿而来的，至少可以说，如果没有高等的、古典的教育机构的示范作用，研究实用知识的学校很难继续保持这类特征。低等的学校和研究实用知识的学者践行、培养这类习俗，主要是出于一种模仿，为了尽可能符合高等学校的荣誉标准，后者则是由于直系的转移权，合法地取得了这类附属特征。

进一步分析，这类仪式上的残余和复归现象，在与教士教育及有闲阶级相关的学校中，表现得最为有力、最为自然。因此，如果仔细观察大学与专科学校生活的近代发展，就会看到——并且事实上情形也非常清晰——这类学校最初是为下层阶级服务的，它所教授的知识是直接有用的，当它们发展为高等教育机构时，其在仪式方面、用品方面以及精心设定的学校“功能”方面的发展，将与学校教学内容的转变——由实用领域转向高级古典领域——同时发生。这类学校在演进过程中经历了两个阶段，第一个阶段的目标及其应尽的主要职责，是使劳动阶级的青年可以胜任工作；在第二个阶段，它们教授的以高级的或古典的学识为主，主要目的是培养教士阶级和有闲阶级——或新生的有闲阶级——的子弟，让他们按照习惯上公认的、荣誉的范围和方式，进行有形商品与无形财富的消费。那些由“大众之友”建立

20世纪初，美国工程师的合影。

的、旨在帮助奋斗的青年人的学校，往往结局十分巧妙，如果这些学校以正常的方式完成了这样的转变，那么在学校中，即使不是必然，也通常会同时发生更加重视仪式生活的转变。

就今天的学校生活而言，凡是旨在教授“人文科学”的那些学校，在学风方面对仪式的重视，一般表现得比较随意。与其他地方相比，美国的大学可以较为显著地表现出这种相互关系。这一通则存在许多例外，特别是格外注重荣誉与仪式的教会建立的那些学校，它们是在保守的和古典的水准上开始的，或者说是通过一条捷径直接达到古典状态的。但是，美国的新兴城市在19世纪建立起来的大专学校，一般会存在这样的情况：只要这个城市在经济方面还没有得到充分发展，只要那些学校招收的学生还处于勤劳简朴的习惯的支配下，那么在大学的生活方式中使人会联想到巫医盛行时代的一些情景，只会偶尔出现。但是，一旦社会财富的累积开始显著增加，一旦有某个学校开始依赖于有闲阶级的支持，那么重视仪式的风气就会滋长得越来越明显，在服装方面以及社会和学校的各种礼节方面，复古的倾向也越来越明显。例如，在美国中西部地区某一所大学的赞助者的财富有了明显增长之后，必然与此同时发生的是，男士穿上了庄重的晚会服装，女士穿上了袒胸露肩的晚礼服，在学校举行学业仪式或社交集会时，大家也穿上了正式学者的服装，这种情况最初只在人们所能容忍的范围内存在，不久就变成了不可避免的风尚。要考察社会财富与学校风气之间的相互关系，并不是一件很困难的事情——除了完成这样一个巨大任务时的机械工作上的困难。学校制服与制帽的流行，也属于这种情况。

许多学校近几年将制服和制帽作为学业的标识。以前是不会发生这种事的，也就是说，那时，有闲阶级情绪在社会中没有得到充分发展，不足以支持在教育的正当目的方面向古老的观念复归。可以看到，学业礼仪上的项目，由于它符合在炫耀作用与象征表示等方面的古老的习惯倾向，因此它符合有闲阶级关于事物适宜性的看法；进一步说，由于它涉及明显浪费这一重要因素，因此它还适应有闲阶级的生活方式。恰恰在那个时候，制服和制帽恢复使用，几乎是同时，又有许多学校沾染上了这个风气，之所以会产生这种情况，似乎是因为那个时期在社会上掀起了一次关于遵从礼俗和声誉方面的返祖倾向的浪潮。

这里再说明一点，几乎在这一奇特的复归倾向发生的同时，其他方面复归情感的滋长也达到了鼎盛时期，两者在时间上几乎是一致的。这一复归高潮的最初冲动似乎源于南北战争时期心理上的崩解效应。习惯战时生活，足以引发一系列掠夺性思想习惯，使宗派观念取代团结意识，使歧视性差别的意识取代公平的、日常的服务冲动。由于这类因素的累积作用，在战后的一代里，身份因素容易重新获得恢复的机会，不论在社交生活中，还是在宗教仪式和其他象征性或仪式性的形式安排中，都可以看到这种迹象。在整个19世纪80年代，以及形迹不那样明显的19世纪70年代，都可以看到一股逐渐上升的情感浪潮，在这种情感下人们看重的是准掠夺的经营习性，主张的是神人同形观念和保守主义。未开化气质的某些直率的表现，如非法行为的再次猖獗，以及某些“工业巨头”实行的准掠夺式的巧取豪夺、变本加厉，这类情况达到顶点的时间较早，到了19世纪70年代末期已有明显衰退的趋势。至于神人同形观念的复兴，到19世纪80年代即将结束时，其全盛期似乎也已经过去。但这里所说的有关学业的仪式和用具，似乎是未开化阶段万物有灵观念更深层次、更为微妙的表现，因此它们获得流行和精炼化的进度非常缓慢，后期才达到充分发展的状态。有证据表明，它的极盛时期现在已经过去。之后，除非在新的战争经历中受到新的刺激，除非富裕阶级继续发展，并为一切仪式特别是浪费和显然表明身份的仪式提供支持，否则，近来学校在形式和礼仪方面的改进与扩展，很有可能会逐渐减弱。虽然我们可以说，美国学校采用制服制帽并十分重视各种学术方面的礼仪，是南北战争以后未开化气质复归的一种比较潮流的表现，但同样不能否认的是，富裕阶级手里的财富如果没有累积到足够的程度，不能为实现某一目的而形成必要的金钱基础，从而使这个国家的学校能够与有闲阶级在高等学识方面的要求相符，那么，学校就不可能实现这种仪式上的复古倾向。制服制帽的采用是现代学校生活的复归现象之一，这种现象表明，不论在实际成就上，还是在志向情趣上，这类学校已经明显成为有闲阶级机构。

最近还出现了一个需要注意的趋向，可以作为教育制度与社会文化标准的密切关系的进一步证明，这个趋势就是工业巨头逐渐取代了教士阶级，成为研究高级学识的学校领导人，这种取代现象绝不是普遍的，也不是非常明显的。有些学校的领导人能把教士的任务和金钱的高度效能结合起来，这样的学校领导是最受欢迎的。还有一个类似但不十分明显的趋向，就是让财力雄厚的人担任高级学识的教育工作。就担任教学资格来说，和以前相比，现在更加重视管理能力和为事业做宣传的技巧。与日常生活关系最密切的那些学科在这一点上表现得格外明显，在专注经济发展的学校，情况尤为如此。这种以金钱效能部分代替教士效能的现象，和以明显浪费代替明显有闲作为谋求荣誉的主要手段这一现代转变，是同时发生的。这两种现象之间的相互关系十分清晰，不必进一步阐述。

学校和知识阶级在女子教育问题上的态度表明，学识是在什么方式下，在多大程度上，脱离了教士的古老身份和有闲阶级的特性；这种态度还表明，真正的学者是如何接近现代的、经济或工业的、实事求是的观点的。到近期为止，女子是被排除在高等学校以及神学、法学、医学专校之外的。这类学校从一开始就是、大多数到现在仍是，专门为教士阶级和有闲阶级的教育而设立的。

上文已经提到，原始社会中的女性处于奴隶阶级，但直到现在，当牵涉到名义上或礼法上的地位时，她们在某种程度上依然处于这样的地位。过去曾经普遍流行这样一种认识：女子接近高级学识，比如古希腊举行的神秘宗教典礼，会损害学术尊严。因此，在现代工业最发达的社会，高等学校直到最近才向女子敞开大门。但是，即使在现代工业社会那样迫切的环境下，那些最著名的、一流的高等学府，还是非常不愿意采取这一行动。按照智力上的高低进行两性荣誉上的划分，以此形成阶级观念或身份观念，这种行为依旧在贵族式的学术团体中顽强地存在着。人们普遍认为，女子应获得能使她们循规蹈矩的知识，可以归结为以下两类：①能直接提高家庭服务质量的知识，也就是家庭范围内的知识；②显然归于执行代理有闲项目下的类学术性和类艺术性的技能。如果知识内容关系到学习者个人的意志，获取这种知识是按照求知者自己的兴趣进行的，并没有受到礼仪准则的驱使，也没有涉及她的主人，并且这些知识的应用不会使她主人的享受或荣誉得到明显提高，那么这类知识会被认为是不适合妇女的。同样，除与代理有闲相关的知识外，一切可以证明有闲的知识都是不适合女性的。

当我们评价这类高等学校同社会经济生活的关系时，要知道，这里评述的各种现象的重要意义，不在于它们本身是具有头等重要经济后果的事实，而在于它们所表现的一般态度。这些现象表明了知识阶级对工业社会生活过程的本能的态度和意向。它们是高级学识和知识阶级所达到的发展阶段的标志，因此它们可以表明，当这个阶级的学识和生活，更加直接地影响社会的经济生活和效能，并影响其生活方式对时代要求的适应性时，我们大体上能

1911年，由纽约市妇女政治联盟绘制的海报，为女性争取投票权。海报中，警察阻止带婴儿的妇女和高等学历的妇女投票，却允许男性罪犯投票。

够从这个阶级身上期待些什么。特别在培养传统学识的高等学校中，这些仪式上的残余表明了一种广泛存在的倾向，这种倾向即使不是复古运动，也至少是保守主义。

除了这些保守态度的迹象之外，还存在同一方向下的另一特征，它和关注琐碎的形式与仪式的、带些戏谑的倾向不同，其具有更为严肃的意义。比如，美国绝大多数的大学和专科学校都与某种教派有关，对宗教信仰十分虔诚。按理说，这些院校的教师们应该精通科学方法和科学观点，摆脱了那种万物有灵的思想习惯，然而其中仍然有很大一部分人，对属于早期文化的神人同形的观念和习惯表示赞同。当然，这种宗教热诚的表现，不论是凭法人资格的学校，还是教师团体中的各个成员，在很大程度上只是权宜性的且十分随意，不可否认的是，在高等学校中存在着神人同形观念的显著成分。既

正在比赛跑步的大学生。

然如此，那么我们必须把它看作一种古老的、万物有灵的性格的表现。在教学过程中，这种性格必然要在一定程度上表现出来，从而在同等程度上对学生的思想习惯产生影响，使之趋向于保守和复古。这种心理习惯会阻碍学生获取最能适应工业目的的某些实用性知识。

今天，在一些著名的高等学校里，体育运动极为风行，这与上述情况是朝着同一方向发展的，实际上，大学中的体育运动与宗教信仰态度在心理基础方面和教化效果方面有许多共同之处。但这种未开化气质的表现主要是出于学生团体，而不是出于学校本身的倾向，除非学校或学校职员积极鼓励和支持体育运动的发展，尽管有时候会发生这样的情况。大学生联谊会的情况与大学体育运动相似，但两者也有不同之处。后者表现的主要是一种单纯的掠夺冲动；前者表现的则是一种宗派观念，这种观念是掠夺时代未开化者气质的显著特征。我们还可以看到，学校的联谊会与体育运动之间存在着密切关系。上一章已经对运动竞赛和赌博的习性进行了分析，因此，对于体育运动和派别组织活动这类训练的经济意义，这里不再进一步讨论。

这里所谈到的关于知识阶级生活方式以及致力于保存高级学识的学校的特征，在很大程度上都具有偶发性，不应该把它们视为学校公开标榜的任务或教研工作中的有机因素。但是，从经济观点来看，这类学校开展的工作的性质，以及在它们的主持下所开展的重要工作对入学青年的影响，这里谈到的种种，足以确立一种假定。根据考察得出的假定说明，这类高等学校在它们的工作及其偏重的仪式中，可以想见会采取保守的态度。不过不能孤立地看待这一假定，必须对照高等学校实际完成的工作的经济性质，同时考察它们受托保存的高级学识，综合进行验证。对于这一问题，大家都知道，这类高等学校直到最近仍采取保守的立场，对一切革新都持反对态度。一个新观点或是一种新知识，只是在校外已经风行以后，才会在校内得到认可和接受，这已经成为一个通则。其例外情况主要是那些不显著的创新，这类创新与传统观点或传统的生活方式没有任何实质上的关系，例如对数理和物理科学的具体细节的贡献，又如对经典著作、特别是语言学或文学方面的经典著作的新诠证、新注释上的贡献，等等。一般情况总是这样，除非是在狭义的"人文学科"领域以内的创新，除非创新者对人文学科的传统观念没有丝毫改动，否则公认的知识阶级和高等学校总是对一切革新都侧目而视。任何新观点，或科学理论上的新见解，特别是涉及人类关系理论的新论点，总是在一再延宕以后，才在大学的教学体系中勉强占得一席地，但仍不会受到热烈的欢迎，也不会被爽快地接受。那些致力于扩大人类知识范围的人们，通常也会受到学界同仁的嫉视，无法得到应有的礼遇。高等学校一般并不支持和鼓励知识在方式方法或内容上的重大进步，等到它们接受时，那些创新已经过了青年期，其实用性大部分都已经过时，已经成为新一代人智力内容中的平凡事物，而新一代的青年的思想习惯就是由这类学校范围以外的新知识和新观点构成的，他们也是在这样的环境下成长起来的。最近的情况就是如此。就目前情况来说，这样的观察可靠到什么程度，是很难确定的。因为还不能完全正确地理解目前的事实，从而对其中的相互关系进行清楚的认识。

迄今为止，还没有谈到富裕阶级作为文学和艺术的米西奈斯[1]这一职能，这是研究文化与社会结构发展的那些作家和演说家惯于仔细讨论的一个问题。这个有闲阶级职能与高级学识以及知识、文化的传播，并不是不存在重大关系，这一阶级通过提供赞助的形式来促进学术发展，其情况与促进程度是大家非常熟悉的。有些代言人常常用生动有力的措辞来谈论这一问题，由于他们对这个问题非常熟悉，因此其谈话足以使听众确信这个文化因素具有重要意义。但是，这些代言人是从文化利益或荣誉利益的观点而不是经济利益的观点来提出问题的。如果从经济的观点来理解，并按照工业的适用性来评价，富裕阶级的这一职能以及富裕阶级成员的这一智力上的态度，是值得人们关注并做出进一步阐释的。

应当指出，从形式上来考察，如果把富裕阶级赞助学术这一事实视为一种特性表现，也就是仅仅从它与经济或工业的关系上来考察，那么其间的关系就是一种身份关系。得到他人赞助的学者，为他的赞助人代理性地执行一种学者生活的任务，获得的荣誉归赞助人所有，这和为主人完成任何形式的代理有闲的情况一样，要把得到的荣誉归于其主人。还应当指出，作为一个历史事实来看，通过赞助关系来促进学术发展或维持学术活动，它所助成的，在绝大多数情况下，是古典学识或人文学科的精通。这类知识的作用，往往是降低而不是提高社会的工业效能。

再进一步，谈一谈有闲阶级成员直接参加的知识推进。按照荣誉生活准则的要求，有闲阶级成员在智力方面寻求表现时，偏重的是古典的或形式上的不求实际的学识，而不是与社会工业生活有某种关系的科学方面。有闲阶

1 米西奈斯，古罗马的政治家，曾经长期资助罗马著名诗人维吉尔和贺拉斯等人，后来其名字成为文学和艺术赞助者的代称。——译者注

级成员如果涉猎古典范围以外的知识，通常涉猎的是法律、政治，特别是行政管理一类的科学研究。这类所谓的科学，实质上是为有闲阶级在财产所有权基础上执行管理任务提供指导的各种权宜原则。因此，进行这方面的训育，并不单纯是为了提高智力或认识力，在很大程度上是为了满足实际的需要，而这种需要取决于这个阶级所处的统治地位。就其起源来说，管理任务是一种带有掠夺性质的职能，主要与古老的有闲阶级生活方式有关。这种管理的职责是对人民进行统治与强迫，而有闲阶级就是从民众中攫取生活资料的。因此，这种训育以及作为训育内容的一些实际事例，除了有关知识方面的各种问题之外，对有闲阶级是存在一种吸引力的。只要管理职责在形式上或实质上仍然是一种建立在财产基础上的任务，情况就是这样，而且还不仅如此，有闲阶级进行的、以财产所有权为基础的管理，现在固然已逐渐消失，但是在管理的演进中，只要那种古老形式的传统延续到现代社会生活中，情况就依然是这样。

有些学识以智力或认识力为主，也就是所谓真正的科学领域，在这些领域中，情况有所不同，不同之处不但在有闲阶级的态度方面，而且在金钱文化的整个趋向方面。知识本身是为了发挥理解能力，此外别无其他目的，如此说来，那些没有迫切的物质利益使之改变意图的人，就会去探求这类知识。有闲阶级在工业方面处于受保护的地位，这一阶级成员有充分发挥其求知欲的机会，因此我们可以看到，正如许多作家确信的那样，在这个阶级中涌现出了许多古典学者、专家和大科学家，他们从有闲生活的教化中产生了从事科学研究和思考的动机。类似这样的结果是可以预见的，但是，有闲阶级的生活方式自有其特征，这一点上文已经进行了充分的讨论，这类特征使这个阶级在智力上的兴趣转移到其他方面，而不是倾注在构成科学概念内容的现象的因果关系方面。有闲阶级生活特有的思想习惯，着重个人统治关系，由此出发，重视关于荣誉、功绩、声望、地位等派生的歧视性概念。从这样的观点出发，是看不到构成科学主题的事物的因果关系的。而且，在世俗方面有用的知识，与荣誉并没有什么关系。因此，看来足以引起有闲阶级关注的，应当是有关金钱价值或其他荣誉价值的歧视性对比方面，认识力方面则被忽略。即使他们对后者有兴趣并表现出来，他们的研究或思考一般也会被转移到荣誉性的和不求实际的研究或思考范围之内，而不是探求科学知识。只要大量系统化的知识还没有被纳入学校的学术研究范围内，教士阶级和有闲阶级的学术研究经历就的确是这样。但是，既然统治与服从关系不再是社会生活过程中的主要构成因素，那么就强行要求学者对生活过程中的其他因素和观点进行研究。

一个真正的有闲绅士，应该是，事实上也确实是，从个人关系的观点来看待一切事物的，当他产生求知的兴趣，他就会在这个基础上探求各种现象的系统化。那些老派绅士们的情形就是这样，有闲阶级的典型在他们那里保存得还算完整，他们现代的子孙，如果全面继承了遗传下来的上流社会的品质，其态度必然也会如此。但遗传途径的方向是不确定的，并不是每个绅士的儿子都与他的上一代如出一辙。特别是掠夺时期征服者特有的那些思想习惯，很难确定它能在世系中流传下来多少，也许只有很少一部分能在有闲阶级的教化下得以继续存在。在有闲阶级中，出身于下层或中层阶级的分子，显然最富有求知的资质，在这方面具有较强的、先天或后天的特性，他们继承了劳动阶级固有的全部遗传秉性，他们之所以能跻身于有闲阶级的行列之中，是因为他们具有某些这样的品质，这类品质在有闲阶级生活方式的形成之初也许无足轻重，但在今天却格外重要。但是，还有许多在这类有闲阶级的新成员范围之外的人，在他们那里歧视性利益并不十分显著，不足以形成他们的理论观点，但是他们具有比较强烈的求知倾向，足以引导他们走向科学研究的道路。

科学之所以能闯进高级学识的领域，一定程度上是有闲阶级中这类脱离常规的后起之秀的作用，他们逐渐受到了非个人关系的近代传统的有力影响，其继承的性格倾向与身份制下所特有的那类气质的某些显著特征显然有些不同。但相异的科学知识体系之所以能在高级学识的领域内存在，一定程度上，而且是很大程度上，是因为工业阶级中某些成员的作用，这些人的生存环境比较安逸、舒适，足以把精力转移到除了维持日常生活以外的其他方面上，他们所继承的遗传秉性可以一直追溯到身份制之前，因为歧视性观点和神人同形的观点并不能支配他们的智力活动。这两类人大致上构成了科学进步的有效力量，而在这两类人中，后一类人做出的贡献最大。对于这两类人，情况似乎是这样的：在性质上，他们发挥的作用与其说是科学知识的一种来源，不如说是一种媒介，或者说他们充其量只是某种转换工具，那些在机械工业下形成的迫使社会接受的科学思想习惯，凭借他们的传导，大众得以理解其中的理论知识。

科学是对于自然现象和社会现象的因果关系的明确认识。这种意义上的科学，其成为西方文化的一个显著特征，是工业操作在西方社会中实质上成为机械发明的一个方法——人类在其中的任务是对物质力量加以辨别与评价——以后的事。科学的繁荣程度，总体上与社会的工业生活适应科学规范的程度相一致，总体上也与工业利益支配社会生活的程度相一致。当人类生活和知识的各个方面相继与工业操作及经济利益发生日益密切的接触时，科学，特别是科学理论，随着这一前进趋势，也在各个方面相应地向前发展，或者更准确地说，当人类生活和人类知识的各个方面相继摆脱了个人关系或身份关系的支配，因而摆脱了神人同形观念或荣誉价值这类附属准则的支配时，科学，尤其是科学理论，也在各个方面相应地向前发展。

人类只有当与环境实际接触，迫于现代工业生活的压力，不得不去认识因果关系时，才会从因果关系方面对这个环境中的各种现象以及自己接触到的事实进行组织化和体系化。因此，在最完美的发展形态下，高级学识是经院哲学和古典文学的精粹，尽管这样，它仍是教士职责和有闲生活的副产品，现代科学同样也可以说是工业过程的副产品。在现代工业生活的强制下形成的思想习惯，通过学者、科学家、理论家、发明家、研究工作者这类人，他们最有效的作用一般不是在学校的庇护之下发挥的努力，其中与现象的因果关系有关的那部分理论科学，已经得到了最为详尽和系统化的阐述。正是由于这种学校范围之外的科学探讨的开展，研究方法与研究目的上的变化才不时冲进了学校训育的领域。

这里需要指出的是，中小学与研究高级学识的高等学校，两者实行的教育在实质上和目的上都存在非常明显的差别。就其传授知识的直接实用性和所达到的熟练程度而言，这些学校之间的差别可能具有非常重要的意义，值得人们时常关注，但是在这一方或那一方的教导中偏重精神上还是智力上的倾向，这些学校之间存在着更加显著的差别。关于高级知识与低级知识在训育中的趋异倾向，格外值得注意的是，初级教育最近在工业发达的社会里的发展情况。近代初级教育主要关注智力与体力方面的熟练和巧妙，它会从因果关系而不是荣誉的角度来理解和运用属于非个人性质的事实。当初，初级教育也是一种有闲阶级商品，确实，在早期传统的影响下，现在的小学仍惯常性地利用竞赛作为促使学生勤勉求学的手段。但是在初级教育不受教会传统或军事传统支配的社会里，即使作为一个权宜手段来使用，竞赛的使用也在明显减少。在教育系统内，有些部分直接受到了幼儿园训育的方法与观念的影响，在这些部分中，尤其是在精神方面，上述转变情况十分明显。

幼儿园训育带有特别的非歧视性倾向，并对幼儿园范围以外的小学教育产生影响，使之具有相似的性质，这一点应当与上文曾经提到的、有闲阶级妇女在现代经济形势下所特有的精神态度联系起来，综合进行考察。在发达的工业社会中，存在许多天资聪颖却无所事事的妇女。由于社会工业生活分化作用的影响，顽固的军事传统和宗教传统荡然无存，身份制的严格程度有所下降，在这种情况下，幼儿园训育摆脱了古老的家长式的教育理念，达到了最完善的状态。这种训育所获得的精神支持，正是来自这类处境安逸的妇女们，她们在荣誉生活的金钱准则下感到心神不宁，而幼儿园训育的目的和方法却格外投合这类妇女的心理。因此，在幼儿园训育以及现代教育系统中，任何类似的幼儿园精神，都应当与“新妇女运动”一同被视为妇女对现代条件下有闲生活所诱发的不求实际和歧视性对比这类习性的一种反抗。这又一次证明了，有闲阶级制度从间接方面有助于加强非歧视态度的发展，结

老师正在带领孩子们做游戏。

果也许会危及有闲阶级制度本身的稳定性，甚至会危及这个制度赖以存在的个人所有制。

近来，在大学的教学范围内发生了一些具体的变化，主要的变化是，那些有利于提高公民智能与工业效率的、比较看重实际的学科取代了部分人文学科——人们认为足以维护传统“文化”、特性、爱好和观念的那些学科。换句话说，与那些有利于提高消费或降低工业效能以及可以养成与身份制相适应的性格类型的学科相比，有利于促进效能（最后是生产效能）提高的学科，其地位已逐渐居于上风。在这种教学规划的适应过程中，高等学校总是坚持保守的立场，在若干程度上，它们沿着这个方向迈出的每一步都具有一种让步的性质。科学强行进入学者的学科范围，即使不是自上而下的，也是从外部而来的。值得注意的是，尽管人文学科已经勉强对科学作了退让，但是那些学科普遍适合让学者按照传统的自我中心的消费方式来塑造学生的性格，这种消费方式在本质上是按照传统的礼仪标准和德行标准进行的、对真善美的鉴赏和享受，其主要特征是有闲，是一种悠然自适的有闲。人文学科的代言人，以被他们自己所习惯的、被陈旧而严肃的观点所掩盖的言辞，来表明他们坚持“人是为消费世上的产物而生存的”这一观点。对由有闲阶级文化所塑造并以此为依据的那些学校来说，这种态度显然不足为奇。

当人们为了保持公认的文化标准和文化方式不变而尽力找寻表面根据时，这类根据在实质上也具有古老气质和有闲阶级生活理论的一些特征。比如，从对颇具古风的流行于有闲阶级中的那种生活、观念、理想和消费时间与物品的方式进行惯常的欣赏获得的享乐和偏好，与通过同样熟悉现代社会普通人的日常生活、知识和志趣方面而得到的感受比起来，人们一般都会认为前者是“更高一级的”“更为高尚的”“更加有价值的”。任何一种学术，如果其内容纯粹是关于现代人类与现代事物的知识的，那么与人文学科相比，人们总会认为它是“低级的”“卑贱的”“不具有荣誉性的”，甚至是“次人类的”。

有闲阶级代言人对人文学科的这种见解，似乎本质上是正确的。例如，从事实的本质上来看，作为一位处于旧时代的绅士，他一贯将精神生活寄托在神人同形观念、宗派观念和悠然自得的态度上，他所熟悉的是万物有灵的迷信习俗和《荷马史诗》中那些英雄生龙活虎的好勇斗狠，由此产生的满足和文化，或者是由此形成的精神态度或心理习惯，从审美角度来看，与从事物的实用知识或者从现代公民或工业效能等方面的思考中得来的一些感受相比，要恰当得多。毋庸置疑，关系到审美价值或荣誉价值，也就是关系到作为进行比较的评判基础的“价值”，上述前一类习性有其自身的优势。爱好准则的内容、特别是荣誉准则的概念和内容，必然是一个民族的过去生活和过去境况的结果，通过遗传和继承流传给后代。由于掠夺性的有闲阶级生活方式长期居于主导地位，有力地塑造了民族过去的心理习惯和观点，因此，在与当今的爱好密切相关的问题上，上述这一生活方式依旧处于支配地位，

美国校园一角。

且有了一个非常坚实的事实基础，在审美正当性方面也十分合理。从目前的研究目的来看，爱好准则是经过极其漫长的习惯过程而形成的民族习性，过去人们根据爱好，对于各种事物的性质，有些加以赞扬，有些则进行否定，从而对各类事物或采取赞成的态度，或表示出不满情绪，进而通过长期的适应过程形成了民族习性。如果其他情况不变，那么习惯形成的持续时间越久，由此形成的爱好准则就越被人们认为是正当的。对一般爱好的评价是这样，对价值评价或荣誉评价也是这样。

但是，不论人文学科的代言人对比较新的学识的贬损，从审美角度看来有多么正当，还是有人提出的古典学识具有较大的价值，能够更加精准地体现人类的文化和性格的论点可能具有多么真实的价值，都与这里要探讨的问题无关。我们要讨论的问题是，这类比较新的学识，以及它们在教育系统中代表的观点，能够促进或阻碍现代工业环境下的有效集体生活到什么程度，对于进一步顺利适应现代经济局势，能发挥多大的推动作用。这是一个经济问题，而非一个审美问题，有闲阶级学识方面的标准表现在高等学校对实用知识的那种轻蔑态度上，就这里的研究目的来说，那些学识的标准只能从经济的角度来进行评价。对此来说，那些"高尚""卑劣""高级""低级"等用来定性的形容词，只有在表明争论者的意向或观点时才具有使用的意义；不论他们是为新学识的价值辩解，还是为旧学识的价值辩解，这些形容词都是带些敬意或蔑视的词语。也就是说，它们是表示歧视性对比意义的词语，终究都要被归入荣誉或非荣誉含义的范畴；也就是说，它们是属于身份制下的生活方式所特有的那个范围以内的观念；也就是说，它们实质上表现的是运动竞赛精神，属于掠夺性的万物有灵的性格倾向；也就是说，这些词语体现了古老的人生观点和生活理论，那种理论也许同它们的来源——掠夺时期的文化与经济组织相适应，但是从更为广义的经济效能观点来看，是有害的、不合时宜的。

古典著作，以及它们在教学计划中得到高等学校热烈拥护的特权地位，足以塑造一种智力态度，从而使新一代学者的经济学效能有所降低。为了达到这个目的，学校不但继续保持人们关于男性刚勇方面的古老观念，而且在教学中反复强调知识方面荣誉性和非荣誉性的区别。这样的结果是通过两个方式取得的：①与纯粹的荣誉性学识相比，激起人们对纯粹实用性学识的一种习惯性的反感，从而塑造初学者的兴趣，使他真心诚意地认为，能够满足他爱好的，只是，或者几乎只是一般无益于工业利益或社会利益的那类智力的发挥；②使学习者的时间和精力消耗在某些没有实际用处的知识上，这类知识只是由于世代沿袭惯例，才成为一个学者所需要具备的学识总和中的一部分，因此影响到了有实际用处的那些知识所使用的词汇和术语。这种术语上的困难本身就是过去流行古典学的结果，除此之外，古典语的知识对任何科学家，以及根本不从事属于语言学性质的研究工作的学者来说，并不具有什么实际的意义。当然，这里所说的一切，并不涉及古典著作本身的文化价值，对于古典学科的教导以及古典学术的研究赋予研究者的那类性格倾向，也没有任何进行贬低的企图。在经济上，这种性格倾向似乎是没有益处的，这几乎是众所周知的事实，但是那些有幸能够从古典学科中得到慰藉、获得力量的人，不必因此感到彷徨不安。古典学科的学习有损于学习者的工作习性，这一事实在有些人看来无足轻重，因为在他们的心目中，跟礼仪标准的修养比起来，工作习性是件微不足道的小事：

> 上一代的信仰、荣誉和德行是不能轻视的，
> 过去所忽略的事物将如流水般远逝，一去不回头。

获取这类古典学识，已成为我们教育系统中的基本要求，在这种形势下，如果有人具有掌握与运用欧洲南部某种古代语言的能力，这不仅使他本人因为有机会夸耀他在这方面的成就而感到满足，而且能使听众与读者对他增加一份爱戴，不论听众是外行还是内行。不难想象，要获得这种实际上毫无用处的知识，一般需要花费若干年的时间，而一旦缺乏这种知识，就不免会引起一种猜测，认为这个人的学习时间未免过于短暂，他的知识也是不牢靠的；同时还会使人感到，他并没有完全摆脱那种流俗的实用气氛，这一点也与完美学识和健全智力的习惯标准不相符，是同样令人生厌的。

这与一个不会鉴别商品材料或制作工艺的买主购买任何一件商品时的情形一样。他根据那些装饰的部分和特征以及在最后一道工序上的表面的华丽程度来估计一件商品的价值，而这些同物品的内在实用性并不存在直接的关系。看起来情况是这样的：在物品的实际价值和为了销售而添加的装饰费用之间，存在着一个很难确定的比例。学术上的情况也是如此，如果高等学识中缺少了古典学科和人文学科的知识，人们通常会认为这样的学识是不完善的，这种观念使得一般学者为了获取这类知识而进行时间和精力的明显浪费。这种以一定程度的明显浪费作为一切高尚学识的附属物的传统要求，对

我们关于学识方面的爱好准则和适用性准则产生了影响，正如我们对制造品的适用性的鉴别受到同一原则的影响一样。

确实，明显消费作为一个获取荣誉的手段，受到的重视越来越超过明显有闲，因此获取一种古代语言的知识不再像从前那样迫切，作为具有完美学识的证明，其魔力已经有所衰减。尽管情形是这样，但同样明确的是，古典学并没有丧失其作为学者声望证明的绝对价值，因为一个学者要想证明自己，他应当做到的只是设法表明，他具有通常为人们所认为的、可以证明浪费时间的那类学识，而古典学非常适于这一用途。实际上，古典学之所以能够在高级学识体系中保持特权地位，之所以被尊崇为一切学科中最可敬的，就是因为它可以作为浪费时间的证据，因此古典学也可以作为支持这种浪费所需要的金钱力量的证明，这一点是不可否认的。古典学非常适于有闲阶级学识的装饰目的，其适应程度超过了任何其他方面的知识，是获取荣誉的有效手段。

到最近为止，就这一效用来说，古典学几乎没有碰到竞争对手。古典学识在欧洲大陆是没有竞争对手的，但在美国和英国，近期的情况则有些不同。在这些国家，由于大学体育运动在学术成就的一般领域内取得了人们认可的地位，这一后起的学科——如果可以把体育运动简单地视为学科的话——在英美学校的有闲阶级教育中，已经成为同古典学竞争首要位置的对手。对有闲阶级的学习目的来说，体育运动有一个明显优于古典学的地方，那就是，一个运动选手要取得成功，其先决条件不仅是时间的浪费，而且是金钱的浪费，同时还必须具有某种高度非生产性的古老的性格和气质特征。德国大学里的情形则有些不同，在那里，体育运动和古典学术研究（所谓用希腊字母命名的大学联谊会活动），作为有闲阶级学者的主要工作，已经在某种程度上代替了那种技术性的、分等级的饮酒风气和机械式的决斗。

有闲阶级及其品质标准——复古风气和浪费准则——和把古典学识纳入高级学识体系这一事件，本来是没有任何关系的，但高等学校之所以要坚决保留古典学，古典学之所以具有高度的荣誉性，无疑是因为这种学科非常符

正在进行体育训练的大学生。

合复古风气和浪费准则的要求。

不论是用来指过去的语言，用来指现行语言中已经废弃的或快要废弃的思想表达形式和措辞，还是用来指不那么恰当地应用于学术活动或学术工具中的其他项目，“古典的”这一词语，总是含有这种仿古与浪费的意义。因此，英语中的古代谚语被称为“古典英语”。在涉及严肃性话题的讲演和写作中，都会引用古典英语，即使在极为平常、琐碎的谈话中，轻松流利地使用一些古典英语，总是能增加光彩的。有闲阶级的礼仪观念要求在语言上追求古雅，即使是那些最缺乏教育、最狂放不羁的作家也能意识到这种约束力，不敢逾越范围。另一方面，那种最高级的、最高度格式化的古代文体，只在神人同形信念的信徒向他们的主人祈祷时，才在富有特性表现的情况下被正式使用。一方是口语中的最新词语，另一方是祷祝用语中的竭力复古，有闲阶级在谈话和写作中使用的语言总是介于这两者之间。

无论是在写作还是在谈话中，文雅的措辞总是获取荣誉的有效手段。就某一话题准备发言时，重要的问题在于措辞应当古雅到什么程度才能符合惯例的要求。从讲道坛到交易市场，这方面的习俗有很大差别。在后一种场合中，可以想象，即使是挑剔的人也不会过分苛求，交易市场能够容许人们使用比较新的、动人的措辞和语调，而不会引起人们的反感。避免在谈话中使用新语汇是带有荣誉性的，因为它不但说明发言者为了养成使用古语表达的习惯而浪费了大量的时间，而且可以说明，他从幼年开始就惯于同熟悉古旧谚语的人们打交道。由此可以表明，他不折不扣地出身于有闲阶级。言语的高度纯正是一个推定性质的证据，可以证明这个人的家族是否从事粗俗的、实用性的工作，尽管它在这方面的证明作用不是绝对决定性的。

在使用英语的国家，要证明古典学的无所裨益，最适当的例子要数英语的传统拼法了。在拼法上违反规范是一件令人讨厌的事，任何作家一旦犯了这种错误，就会在一切具有高度真与美的观念的人们心中名誉扫地。英语的正字法足以适应明显浪费定律下的荣誉准则的一切要求。这种正字法既古老、陈旧，又不切实用，精通它需要花费很多时间和精力，如果功夫不到家是很容易被看出来的。因此，在学识的荣誉方面，英语正字法是第一个难关，是最容易被检测出来的，就一个无懈可击的学者的生活而言，符合它的程式化要求是一个绝对必要的条件。

上述要求语言纯正的习惯，同以复古风气和浪费原则为依据的其他方面的传统习惯一样，其代言人总是本能地持有一种辩解的态度。他们的见解实质上就是坚持认为：与率直地使用最新型的英语口语相比，小心谨慎地使用古代的、公认的语法来传达思想更为妥当，也更为准确，然而大家都应当知道，只有用今天的俗语来表达今天的思想观念才是最有效的。古典语言具有令人尊敬的“尊贵”品质，它是有闲阶级公认的思想交流方式，它直接向人们表明，使用这种语言的人是免于从事任何生产性劳动的，古典语言因此博得了人们的关注。古典语言的优点在于它有荣誉性，因为它是麻烦的、艰难的、过时的，由于它具有浪费时间和避免使用且不需要使用直接的现代语言的证明作用，因此它具有荣誉性。